鉄道の歴史

鉄道誕生から磁気浮上式鉄道まで

THE IRON ROAD

鉄道の歴史

鉄道誕生から磁気浮上式鉄道まで

クリスチャン・ウォルマー

北川玲◆訳

創元社

Original Title: **The Iron Road**
Copyright © 2014 Dorling Kindersley Limited
A Penguin Random House Company

Japanese translation rights arranged with
Dorling Kindersley Limited, London
through Fortuna Co., Ltd. Tokyo
For sale in Japanese territory only.

Printed and Bound in Hong Kong

A WORLD OF IDEAS: SEE ALL THERE IS TO KNOW
www.dk.com

鉄道の歴史
――鉄道誕生から磁気浮上式鉄道まで

2016年4月10日第1版第1刷 発行

著 者	クリスチャン・ウォルマー
翻訳者	北川玲
発行者	矢部敬一
発行所	株式会社 創元社

http://www.sogensha.co.jp/
本社 〒541-0047 大阪市中央区淡路町4-3-6
Tel.06-6231-9010 Fax.06-6233-3111
東京支店 〒162-0825 東京都新宿区神楽坂4-3 煉瓦塔ビル
Tel.03-3269-1051

© 2016 KITAGAWA Rei
ISBN978-4-422-20239-6 C0022

〔検印廃止〕
落丁・乱丁のときはお取り替えいたします。

[JCOPY] 〈(社)出版者著作権管理機構 委託出版物〉
本書の無断複写は著作権法上での例外を除き禁じられています。複写される場合は、そのつど事前に、(社)出版者著作権管理機構(電話 03-3513-6969、FAX03-3513-6979、e-mail: info@jcopy.or.jp)の許諾を得てください。

目 次 *Contents*

序 8

初期の鉄道 12

ワゴンウェイから鉄道へ 14

鉄道の父 22

エンジンを動かす［図説］.. 30

アメリカの初期の鉄道... 32

アメリカの初期の機関車［図説］............................. 40

ヨーロッパ、鉄道を導入へ 42

地図：西欧の鉄道 50

鉄道ブーム 52

車輪とボギー台車［図説］.. 58

アメリカの南北戦争... 60

蒸気機関車の時代の信号［図説］............................. 66

失敗作の数々 68

インド ── ダルハウジーの植民地支配の原則 76

地図：インドの初期の鉄道 82

土を掘り、大酒を飲み、喧嘩する建設作業員たち 84

線路［図説］... 90

キューバの鉄道 92

鉄道の拡大 100

アルプス越え 102

山を登る［図説］... 108

パナマ鉄道 ── 命がけのゴールド・ラッシュ 110

アメリカ大陸横断 120

地図：北米大陸横断鉄道 128

地下へ 130

鉄道事故 138

列車を止める［図説］.. 144

乗車体験 146

ポイントと待避線［図説］.. 152

蒸気機関の聖堂 154

鉄道と電信信号［図説］.. 160

独占と鉄道王 162

橋を架ける［図説］.. 168

プルマン現象 170

成熟期を迎えた鉄道 178

シベリア横断鉄道 180

地図：シベリア横断鉄道 188

オリエント急行 ……………………………………… 190
最もスリルあふれる鉄道 ………………………… 198
山を登る［図説］ …………………………………… 204
ヘンリー・フラグラーと海上鉄道 …………… 206
貨車を牽引する［図説］ ………………………… 212
ケープからカイロへ —— 未完の鉄道 ……… 214
地図：ケープからカイロまで ………………… 222
鉄道の電化 …………………………………………… 224
電気機関車の登場［図説］ ……………………… 230
鉄道を運営する人びと …………………………… 232
鉄道の悪しき側面 ………………………………… 240
インドの山岳鉄道群 —— 暑さを逃れて …… 248

戦時中の鉄道 258

鉄道の黄金時代 …………………………………… 260
第一次世界大戦とフェルトバーン …………… 270
アメリカの豪華列車［図説］ …………………… 276
戦時中の鉄道事故 ………………………………… 278
ヒジャーズ鉄道 …………………………………… 288
流線型列車［図説］ ……………………………… 294
軌間で失敗したオーストラリア ……………… 296
高速化する蒸気機関車 …………………………… 304
ディーゼルへの移行 —— フリーゲンダー・ハンブルガーから未来へ ……… 312
電気式ディーゼル機関車の登場［図説］ …… 318
第二次世界大戦 —— 鉄道にまつわる残虐行為 …… 320

今日の鉄道 328

ブレジネフの愚行 ………………………………… 330
失われた鉄道、復活した鉄道 ………………… 340
英仏海峡トンネル万歳 …………………………… 348
トンネルを掘る［図説］ ………………………… 354
スイス —— ベスト・オブ・ザ・ベスト …… 356
もっと速く —— 新幹線と高速鉄道 ………… 364
中国 —— 新たなパイオニア …………………… 372
鉄道の復興 …………………………………………… 382
磁気浮上式鉄道（マグレブ）［図説］ ………… 388

用語解説 390
参考文献 392
索引 394
謝辞 399

序 *Introduction*

　産業革命では偉大な発明がいくつもなされたが、影響力の大きさで鉄道の右に出るものはない。鉄道がなかった時代には、どこかに出かけること自体が大仕事だった。フランスや英国など小さな国々ですら、地方から首都に出るのに長くて7日もかかっていた。アメリカ、中国、ロシアといった大国となると、国の端から端まで横断するのに何ヵ月もかかった。19世紀初頭まで、ほとんどの人は生まれた町や農村で一生を送り、移動するには馬を走らせるのがいちばん速かった。旅行は大変でお金もかかりすぎるという人が大半で、したがって思想や技術の広がりも限られていた。

　人が移動しないという点が、経済的にも社会的にも発展の大きな阻害要因となっていた。物資を速く輸送する手段がないため、食糧が豊富にある所からほんの数百km離れているだけで人が餓死することもありえた。物資の輸送には馬や荷馬車を使うか、または川や運河を利用するしかなく、時間がかかるため、傷みやすいものはすぐに消費しなければならなかった。手紙は国内でも何日もかかり、新聞は名前負けしていた。載っている情報は実質上古いものばかりで「新」しくなかったからだ。愛する人が戦争に行っても、その消息を知るには何ヵ月もかかり、ほんの目と鼻の先の土地で起きた大事件もなかなか伝わらなかった。

　自由に旅行できないとなると、社会的制約も大きくなる。隣町の人と会うことすらめったにない状況では、配偶者の選択肢が限られていた。また、時間の概念も鉄道が導入されるまでは現在と異なっていた。日々の生活は太陽の動きと共に営まれていたため、東か西にほんの数km離れている町と時間帯がずれることもあったのだが、鉄道が導入されるとすべてが変わった。鉄道

が導入初期に与えた大きな影響のひとつに、どの国も時間の統一を迫られたことが挙げられる。国内の時間も、国際的な時間もだ。そうしないと鉄道の時刻表がややこしくなりすぎる。グリニッジ標準時は世界中で時刻の基準になっているが、これが設けられた背景には鉄道の誕生も関わっていた。アメリカが4つの時間帯を設けたのも同じ理由による。いっぽう、世界最長のシベリア横断鉄道はモスクワから極東のウラジオストクまで7つの時間帯をまたいでいるが、いまだにモスクワ時間が基準となっている〔ロシアの時間帯は全部で11〕。こうして時間厳守、時間管理が鉄道に限らず、生活のあらゆる面で欠かせないものとなった。鉄道によって1日の時間割がきちんとなった。今日では労働時間は8時間が基準だが、かつては10時間だった。つまり、鉄道によって「9時から5時まで」が誕生したのだ。

　鉄道により距離や時間の概念がくつがえされ、やがて社会に大変動がもたらされた。封建主義の名残は一掃された。人びとはもはや土地に縛りつけられなくなったからだ——実際、家から遠く離れた場所で働くこともできた。定められた勤務時間に働く。給料をもらうためにはそうするしかない。こうして資本主義は鉄道と手を携えて成長していった。もはや家の近所で職を探さなくてもよくなったため、町や都市はかつてない規模に拡大した。郊外が広がっていくスプロール現象は自動車時代の産物とよく言われるが、実際は通勤路線が発達したために生じたものだ。

　長距離の旅でも比較的心地よく、かなり安くできるようになったため、人びとの行動範囲は広がり、それと共に想像も広がった。海辺に行く、展覧会を見に行くといったこともふつうにできるようになった。社会面では、結婚相手の選択肢が急に広がり、もはやごく近所の人に限定する必要がなくなった。また、意見交換のための全国会議の開催が可能となり、産業革命による発明品もまずは英国各地に、そして世界へと広まっていった。プロのスポーツも実現可能となった。クラブとそのサポーターが別の場所に移動し、そこのチームと対戦できるようになったからだ。リーグの規模は、チームが1日

にどのくらいの距離を移動できるかによって決められた。

　戦争も鉄道によって大きな変化が生じた。陸軍は食糧を略奪によって調達するのが常だったが、これでは確実に食糧が得られる保証がなく、しかも特に軍馬など動物の飼料が底をつくのは避けられず、したがって軍が1ヵ所に長くとどまるのは無理だった。このような兵站上の制約から、戦闘は何週間、何ヵ月ではなく何日という短い期間で行われていた。ところが、鉄道が利用できるとなると、食糧も武器弾薬も最寄りの軍需補給基地から供給されるため、軍はたえず移動する必要がなくなった。また、国内の暴動をすばやく鎮圧するにも、近隣諸国と戦争を始めるにも、鉄道による兵員輸送は非常に役立った。

　鉄道網が全国規模で発達するにつれ、国家はより結束力を増した。鉄道は国有の場合が多く、異なる地方を結びつける役割を果たし、おかげで政府は首都から遠く離れた無法地帯に影響力を及ぼせるようになった。また、鉄道は人びとの大移動をも促すこととなった。シベリアやアメリカ西部に多くの人びとが住むようになったのは、主要路線が誕生してからだ。人は沿線に集まる。アメリカでは、鉄道が通らないため沿線に移動した町もいくつかあった。鉄道の駅は土地開発や商業を惹きつける拠点となった。

　鉄道が拡大していくにつれ、社会にも変化がもたらされた。鉄道会社はたいていどこの国でも最大の組織であり、その規模の大きさゆえに新たな経営方法が、そして新たな経理方法までが求められることとなった。銀行の融資、株式市場、投資情報といった資本主義のまさに原動力そのものが、いきなり実現可能になったのだ。鉄道会社は路線を拡大するために、銀行からの融資が必要だった。銀行にしても、最大かつ最も野心的な鉄道会社は最高の顧客だった。19世紀半ばから末にかけて、銀行と鉄道会社が資本主義の立役者となったのは偶然ではない。

　さらに、鉄道会社は他のどんな企業よりも多くの労働者を雇ったため、労働組合が誕生し発達するにつれ、社内での組合活動がさかんになった。実際、

序　　11

蒸気とスピード
1938年に製造されたマラード号は今日にいたるまで世界最速の蒸気機関車であり、鉄道の黄金時代における技術の勝利の象徴となった。

鉄道会社では労使間での激しいやりとりが何度も行われていた。
　鉄道の歴史は列車やテクノロジーにまつわるエピソードだけではない。本書では、より広い社会状況のなかでその豊かな歴史を語ってみたい。自動車の影響力はたしかに大きいが、鉄道は今日もなお技術のみごとな集大成として、また、すばらしい旅行手段としての立場を失っていない。いや、それだけではけっしてないと、ページを繰るたびに思い知らされることになるはずだ。

初期の鉄道

The First Tracks

今日の鉄道は1000年以上もの間に発明された品々を組み合わせたものだ。まず、車輪が発明されたのは紀元前8000年頃だ。そして18世紀末の蒸気機関は鉄道にとって最大の発明となった。巨大で移動が困難だった蒸気機関は、1800年代初頭には車輪をつけられる程度にまで小型化し、自力で進める蒸気機関車が誕生した。ここまでくれば、あとは機関車に車両を連結させるだけだ。

　列車での旅行などけっして人気は出ないとか、動力は馬が供給すべきだとか言い張る者が大勢いたが、1830年に英国で世界初の主要鉄道「リヴァプール・アンド・マンチェスター鉄道」が開通すると、鉄道の拡大はもう誰にも止められなかった。間もなくアメリカがあとに続き、やがてヨーロッパ全域に広がっていった――最初はためらいがちに、だがその後は急速に。鉄道は華々しく開通し、人びとは新しい駅に押しかけた。通勤に鉄道を使い始めた者も大勢いた。単に新しい技術を楽しみたいという者も多かった。

　だが、初期の頃は計画通りに進まないこともあった。線路の敷設、信号、職員の訓練、駅の建設を含め、鉄道に関わるあらゆる面でゼロから学んでいかなければならなかったからだ。今までに類のない、まったく新しい産業が誕生しただけに、初期の苦労は避けられなかった。事故もあり、火災もあった。投資家は詐欺師や信用詐欺師のえじきとなった。実際、機関車は爆発事故や故障が多く、最初の鉄道の開通式では、当時有力な政治家であったウィリアム・ハスキッソンが通過列車をよけきれずに亡くなった。だが、こうした問題はやがて克服され、20年後には疾走する馬より2倍も速く、総延長も非常に延びていた。鉄道の時代はすでに始まっていたのだ。

ワゴンウェイから鉄道へ

　世界初の鉄道「リヴァプール・アンド・マンチェスター鉄道」が開通したのは1830年、産業革命時代の末だった。それは線路、荷馬車、動力それぞれにおける何十年もの試行錯誤の集大成であり、陸上輸送の未来は鉄道にあると決定づけた出来事だった。だが、鉄道は古代の技術でもある。車輪が発明されたのは7000年以上も前で、その後まもなく線路も作られた。古代ギリシア時代（紀元前600～紀元600年頃）には、二輪や四輪の馬車が道に掘られた溝を走っていた。溝は雨天でも馬車が横滑りしないようにと掘られたもので、ポンペイやシチリア島の遺跡にも同じようなものが見られる。神話には、オイディプスがこのような道で父の乗っている馬車と鉢合わせし、先に通る権利がどちらにあるかで言い争いとなり、父を殺害してしまったエピソードが描かれている。

　輸送に使われていた木製レールを描いた最も古い作品は1350年製のステンドグラスで、ドイツのフライブルク大聖堂で見ることができる。14世紀から16世紀にかけて非常に多くのワゴンウェイ（馬が牽引する馬車軌道）がドイツや英国で作られ、鉱山からの採掘物を積んだ重たい荷車を馬が引いていた。鉱山用として最初のワゴンウェイが作られたのはドイツのザクセンで、ここは14世紀には錫と銀の主要な鉱山地帯となった。ザクセンでの採掘活動が最盛期を迎えたのは16世紀で、ライトナーゲル・フントというトロッコが発達したおかげだ。このトロッコは四輪で、それ以前のトロッコよりもはるかに効率がよかった。トロッコ底面から突き出した1本の鉄棒が2本の木製レールの間の溝にはまり、脱線を防ぐしくみになっている。このトロッコを操縦するには高度な技術が求められ、事故は避けられなかったものの、このおかげでドイツの鉱業は飛躍的に発達し、かつてないほど大量の鉱石を地表に運んで精錬できるようになった。最初のうちは完全に人力に頼っていたが、じきに馬が取って代わり、さらに重たい荷を運べるようになった。

　次に開発すべきはトロッコ用のレールだった。ドイツで発見された最も初期のレールはカレンバーネンと呼ばれる木製レールだった。18世紀初頭までに石炭

の産地であるルール地方では、トロッコがレールから外れないよう、L字型のフランジ（鍔）がレールに取りつけられていた。一部のワゴンウェイでは、フランジがレールではなくトロッコの車輪に取りつけられ、やがてこれが鉄道における標準となる。

　フランジが導入された頃、英国でもワゴンウェイの開発が進められていた。ドイツの方法を基本とし、まもなくドイツよりも広く使われるようになった。産業革命の発祥地である英国では鉱山が網の目のように広がり、工場の数も増える一方で、ワゴンウェイは両者を結ぶほか、石炭や鉱物をさらに遠くの地へと運ぶため、水路まで輸送する役割も果たした。この輸送システムは英国にとって計り知れないほどの経済効果をもたらし、石炭の国内消費は産業用・家庭用ともに1700年から1800年代初頭にかけて10倍にも増加した。17世紀に英国北東部で生まれたワゴンウェイ網は非常に栄え、「ニューカッスル・ロード」として知られるようになった。1660年にはタインサイドだけで9本のワゴンウェイがあり、

最古の軌道
マルタ島の遺跡には石灰岩の地に刻まれた荷馬車のわだち（カート・ラッツ）が残っている。紀元前2000年頃のもので、わだちはところどころで交差し、鉄道の操車場を思わせる。

イングランド中部から南部にかけても数本が存在していた。1726年、グランド・アライズと呼ばれる炭鉱所有者のグループが互いの炭鉱を共通のワゴンウェイでつなげ、さらに「幹線」となるタンフィールド・ワゴンウェイを敷設した。このワゴンウェイは大部分が複線で、上りと下りが滞りなく流れるしくみになっていた。ルートはタイン川沿いの坑道数ヵ所を結び、岩肌のごつごつした峡谷を渡る全長32mのコージー・アーチを通るものだった。1万2000ポンド（現在の150万ポンド、240万米ドルに相当）をかけて建設したこの橋は石工ラルフ・ウッドが担当し、今もなお健在だ。当時は橋脚のないシングル・スパン・アーチとして英国で最長であり、今日ではおそらく世界最古の鉄道橋だろう。コージー・アーチにも複線が敷かれ、石炭を河岸へと運ぶ「上り線」と、空の荷車が戻ってくる「下り線」からなり、最盛期には馬に引かせる荷車が1日900台もこの橋を行き来していた。このようなワゴンウェイは英国でも他のヨーロッパでもいくつか見られたが、グランド・アライズのような共同事業は珍しかった。多くの炭鉱所有者はライバルが水路に出にくくなるようなワゴンウェイをわざと建設していたのだ。

　初めて鉄のレールが使われたのは18世紀後半に入ってからだ。場所はドイツのハノーバー近くで、鉱山技師フリードリヒス・ツー・クラウスタールの名は特筆に値する。その後まもなく、イングランド中部地方の工業の町コールブルックデールで、製鉄所周辺のトロッコ用線路に鉄のレールが使われるようになった。最初は木製レールが長持ちするよう鉄をかぶせるというものだった（それまでは木製レールを毎年交換していた）が、鉄の精錬技術の向上により、じきに鉄だけでレールを作れるようになった。「鉄道」を意味するレールロードやレールウェイという言葉が生まれたのはこの頃で、石炭、石灰、鉱石、銑鉄を運ぶイングランド中部のワゴンウェイがこう呼ばれるようになった。この時期には荷車も大型化し、2.5トンを超える貨物を運べるようになった。軌間（レールの幅）は1.5mにほぼ統一された。この幅は荷車を引く馬にとって最適で（これより広くなると重たすぎて引けない）、今日世界の多くの国々で採用されている「標準軌」の1435mmに近い。

　このような鉄道は40年間ほど栄えた。

最高速度の昔と今

ニコラ・キュニョーの
蒸気自動車（18世紀）

時速 **4** km

高速列車TGV（21世紀）

時速 **574** km

最盛期には何千マイルもの鉄道が英国で建設され（木製レールはわずか数百マイルだった）、炭鉱周辺だけでなく鉱山や採掘坑と港や河川、運河を結んでいた。鉄道建設の主な目的は鉱物をもよりの水路に運ぶことだったが、乗客を運ぶこともたまにはあった。たいていは鉱山や採掘坑から水路に向かう、またはその逆の労働者だった。南ウェールズのスウォンジー・アンド・マンブルズ鉄道などは客車も備えていたが、メインは貨物輸送だった。

　炭鉱所有者のなかには頭の切れる者もおり、ケーブルと重力を利用して、より洗練された鉄道システムを考案していた。バース・スパの山にある採掘坑を所有するラルフ・アレンは、荷を積んだ貨車が山から町へと下る力を利用して空の貨車を山へと引き上げる方法を編み出した。このような「重力式鉄道」は18世紀になると一般的に見られるようになった。最も単純なものは、重力を利用して貨車を山から下らせ、空の貨車は馬が引いて山に戻すという方法だった。ちなみに、フランスでは太陽王ルイ14世のために、パリの近くマルリー離宮の庭園にルーレットと呼ばれるものが作られた。ルーレットは技術的には重力式鉄道だが、実際は丘を利用したジェットコースターのようなものだ。彫刻をほどこした、きらびやかな車両が轟音とともに斜面を下り、別の斜面へと上がっていく。レールは木製で全長250メートル。貴族の客は世界初の駅とも言えそうな、古典様式の小さな建物から車両に乗り、今までにないスリルを味わうことになる。国王はこれで客をもてなすのを好んだ。

　さまざまな形があったとはいえ、初期の鉄道はまだ馬か人が車両を引かなければならなかった。必要なのは人馬に代わるエンジンで、まさにそのような装置が開発されつつあった。蒸気機関だ。もともとは送水ポンプを動かすための定置式機械だったがまもなく改良され、車輪を動かす回転力を生み出せるようになった。蒸気機関に車輪を取りつけるのは小さな飛躍にすぎず、こうして蒸気機関を搭載し自力で進む車ができあがった。

　蒸気を動力として使うという発想は古典時代にまでさかのぼる。アルキメデスは蒸気の力に気づき、古代ローマ帝国の属州アレクサンドリアの工学者ヘロンは蒸気を使って実験を行っていた。だが、蒸気を実用化する試みが始まるのは17世紀末になってからだ。フランス人物理学者ドニ・パパンは蒸気を利用した圧力鍋の前身「スチーム・ダイジェスター」を作り、これを改良して「大気エ

18　初期の鉄道

ワゴンウェイから鉄道へ　　19

コージー・アーチ
ジョセフ・アトキンソンによる水彩画。ここに描かれたコージー・アーチは1725～26年に建設され、現存する単アーチの鉄道橋では最古と言われている。この路線はとうに廃線となったが、橋は今でも人道として使われている。

ンジン」なるものを開発した。基本的にはピストンを組み込んだシリンダーで、蒸気が膨張・凝縮する力によってピストンを往復させるしくみだ。18世紀初頭、英国のデボン州で製鉄業を営んでいたトーマス・ニューコメンは、パパンが実証した原理を応用し、鉱山から水をくみ出す蒸気機関を考案して60台製作した。ニューコメンの死後に特許が切れると、アメリカやドイツ諸公国を含む多くの国々で技師たちが彼の案と蒸気機関を模倣した。オーストリア帝国では、ウィーンにあるシュヴァルツェンベルク宮殿の噴水用にも使われていた。だが、蒸気を採算の合う形で動力に利用したのは、スコットランドの技師ジェームズ・ワットが初めてだった。ニューコメンの設計に一連の技術改良を加え、さまざまな用途に使えるようにしたのだ。ワットはイングランドの製造業者マシュー・ボールトンと手を組み、2人が作った蒸気機関はまもなく織機、製粉機、船舶の動力として世界各地で使われるようになった。

　初めて蒸気機関に車輪を取りつけようとしたのは、フランス東部の砲兵中尉ニコラ・キュニョーだった。1672年頃のことで、砲床にエンジンをつけたいというのが動機だった。パリで試運転が行われた。砲車はゆっくりと前進していったが、途中でコースを逸れて転覆したため、市当局は公共の危険と判断しこれを禁じた。路上走行用の蒸気車両は英国でもアメリカでもさまざまな試行錯誤が行われていたが、重たすぎて道路を破壊してしまった。この問題を解決したのはコーンウォール出身のリチャード・トレヴィシック、レールの上で走らせたのは彼が最初だった。1801年には自作の「ロード・キャリッジ」が引火し、挫折を味わったものの、3年後にはウェールズのペニーダレンの製鉄所において時速8㎞で走る蒸気機関車を作った。さらにその後、トレヴィシックは現在のユーストン駅（ロンドン）の近くに円形線路を作って蒸気機関車を走らせ、「追いつけるものなら追いついてご

フランスの蒸気機関のパイオニア
ドニ・パパンは骨を柔らかく調理しようと、圧力鍋の一種「スチーム・ダイジェスター」を発明した。蒸気の力を利用した装置はこれが初めてで、パパンはのちに初の蒸気機関を作り出す。

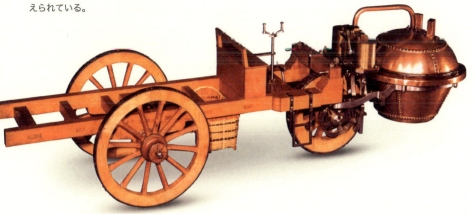

「スチーム・トロリー」（1672年）
ニコラ・キュニョーが開発した車輪つき蒸気機関は世界初の自走式の車と考えられている。

らん」という愉快な名前をつけた。だが、ルイ14世のルーレットと同様、トレヴィシックの蒸気機関車も営利目的というよりは遊園地的な色彩が強かった。彼はその後ペルーの金鉱や銀鉱で使用する定置式蒸気機関を開発するため、ペルーに旅立った。

　トレヴィシックが英国を離れた頃、近代の鉄道に必要な技術はすべて揃っていたが、線路も蒸気機関車もなかなか開発が進まずにいた。鉄道の動力は馬が提供すると考えられていた時期もあった。新しい技術が古い技術に取って代わるには時間がかかる。レールも鉄製と木製がパッチワークのように混在している状態が何年も続き、蒸気機関車が試験的に導入されている間にも、馬に引かせる線路が建設されていた。さまざまな要素をひとつにまとめる天才が必要だった。その天才とは土木技師ジョージ・スティーブンソン、種々のアイデアをひとつにまとめ上げ、やがて「鉄道の父」と呼ばれるようになる。

鉄道の父

鉄道の誕生には時代の異なる多くの発明家たちが貢献してきたが、そのなかでただひとり、傑出した人物がいる。彼は最も頭が良かったわけでもなければ、最も革新的だったというわけでもない。他の人びとのアイデアを生かし、それを実用化する才に長けていた。彼——ジョージ・スティーブンソンは英国ニューカッスル・アポン・タインの近く、ウィラムで生まれた。読み書きはほとんどできなかったが、愚かさをよしとせず独学し、これという発明はしていないにもかかわらず「鉄道の父」と呼ばれるにふさわしい人となった。彼は2つの重要な鉄道の開発に大きな役割を果たした。ひとつは1825年に完成したストックトン・アンド・ダーリントン鉄道で、これはワゴンウェイの最後にして最も洗練されたものとなった。もうひとつは5年後に開通したリヴァプール・アンド・マンチェスター鉄道で、本当の意味での鉄道の時代はここから始まった。スティーブンソンはその後も鉄道の普及に力を注ぎ、1848年に亡くなるまで英国でも外国でもきわめて重要な役割を果たし続けた。

スティーブンソンは子どもの頃に炭鉱で働いていたが、工学スキルを身につけなければ上は望めないと早い時期に悟り、最初のうちは地元の学校教師に助けてもらいながら勉強した。やがて蒸気機関開発者として職を見つけ、ノーサンバーランド州の大きな炭鉱キリングワースで定置

ジョージ・スティーブンソン
独学で技師となったスティーブンソンは、レールの上を走る蒸気機関車を開発し、世界初の本格的な蒸気鉄道、リヴァプール・アンド・マンチェスター鉄道を建設した(1830年開通)。

リヴァプール・アンド・マンチェスター鉄道の切符（1830年頃）
この鉄道の客車はもともと1等、2等、3等に分かれていた。3等客車は必要最低限の設備しかなかったが、おかげで鉄道は庶民にとっても新たな時代の移動手段となったのだ。

式蒸気機関をすべて担当するようになった。当時は貨車に取りつけられたケーブルを定置式蒸機関が巻き上げるしくみが用いられていたが、蒸気機関をレール上で走らせ、貨物を直接引くほうが蒸気をより良く利用できる、と彼はすぐに気づいた。そこで炭鉱所有者を説得し、「トラベリング・マシン」（蒸気機関車を彼はこう呼んだ）を作る資金を出してもらった。その成果が出たのは1814年のことで、ブリュッヘル号というやや変わった名前の蒸気機関車だった。その名は、当時英国とプロイセン共通の敵であったナポレオンを数度にわたって敗退させたプロイセン軍の将軍ゲプハルト・レベレヒト・フォン・ブリュッヘルにちなんだものだ。トレヴィシックの蒸気機関の特徴を組み入れたブリュッヘル号は炭鉱の作業場で作られた。30トンの石炭を斜面でも時速6.5kmで運ぶことができ、他のどんな蒸気機関よりもパワーがあった。

　ブリュッヘル号の成功により、スティーブンソンはその後10年でさらに16両の蒸気機関車を製作した。ほとんどは地元の炭鉱所有者から依頼されたものだ。そのうちの1両は1817年キルマーノック・アンド・トルーン鉄道に運ばれたが、鋳鉄製レールを傷めてしまい、使用できなかった。1819年スウォンジー近郊のランサムレトにあるスコット炭鉱に送られた1両も同じ運命をたどり、スティーブンソンは原始的なレールを壊さない程度に軽く、だが相当量の貨物を引けるほど強力な蒸気機関を作る難しさを思い知らされた。技師として多才な彼はまず、蒸気の圧力で「蒸気スプリング」を作り、貨物の重さを和らげようとした。その後、車輪の数を増やして重さを分散させるという単純な方法を思いついた。1820年、彼はヘットン炭鉱で13kmの鉄道を建設することになった。下り斜面は重力に頼り、平地と上り斜面で蒸気機関車を使う折衷型だったとはいえ、動物の力をまったく使わない鉄道はこれが初めてだった。

ジョージ・スティーブンソンが定めた軌間

1435mm

世界の標準軌となる

だが、自作の蒸気機関には問題が次々に生じ、解決のための資金もない。1820年代初頭、スティーブンソンは意気消沈していたが、炭鉱の町ダーリントンで鉄道開発の話が持ち上がった。エドワード・ピーズと息子ジョセフを中心とした炭鉱所有者グループ（裕福なクエーカー教徒たち）が、ダーリントンとティーズ河口の町ストックトンを結ぶ鉄道を求めていたのだ。ストックトンにはロンドンからの海上輸送船用のドックがある。運河を建設して輸送費を抑え、石炭の価格を下げるという代案をつぶしたい、というのが彼らの目的だった。ストックトンとダーリントン間に鉄道を敷く計画を立てるのに、スティーブンソンはうってつけの人物だった。彼はピーズ宅に招かれて話し合い、プロジェクトの監督兼技術者として正式に任命された。1823年に息子ロバートと共に会社を設立し、ニューカッスルに蒸気機関車の製作所を構えていたスティーブンソンは、自社製の機関車を使うことができたが、現地を見て回った際に地元の地主たちから猛反対され、彼らのキツネ狩り用地を避けてルートを決めざるをえなかった。

この鉄道計画は今までのどのワゴンウェイ建設よりもはるかに大がかりなものとなった。全長は約60kmに達し、物理的な障害も大きかった。特にマイヤーズ湿地とダーリントンのスカーネ川が難所だった。スティーブンソンは湿地に砕いた岩を敷きつめて地盤を固め、川は地元の建築家に石橋を設計させた。距離が長く、物流面での困難もあったが、線路はわずか3年で完成した。ただ、開通しても、どのような形態で輸送を行うかで議論が尽きなかった。スティーブンソン父子は蒸気機関車「ロコモーション1号」を製作し、開通日の1825年6月27日には34両の車両に乗客600人を乗せ、この地方のさまざまな産物も積みこんで走行させたが、それでもピーズは納得しなかった。じつはスティーブンソンが作る蒸気機関車は信頼性が低かったのだ。蒸気が尽きることがしばしばあったし、修理も頻繁に行わなければならなかった。だから初期の鉄道はほとんど馬が引いていたのだ。ピーズは全線を馬が引く列車にしようと考えたこともあった。だが、スティーブンソンの製作所の技師ティモシー・ハックワースがはるかに良い蒸気機関を設計したため、馬はやがて使用されなくなった。

完成したストックトン・アンド・ダーリントン鉄道は、それ以前の鉄道に比べ

て技術的に大きく進歩したものと認められたが、馬も使っていたため、実質的には上等のワゴンウェイだった。また、この鉄道には待避線がほとんどなく、運転手同士の言い争いや喧嘩が日常茶飯事だった。さらに、鉄道所有者は料金を払えば誰にでも線路の使用を許可するという過ちを犯したため、わんぱくな車両や不安定な車両なども使われることとなり、線路上で立ち往生することもしばしばあった。だが、それでもこの鉄道の輸送量は大きく、採算が取れるようになるまでに時間がかかったものの、以降の鉄道史にとって重要な先例となった――スティーブンソンは軌間を1435mmと決めたのだ。この軌間は世界中の鉄道網の多くで標準となる。

　ストックトン・アンド・ダーリントン鉄道の交通量の多さに、英国全土の起業家たちはこぞって地元に鉄道を建設しようと計画した。その多くは実現しなかったが、スティーブンソンは次の大きなプロジェクトを手に入れた。リヴァプール・アンド・マンチェスター鉄道だ。ストックトン・アンド・ダーリントン鉄道よりも規模がはるかに大きく、これが世界初の近代的な鉄道となる。英国北西部の裕福な実業家グループは、地元の運河所有者に法外な使用料を払うのを不服とし、鉄道で2つの都市を結び、商品を輸送したいと考えた。全長50kmに及ぶ線路の建設はストックトン・アンド・ダーリントン鉄道よりもはるかに大がかりなものとなる。しかも、最初は貨物専用と考えられていたが、リヴァプールもマンチェ

ロコモーション1号
ロバート・スティーブンソン・アンド・カンパニーが1825年に製作した蒸気機関車の模型。ストックトン・アンド・ダーリントン鉄道で最初に使われ、客車と貨車を牽引した。

スターも非常に重要な都市で、両者の人口は合わせて35万人にもなるのだから、両都市がつながれば人を運ぶことにもなるだろう。信頼性を確保するため、列車は会社が直接管理を行う（この方法は今後ほぼすべての鉄道が踏襲することになる）。

　スティーブンソンは理事たちに招かれ、ルートを話し合った。この地にも広大な泥炭湿原があり（チャット・モス湿地帯）、大小さまざまな川を渡らなければならない。サンキー川に架ける9連アーチ橋も含め、橋は最低でも64脚は必要だ。ここまで大規模な鉄道建設は今まで一度も行われていない。スティーブンソンは今回も監督兼技術者となり、自分で現地を調べた。地元の地主たちは猛烈に反対し、最初の議会では鉄道建設が却下された（鉄道を建設するには議会の承認が必要だった）。鉄道をライバル視する運河所有者たちの強い要請を受けての決議だったが、スティーブンソンのお粗末なパフォーマンスの結果でもあった。彼は議会

のものものしい雰囲気に呑まれ、はっきりと意見を言えなかったのだ。スティーブンソンは一時的に降板させられたが、まもなく元の地位に復帰し、1827年に仕事を開始した。彼は全区間を自分で監督し、工事の進捗状況を見るために馬を長距離走らせることもしばしばあった。チャット・モス湿地帯はそだやヒースを敷きつめた上に盛り土をして表面をならした。また、リヴァプールの入り口にあるオリーブ山には3.2kmにわたる切通しを作り、サンキー川にはトンネル掘削の際に生じた砂岩を利用して高架橋を建設した。

　貨車を牽引するのは何か。鉄道が建設されている間もこの問題はずっと残っていた。鉄道会社の幹部たちは蒸気機関車が良いと思っていたが、従来の蒸気機関車で用をなすか確信できなかった。このため競技会を開催し、同鉄道で使用する蒸気機関車の設計者を決めることにした。1829年10月6日、見物人1万5000人が見守るなか、線路がすでに完成している区間を使って競争が行われた。この

サンキー・ブルック高架橋
サンキー川に架かる高架橋は、リヴァプール・アンド・マンチェスター鉄道建設時にジョージ・スティーブンソンが直面した技術的難題のひとつだった。

競技会はレインヒルで行われたため、レインヒル・トライアルと呼ばれている。技術的要件は厳しく、特に重量に関しては6トンまでとされ、24kmを平均時速16km以上で完走しなければならなかった。

　参加した機関車は5台だったが、そのうちの1台「サイクロペッド号」は馬に踏み車を踏ませて走るというふざけたものだったため、スティーブンソンの息子ロバートの「ロケット号」のライバルは実質上3台のみ、ブレイスウェイトとジョン・エリクソンの「ノベルティ号」、ティモシー・ハックワースの「サン・パリール号」、そしてティモシー・バーストールの「パーシビアランス号」だった。結果はロケット号の圧勝だった。パーシビアランス号は時速10km以上をどうしても出せず、他の2台は完走できなかった。いっぽう、ロケット号は起伏のあるコースを轟音と共に走り抜けた。スティーブンソン父子は賞金の500ポンドを機関車の開発に費やした。

　この鉄道はリヴァプールの港から原料を運び、マンチェスターからは製品を運ぶという両方向の輸送を前提としていたため（人の輸送も含む）、最初から複線

サイクロペッド号
最良の機関車を求め1829年に開催されたレインヒル・トライアルに参加したサイクロペッド号は蒸気機関を使用せず、4頭の馬に踏み板を踏ませて動かす仕様だったため失格となった。優勝したのはスティーブンソンのロケット号だった。

として作られた。これにより輸送量が飛躍的に増えた。1830年9月15日の開通式は、新時代の幕開けとなる画期的な出来事となった。世界中から人が集まった。なかには自国で鉄道建設を推進しようと考える者もいた。だが、せっかくの記念式典に悲劇が起きた。大物政治家のウィリアム・ハスキッソンが事故で亡く

> 「鉄道はやがて他の輸送方法をほぼすべて駆逐するだろう、とジョージ・スティーブンソンは若いころ私に語ったことがある」
>
> ジョン・ディクソン
> 『ジョージ・スティーブンソンの生涯』
> (1875) より

なったのだ。記念列車がパークサイドの線路の途中で止まったとき、ハスキッソンは首相のウェリントン公爵に挨拶しようと線路を渡り始めた。そのとき別の列車、ロケット号が進んできたのだ。ハスキッソンは公爵の車両によじ登ることができず、迫りくるロケット号に轢かれ片脚が砕かれてしまった。スティーブンソンは時速56kmという驚異的なスピードで彼をマンチェスターに運んだが、その晩のうちにハスキッソンは息を引き取った。

このような悲劇があったものの、リヴァプール・アンド・マンチェスター鉄道を完成させたことはスティーブンソンにとって最大の功績となった。だが、これが最後ではけっしてない。彼はその後も数々の鉄道を建設し、息子のロバートは「ロバート・スティーブンソン・アンド・カンパニー」社が作る蒸気機関車の改良に努め、さらに長距離の鉄道を建設した。全長180kmのロンドン・アンド・バーミンガム鉄道だ。これは現在ウエスト・コースト・メイン鉄道の一部となっている。蒸気機関車製造業は繁盛し、彼の会社は1937年により大きな会社に吸収されるまでに3000両以上も製造した。父ジョージ・スティーブンソンはアメリカの初期の鉄道推進者にアドバイスを行い、ベルギーとスペインでは鉄道建設に力を貸した。スティーブンソン父子は鉄道史にたしかな足跡を残した。1980年に行われたリヴァプール・アンド・マンチェスター鉄道開設150周年の記念式典で、当時の英国国有鉄道総裁は次のように述べた。「世界はリヴァプール・アンド・マンチェスター鉄道の支線だ」

エンジンを動かす

エネルギー源としての蒸気の可能性は、はるか昔から認められていた。数学者・工学者であるアレクサンドリアのヘロンは、紀元1世紀頃すでに蒸気の力を利用した装置について書き遺している。だが、蒸気が定置式動力として実用化されるのは18世紀後半になってからだ。アメリカのオーウェン・エヴァンスと英国のリチャード・トレヴィシックは同時期にこの原理に磨きをかけた。トレヴィシックは高圧蒸気を利用し、エンジンを小型化して台車の上に設置できるようにした。こうして蒸気は初めて推進力として使えるようになったのだ。彼が製作した世界初の蒸気機関車パフィング・デビル号〔煙を吐く悪魔の意〕が初めて走ったのは1801年のクリスマスイブだった。

蒸気の作り方

ジョージ・スティーブンソンが1829年に製作したロケット号の画期的な点のひとつに、煙管ボイラーが挙げられる。これはその後あらゆる蒸気機関車の基本的特徴となる。ロケット号以前のエンジンは、ボイラー内の水を熱するために煙管1本を使用していたが、スティーブンソンは銅製の煙管25本を使い、火室とボイラー間の熱伝導を圧倒的に高め、蒸気生成をはるかに効率よく行えるようにした。その後、煙管の代わりに過熱器ユニットが用いられるようになる。

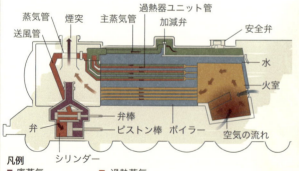

水の力で動くまで
典型的な蒸気機関車では、石炭を燃やして水を熱し、生じた蒸気を高圧でシリンダーに通して機関車の駆動装置を動かし、それによって前進運動が生じるしくみになっている。

エンジンを動かす　31

燃料をくべる
火夫がスコップで石炭を蒸気機関の火室に入れている。ユニット管内の蒸気が過熱されるよう、煙管を熱する必要がある。

蒸気が生み出す推進力

ボイラーで生じた蒸気は100C°以上に過熱され、高圧下でシリンダーに送られ、ピストンが押される。この直線運動は、一連のピボットやロッドを経て動輪を動かし、回転運動へと変化する。

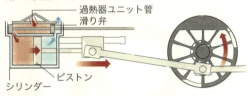

過熱器ユニット管　滑り弁　ピストン　シリンダー

第1段階：ストロークが押し出される
高圧蒸気は滑り弁を経てシリンダー前部に入り、ここで膨張してピストンを押す。これにより動輪が180度回転する。

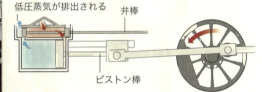

低圧蒸気が排出される　弁棒　ピストン棒

第2段階：排気
動輪は一連の棒軸を経て滑り弁に接続、これにより弁が開き、圧力を失った蒸気が排出される。

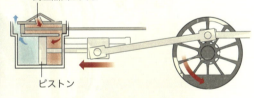

高圧蒸気が入る　ピストン

第3段階：ストロークが戻る
この滑り弁の動きにより、高圧蒸気がシリンダー後部に入り、ストロークの位置が元に戻る。

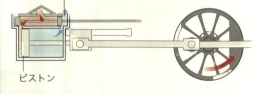

蒸気が排気管から排出される　ピストン

第四段階：排気
動輪がさらに180度回転すると、滑り弁は使用済み蒸気を逃がし、新たな蒸気を入れ、新たなサイクルが再び始まる。

アメリカの初期の鉄道

1828年、ボルティモア・アンド・オハイオ鉄道の起工式で祝辞を述べるため、90歳のチャールズ・キャロルが壇上に立った。キャロルはアメリカ合衆国の誕生を見届けた人だ。アメリカの独立宣言に署名した唯一の生き残りだった。それから半世紀後、アメリカの心臓部をめざすこの野心的なプロジェクトの開始を記念するにあたり、彼はじつに先見の明のある祝辞を述べた。「これは私の人生のなかで最も価値のある行動のひとつだと思っています。これにまさるものといえば、独立宣言に署名したことだけです。いや、それをも上回る重要性があるかもしれません」

植民地主義のくびきから解放されてまもないアメリカは、技術開発の面ではかつての支配者である英国よりはるかに劣っていた。アメリカの最も初期の鉄道(じきにレールロードと呼ばれるようになる)は英国からの輸入に頼るしかなく、川船や工場、採掘作業などもすべて英国製の蒸気機関を使っていた。アメリカの実業家たちは追いつこうと、英国での鉄道開発を注意深く見守り、最新情報を手に入れるべく大西洋を渡ることもしばしばあった。アメリカは広く、しかも国民は野心を抱いている。鉄道が拡大する素地はできあがっていた。新興国アメリカの鉄道総延長がじきに他国の総延長の合計を上回るのは当然だったと言えよう。鉄道ブームの最盛期、1916年にアメリカは40万kmを突破する。これほど巨大な鉄道網は世界で群を抜いていた。

ジョン・スティーブンス大佐
発明家で弁護士でもあるジョン・スティーブンスは、アメリカでは運河よりも鉄道にビジネスチャンスがあると早くに目をつけていた。

北米の鉄道（1860年まで）

　鉄道が登場するまで、アメリカでは物資の輸送が難しく、時間もかかっていた。運河はいくつかあるものの、冬は氷が張って使えない。道路はターンパイク・トラストと呼ばれる会社が所有していたが、利用料金の徴収が不十分できちんとメンテナンスを行えず、道路の状態は惨憺たるものだった。いちばん良い輸送手段は蒸気船だったが、限られた土地にしか行けない。アメリカで初めて鉄道に目をつけたのはジョン・スティーブンス大佐だ。蒸気船を設計し運営していたが、「鉄道および蒸気機関車が運河航行よりもすぐれていることを証明するために」という小冊子を書いており、早くから鉄道に注目していたのがわかる。彼は1815年の時点ですでにトレントン近くのデラウエア川とニュージャージー州のラリタン川を結ぶ初の鉄道建設許可を得ていたが、建設は実現しなかった。出資しようと

いう者がいなかったのだ。スティーブンスは時代を先取りしすぎていた。やむにやまれぬ思いで1825年に蒸気機関車を設計、製作し、自分の所有地に円形の狭軌線路を作って走らせた。

スティーブンスと2人の息子はさまざまな鉄道プロジェクトに関与した。なかでも特筆すべきはフィラデルフィア・アンド・コロンビア鉄道だろう。フィラデルフィア港とサスケハナ川流域のコロンビアを結ぶもので、フィラデルフィアの商人たちはハリスバーグや西ペンシルベニアに行きやすくなった。スティーブンス父子はカムデン・アンド・アンボイ鉄道も建設した。デラウエア川をはさんでフィラデルフィアの向かいにあるカムデンと、ニューヨークの対岸でニュージャージー州のアンボイを結ぶものだ。最初のうち、これらの鉄道はすべて馬が牽引していたが、距離があるため当然ながら蒸気機関車の導入が検討されるようになり、それには英国の技術が必要だった。ジョン・スティーブンスの息子ロバートは英国に行き、スティーブンソン製作所で作られた蒸気機関車「ジョン・ブル」号を購入した。これは部品の状態で到着し、技師アイザック・ドリップスが組み立てた。アメリカの鉄道には英国よりも急なカーブがあるため、彼は機関車に先輪を取りつけた。ちなみに、「カウキャッチャー」を発明したのも彼だ。機関車の前部に取りつける犂状の部品で、牛を捕えるという意味なのだが、実際には牛を殺していた。線路に入りこんだ牛や鹿は、これに当たれば死を免れない。

19世紀初頭にアメリカで鉄道を建設するのはけっして容易ではなかった。まず、立案者は州政府から許可証を手に入れる必要がある。次に、出資者（たいていは地元の人びと）を説得して支援を要請し、さらに、十分な労働者を確保しなければならない。人手不足になることがたびたびあった。ただ、他の国々よりも有利となる重要な点がひとつあった。許可証さえ手に入れたら、鉄道会社は「土地収用権」を得たことになる。鉄道建設に必要な土地はすべて収用できるのだ。もっとも、法を実際に適用する際には困難もつきまとった。エリー鉄道がニューヨーク州北部に建設されていたとき、アメリカ先住民の土地を横切る計画になっていた。地元の先住民は通行権として1万ドル（現在の30万ドル）を要求した。鉄道会社の経営者はあきれ、こんな土地はトウモロコシかジャガイモを育てるぐらいしか使い

「蒸気のような強力な力を車両に取りつけたら、人の生活は大きく様変わりするだろう」

トーマス・ジェファーソン 1802年

アメリカの初期の鉄道   35

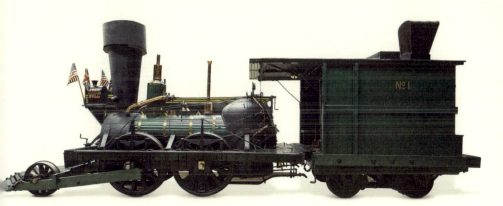

初期の成功
世界最古の自走式作業車両である蒸気機関車ジョン・ブル号は30年以上も使用された。

道がないとどなった。酋長は「鉄道という使い道がある」と答え、権利金を受け取った。

　ボルティモア、フィラデルフィア、ニューヨーク、ボストンなど、アメリカ東部の大都市は互いに張り合っており、それが初期の鉄道開発に良い刺激となった。どの都市も、急速に成長している中西部を重要な市場として目をつけ、安く行ける手段を求めていたのだ。内陸部に深く入りこむ鉄道を推進したボルティモアは、大胆さではいちばんだった。大西洋に面した港と中西部のオハイオ川を結ぶ初めての試みを実現したのがボルティモア・アンド・オハイオ鉄道で、当時は最も重要な鉄道となった。

　初期の鉄道は牽引に馬を使うか蒸気機関車にするかで意見が分かれることが多く、ボルティモア・アンド・オハイオ鉄道も例外ではなかった。オハイオ川に面した町ホイーリングまで全長650km近くもあることを考えると、これをすべて馬に牽かせるというのはすごい話だが、とにかく馬と機関車の競争が行われたのだ。蒸気機関車の製作者ピーター・クーパーはこの鉄道用に小型の機関車を作った。「トム・サム（親指トム）」と愛称をつけられたこの機関車を使い、彼はすでに完成していた21kmの区間を試運転し、時速29kmで飛ばして鉄道会社の人びとを感激させた。だが、ボルティモアに戻るとき、クーパーは馬との競争を持ちかけられ、愚かにも受けて立った。たくましい灰色の馬は加速が速く、すぐにリードしたものの、クーパーは安全弁を開けてさらに加速させ、馬を追い抜き大きく

引き離した。ところが無理をしすぎたせいでプーリー（滑車）を動かすベルトが切れ、親指トムは止まってしまった。勝者は馬となったが、鉄道事業を可能にするのは馬ではなく蒸気機関車だと会社の人びとは納得した。敷設工事は1828年に始まり、2年後には一部の区間が操業を開始した。だが、法的、経済的、技術的な問題がいろいろあり、終点ホイーリングまで線路が完成したのは1853年だった。

それよりさらに南には、この鉄道よりはるかに長い草分け的なチャールストン・アンド・ハンバーグ鉄道が作られていた。完成もずっと早く、アメリカの技術が使われた。チャールストンの輸出業は衰退しており、町の商人たちは綿生産の盛んなこの地域の商業を守ろうと考えた。綿の運搬には最初から蒸気機関車を使うと決めていた。ニューヨークのウエストポイント鋳造所で作られた初号機「ベス

新旧対決
トム・サム号と馬の競争は鉄道史上の伝説となった。トム・サム号は商業用鉄道を走ったアメリカ初の蒸気機関車だ。

ト・フレンド・オブ・チャールストン」が初めて稼働したのは1830年だった。ただ、この機関車は不運に見舞われ、わずか2ヶ月後に使えなくなった。安全バルブから出る蒸気の音がうるさいからと、不慣れな火夫がバルブの上に座ってしまったのだ。おかげでボイラーが爆発して火夫は死亡、機関士はやけどを負った。だが、それでも全長219kmのこの鉄道は1833年までに完成し、しばらくは世界最長の鉄道となっていた。

　アメリカの鉄道はヨーロッパの鉄道と異なる点がいくつかある。大きな違いのひとつはスケールだ。総延長だけの話ではない。線路は西部へと徐々に距離を延ばしていったが、列車や蒸気機関車の大きさも違う。球根のように膨らんだ巨大な煙突は、火花が田園地帯に飛び火しないように設けられているのだが、アメリカではヨーロッパほど橋やトンネルが多くないため、ヨーロッパの煙突よりはるかに高い。今日でもアメリカの列車はヨーロッパより1メートルほど高く、より多くの貨物を積みこめる。アメリカの鉄道はあらゆる点においてヨーロッパの鉄道より大きい。1つの路線の全長も長く、列車の長さも重量も上回っている。よ

客車
ボルティモア・アンド・オハイオ鉄道でごく初期に使われていた客車のレプリカ。これを見ると、ボギー台車に駅馬車を乗せたものとほとんど変わらないことがわかる。

| 表 | 裏 |

B&O100年記念メダル
アメリカ最古の鉄道のひとつ、ボルティモア・アンド・オハイオ鉄道の創立100周年を記念して発行されたメダル。表に描かれているのは初期の有名な機関車トム・サム号だ。

り大型で力のある蒸気機関車を使用しているからだ。そのすべてがアメリカの鉄道に独特なスタイルを与えている。

　新しい路線ではコスト削減が図られ、アメリカの鉄道は建設費がヨーロッパよりはるかに安くなったが、その結果、信頼性とスピードの点では劣ることになった。だが、最初からよりすぐれていた点もある。たとえば、アメリカの蒸気機関車には機関士室が取りつけられている。この「贅沢品」は過酷な気候に対処するため、必要に迫られて作ったもので、世界的に広まるのはずっと後だ。また、ヨーロッパの客車は個々のコンパートメントに分かれているが、アメリカでは最初から間仕切りがなかった。走行距離が長いため、乗客がトイレに行きやすい形にする必要があったのだ。ヨーロッパでは、19世紀末近くになるまでほとんどの列車にトイレがなかった。こうしたアメリカの初期の鉄道は成功し、そのほとんどが多くの利益を上げたため、投資家が殺到することとなった。1837年までに少なくとも200路線が計画された。非現実的なものや、投資家をペテンにかけようという詐欺も多かったが、完成にこぎつけたものも多く、操業中の鉄道は1840年までに総延長4425kmとなった。すばらしい成長率だ。ほとんどの鉄道は貨物、

特に石炭と鉱石の輸送が目的だったが、旅客の数も増えていった。間もなく短距離鉄道に続き、エリーやペンシルベニアなど、東海岸と中西部を結ぶ長距離鉄道が誕生する。その後、19世紀後半には大陸横断鉄道が登場し、西部まで鉄道網が拡大した。鉄道網は町の繁栄に欠かせないものと考えられ、まもなくどの町も鉄道を望むようになった。町の有名人が集まり、会社を作り、許可証を得る。自腹を切って投資することも多く、わずか20年後の南北戦争勃発時には、アメリカ国内の鉄道の総延長は約48,280kmに達していた。

　実際、アメリカの鉄道は国内経済の成長とともに発展し、アメリカは数十年のうちに農業中心国から世界の工業の中心地へと変貌していった。鉄道があっという間に拡大したのは急激な経済成長のせいなのか、それとも鉄道が拡大したから経済が急成長したのかは知る由もないが、アメリカが鉄道システムの発達のおかげで栄えたこと、そして鉄道がこの広大な国をひとつにまとめ上げたことに疑いの余地はない。

アメリカの初期の機関車

1828年のボルティモア・アンド・オハイオ鉄道に始まった鉄道網の成長によって、アメリカ北東部では産業革命が根づき、さらには西海岸の開拓と植民への道が開かれた。アメリカの蒸気機関技師たちは歯車つき機関車や初のアプト式鉄道など、創造力に富むデザインを開発した。

ボルティモア・アンド・オハイオ鉄道　グラスホッパー No. 2　アトランティック号（1832年）
長い連接棒と垂直のシリンダーが動くとバッタ（グラスホッパー）のように見えるため、この名がついた。グラスホッパー型のアトランティック号はアメリカで開発され、アメリカの地で営業運転を行った初の蒸気機関車だ。

ボルティモア・アンド・オハイオ鉄道　グラスホッパー No. 8　ジョン・ハンコック号（1836年）
ジョン・ハンコック号はグラスホッパー型の改良モデルで、屋根つきの機関士室と二重駆動の車軸が特徴となっている。1836年から1892年までボルティモア・アンド・オハイオ鉄道で使われていた。

ボルティモア・アンド・オハイオ鉄道　No.57　メムノン号（1848年）
メムノン号はアメリカに今も残る最古の貨物用機関車のひとつ。石炭輸送用に開発された。その牽引力を助けているのが8つの動輪で、中心の一対はフランジがなく、レールのカーブに対処しやすい作りになっている。

アメリカの初期の機関車　41

**カンバーランド・バレー鉄道
No.13　パイオニア号（1851年）**
パイオニア号は軽量型機関車で、動輪は一対しかない。3両までの客車を牽引するのに使われていた。写真は1901年に引退したタイプのカラーリング。

シェイ　No.1　リートニア号（1906年）
技師エフレイム・シェイが開発したギアードロコ（歯車式蒸気機関車）のひとつ、リートニア号は、3本の垂直シリンダーによって動く鋸歯状の駆動軸を使って12個すべての車輪を動かす。急傾斜や急カーブを低速で進みつつ材木を牽引するのに理想的だ。

**ムーア-ケッペル・アンド・カンパニー・
クライマックス号　No.4（1913年）**
シェイと同様に、クライマックス型のギアードロコも材木会社で使われていた。ボイラーの両側にあるシリンダーが中央に取りつけた変速装置を通じて8つの車輪に動力を提供している。

円錐形の煙突

リーディング・カンパニー　No.1251（1918年）
古い機関車の部品を使って作ったNo.1251は、動輪6つの入換機関車だ。水のタンクがサドルのようにボイラーの上に乗っている「サドルタンク」型なので給水車は必要ない。

ボイラーの圧力は75psi

前動輪は当初はフランジがなかった

**ボルティモア・アンド・オハイオ鉄道
No.147　サッチャー・パーキンス号
（1863年）**
設計者であるB&O鉄道会社の機械長サッチャー・パーキンスの名がつけられた。この機関車は南北戦争での需要に合わせるため、急いで作られた。アパラチア山脈の急傾斜に対処すべく、動輪6つ先輪4つという仕様になっている。

シリンダー 48×66cm

ヨーロッパ、鉄道を導入へ

　英国が世界に先駆け鉄道を開発していた頃、パリのカフェはこのニュースでもちきりだった。だが、誰もが乗り気だったわけではない。英国でも鉄道反対派は、時速50kmほどの速度で旅をしたら息ができない、鉄道の騒音のせいで牛はミルクを出さなくなるなどと主張していた。フランスや他のヨーロッパ諸国でも、この新しい技術を胡散臭く思っている人びとがいた。特にフランス人は問題について長々と議論する癖があり、パリの知識人は鉄道の是非について細かい点まで論じていた。作家のエドモン・ド・ゴンクールは、鉄道で旅をしたら「激しく揺れるため考えをまとめるなど不可能だ」と警告した。

　だが、反対派がいても、ヨーロッパの主な国々、特にフランス、ベルギー、ドイツ連邦は自国でも鉄道を作ろうと躍起になっていた。鉄道によりもたらされる経済効果は明らかだったが、政治的な理由もあった。鉄道は戦争に欠かせないばかりか、国民をひとつにまとめる効果もあったからだ。最初のうち、ヨーロッパは技術も機関士も英国に頼っていたが、多くの国がじきに自国だけでやれるようになっていく。特にフランスは英国に追いつかんばかりになっていた。1823年、短い復古王政期にルイ18世はフランス初の鉄道建設を許可する決議に署名した。中央高地のサン＝テティエンヌとアンドレジューを結ぶ線路が敷かれ、採掘された石炭はこれによってロワールに運ばれ、そこから全国に送り出された。1827年に開通したこの鉄道は馬が牽引するタイプだったが、効果がすぐに現れたため線路が延長された。1832年には大都市リ

マルク・スガン（1786–1875）
フランスの発明家。蒸気機関車用に多管式ボイラーを考案した。また、ヨーロッパ初の吊橋も開発した。

ヨンまで延び、蒸気機関車が使われ、乗客も運ぶようになっていた。英国の客車は質素な雰囲気だが、フランスの客車はより手の込んだ作りでコンパートメントに分かれており、この形がやがてヨーロッパ中に広まっていった。

　フランスにもジョージ・スティーブンソンのような人物がいた。マルク・スガンである。科学者であり発明家でもあったスガンは、ボイラーの改良方法をスティーブンソンに伝授している。スガンはサン゠テティエンヌとリヨンを結ぶ鉄道用に蒸気機関車を２両製作した。いずれも多管式ボイラーで、送風機で酸素を火に送るしくみだ。のちにジョージ・スティーブンソンの息子ロバートは、スガンが設計した蒸気機関車を製作している。英仏技術協力のよい一例だ。ただ、鉄道建設の是非について国内で延々と議論が続いていたため、フランスの鉄道開発の歩みは遅く、1840年までの総延長はわずか560kmだった（英国は3200km）。

　しかもフランスでは、1842年５月にヴェルサイユ～パリ間で世界初の鉄道重大事故が発生している。ヴェルサイユ発の下り列車は国王の祝賀会帰りの客で満員となり、２両の蒸気機関車で牽引しなければならないほどだったのだが、このとき先頭機関車の車軸が折れたのだ。初期の時代には比較的よくある故障だったが、機関車は脱線し、続いて客車３両も脱線してまたたくまに火に包まれた。死者は少なくとも50人、実際には200人近くだったかもしれない。客車に外から鍵がかけられていたため、脱出できなかったのだ。〔当時は客車内に通路がなく、各コンパートメントに出入り口用のドアがあり、乗客は外から直接コンパートメントに乗りこむ形だった〕この事故を受け、フランス当局は客車の施錠を禁じたが、他国ではその後も客車に鍵をかける慣習が続いたため、1889年に発生した北アイルランドのアーマーでの事故では大勢の犠牲者が出ることとなった。これはアイルランドの鉄道史上最悪の事故となった。

　ヨーロッパではほかにも多くの国が1830年代に鉄道時代を迎えている。英国政府は鉄道建設に関与しなかったが、ヨーロッパの国々ではたいてい政府が密接に関わった。その最たる例がベルギーだ。鉄道システムの構築は国家のアイデンティティを高めると考えられていたため、1830年にオランダから独立したばかりのベルギーにとって、鉄道は独立を誇示する最良の手段だったのだ。初代ベルギー国王レオポルド１世は鉄道網計画を承認し、1834年には最初の路線建設が始まった。北のアントウェルペンから西のモンスへ、さらに東のアーヘンを経由

してプロイセンに入るという全長148kmの路線で、当時にしては非常に大胆な計画だった。この路線の他にもうひとつ、東西を結ぶオステンド・リエージュ線も計画された。ベルギーがすみやかに立てた国家鉄道網計画は、当時では他に類を見ないものだった。当然ながらジョージ・スティーブンソンがこれに関与し、彼の会社は最初の蒸気機関車3両を製作した。1835年、王族を乗せた一番列車にはスティーブンソンも身分を隠して乗車し、途中で故障したときは自ら機関車に行って修理を手伝った。国王はこの労をねぎらい、彼にナイトの称号を与えた。政府の支援を受けたベルギーは鉄道開発で他国をリードし、1843年までにブリュッセルを中心として十字に広がる鉄道網がほぼ完成していた。工業国ベルギーは世界で最も密な鉄道網を備えることとなったのだ。

　ドイツでも最初の鉄道が開通したのは1835年だった。国王ルードヴィヒがバイエルン王国のニュルンベルクとフュルトを結ぶ6.5kmの鉄道建設を認可した。最初に作られる鉄道はほとんどが貨物運搬用なのだが、蒸気機関車が牽引するこの鉄道は、両都市の交通渋滞の緩和を目的として最初から主に旅客用として建設された。渋滞が生じるのは歴史的な理由があった。ニュルンベルク市当局は労働者や外国人が同市内に居住するのを何世紀も禁じていたため、フュルトはベッドタウンとなり、人びとはニュルンベルクまで通勤しなければならなかった。通勤に鉄道を利用するのは今日どこでも見られるが、バイエルンの鉄道はその先駆けとなったのだ。ザクセン王国もバイエルンに続き、ライプツィヒとドレスデンを結ぶドイツ初の幹線鉄道を建設した。ザクセンはドイツの工業中心地で、リヴァプール・アンド・マンチェスター鉄道が作られた英国北西部と同じような立場にあった。200以上もの工場が立ち並ぶこの地の実業家たちは、工場に鉱石を運ぶ鉄道が欠かせないと考えてすぐさま資金を集め、全長105kmの鉄道建設に取りかかった。英国の技術と人材のおかげで、建設に時間はかからなかった。

ドイツにとって鉄道は国家統一の手段として特に重要だった。ドイツの経済学者で、先見の明のある思想家でもあったフリードリッヒ・リストは、1817年の時点ですでにドイツにおける鉄道の重要性を見抜いていた。ドイツは通商と工業を

ドイツの機関車
（1880年まで）
9,400 両

ドイツ初の鉄道
1835年、ニュルンベルクを出発する機関車アドラー号。ドイツ初の商用機関車で、1850年代まで使われた。

通じてのみ繁栄できると彼は考え、速く効率的な鉄道網があれば食品も工業製品も全国に運べると論じたのだ。リストの考えは正しかった。領邦間に存在していた関税は非実用的として間もなく廃止され、最初の路線が完成してから一世代のうちにドイツは強固な統一国家となり、鉄道システムはそのために役立った。

　オランダも比較的早い時期から鉄道建設に着手していた。ドイツのニュルンベルク・フュルト線と同様、最初の路線は乗客用だった。オランダ鉄道会社（HSM）は1839年、アムステルダムとハーレムを結ぶ路線を開通させ、8年後にはロッテルダムまで延長した。これは非常に成功し、それまでアムステルダムとロッテルダムというオランダの二大都市を結んでいた荷馬車もはしけ船もすたれてしまった。だが、オランダは政府主導で計画を立てていたわけではなく、したがって隣国ベルギーほど徹底した鉄道網はできなかった。

　ベルギー、ドイツ、オランダの鉄道はすべて蒸気機関車が牽引していたが、馬でもやっていけるという考えは残っていた。オーストリアでは初期の鉄道はすべて馬を使用していた。鉄道網は広範囲にわたり、上オーストリアのリンツとボヘ

ミアのバドワイズを結ぶ145kmの路線は馬が牽引する鉄道として世界最長だった（ボヘミアは世界的に有名なビールの産地で、現在はチェコ共和国に含まれる）。鉄道はさらに上オーストラリアの保養地グムンデンの製塩所まで延長され、1836年にはじつに全長274kmとなっていた。蒸気機関車が馬に取って代わったのはこの年だ。

　イタリアとロシアの鉄道は王室の発案がきっかけとなった。もっともそれは、複数ある王宮を結ぶという個人的な目的だった。イタリアでは両シチリア王国の恰幅の良いフェルディナンド2世が、ナポリの大宮殿とナポリ湾沿いのポルティチにあるもうひとつの宮殿を鉄道で結ぼうと考えた。1839年10月、全長8kmの鉄道が完成した。国王に鉄道建設を進言したのはフランス人アルマン・バヤール・ド・ラ・ヴァントゥリで、鉄道計画でひと儲けしようとたくらんでいた。鉄道の最初の区間はすぐに完成したが、これが非常に人気を博し、1日あたり最高1000人もの利用客があった。ところが、国王自身は開通式の際に乗車しなかった。おそらく列車旅行の危険性に気づいていたのだろう。

　ロシアでは、皇帝ニコライ1世がサンクトペテルブルクの本邸である宮殿とツァールスコエ・セロー（エカチェリーナ2世が好んだ広大な宮殿がある）を結ぶ鉄道を作らせた。皇帝に助言したのはオーストリア人技師のフランツ・アントン・フォン・ゲルシュトナーで、彼はロシアにも鉄道をもたらし、サンクトペテルブルクとモスクワを結ぶはるかに規模の大きな鉄道を建設しようと考えていた。だが、最初に命じられたのはツァールスコエ・セロー線だけで、この路線は1837年に開通した。8両の客車を連ねた最初の列車は、わずか28分でツァールスコエ・セローに到着した。平均時速50km近くというすばらしい速度だった。翌年には線路が26km延長された。新たな終点となったパヴロフスクは軽食堂やコンサートホール、舞踏場のあるちょっとした行楽地で、サンクトペテルブルクの住人が日帰りで楽しめる。客を引き寄せるため、鉄道側は一般向けの娯楽施設を経済的に援助した。パヴロフスクについては、ドストエフスキーが作品『白痴』

鉄道がイタリアにやって来た
ナポリのポルティチ駅を出発する一番列車。サルバトーレ・フェーゴラの作品（1839）。この路線はイタリア初の鉄道で、今日ではナポリ・サレルノ線の一部となっている。

ヨーロッパ、鉄道を導入へ 47

で「サンクトペテルブルク近郊のおしゃれな避暑地のひとつ」と書いている。最初のうち、この鉄道は馬も、英国やベルギーから輸入した蒸気機関車も使っていたが、重たい列車を牽引するのに馬では負担が大きすぎ、じきに蒸気機関車のみを使用するようになった。鉄道は大成功だった。初年度には1日平均2000人、年間72万5000人以上もの客が利用した。サンクトペテルブルク・モスクワ線は1851年に完成した。全長640km、当時では世界で最も長く、最もすばらしい幹線鉄道のひとつとなった。

　ヨーロッパではほとんどの国がスティーブンソン考案の1435mmの軌間を採用した。軌間が共通していることは、ヨーロッパ大陸全体の鉄道網を作るうえできわめて重要であり、比較的簡単に国境を越えられる。もっとも、信号や機関士の訓練に関わる技術的な要素や関税の問題は避けられず、国境で遅れが生じることになった。ロシアとスペインは例外で、いずれも1500mmの軌間を採用した。敵意を抱く隣国からの侵入を恐れての選択で、軌間を変えれば便利な防御壁になると考えたのだ。

　初期の鉄道での旅は必ずしも楽ではなかった。その原因は当時の政治体制また

ニコライ1世の遺産
サンクトペテルブルク・モスクワ線はロシア初の幹線鉄道となった。国民に鉄道を利用させたら反乱が起きる、と用心深い官吏たちは皇帝に警告していたが、ただの杞憂に終わった。

は鉄道会社かのいずれかにあった。政府は旅行したいという国民に疑いの目を向け、鉄道会社は運賃を取るのに懸命だった。たとえばライプツィヒ・ドレスデン線の場合、乗車券の前売りはなく、発車15分前にならなければ駅に入れなかった。ヨーロッパの辺鄙な地方では、今日でも

> 「鉄道！　この言葉はすでに魔法のオーラに包まれている。文明、進歩、友愛をひとことで言い表している」
>
> ピエール・ラルース　1867年

このしくみが続いている。乗客は帰りの切符も買わなければならず、12歳未満の子どもは乗車できなかった。ロシアではさらに面倒な手続きが山ほどあった。乗客は旅の前に国内用パスポートを入手し、それから近所の交番に行って旅行の許可証をもらうのだ。ロシアでは今日でも、長距離切符を買う際には国内用パスポートを提示しなければならない。だが、お役所仕事を伴い、技術的な問題があってもなお、こうした初期の鉄道は人びとに好まれ、成功を収めた。そしてヨーロッパ各地で、さらには世界の他の地域でも、鉄道旅行が急速に広まっていった。

西欧の鉄道

1830年代中頃、鉄道技術は発祥の地である英国からヨーロッパ大陸に広まっていった。ベルギーは誕生まもない国家を強固なものとする手段として、積極的に蒸気機関車を取り入れた。フランスでは官僚主義が災いして鉄道はなかなか発達しなかった（次頁）。一方、ドイツ諸国は鉄道を国家統一に利用した。鉄道はその後数十年のうちに、ヨーロッパ中に網の目のように広がっていった。ただ、スペインとポルトガルは他の諸国とは異なる軌間を選んだ。この地図は現代ヨーロッパの主要路線を示している。

スウェー

ノルウェー

オスロ

ストックホル

グラスゴー　　エディンバラ

アイルランド

ダブリン

デンマーク

コペンハーゲン

英国

太西洋

アムステルダム
ロンドン

ハンブルク

ベルリン

ブリュッセル

ドイツ

ポーラ

ベルギー

パリ　　ルクセン
　　　　ブルク

フランクフルト

プラハ

ウ

フランス

スイス

オーストリア

ブダ

ハン

ビスケー湾

リヨン

ミラノ

ザ

トリノ

ボス

ポルトガル

サラ

リスボン

マドリード

マルセイユ

バルセロナ

ローマ　イタリア

スペイン

地中海

西欧の鉄道

スタートが遅れたフランス

国土が広く、資源に恵まれている点を考えると、鉄道初期の時代にフランスが他のヨーロッパ諸国よりも出遅れていたのは不思議に思えるかもしれない。1842年にはすでに鉄道敷設を許可する法案が通っていたが、政府の度重なる干渉のため、鉄道はなかなか成長しなかった。フランスでは線路とインフラは国が作り、民間の鉄道会社は機関車と全車両を提供するだけだった。

大陸初の路線

1835年、ヨーロッパ大陸初の路線がベルギーで完成した。ブリュッセルとメヘレンを結ぶ全長27kmの路線で、同区間の開業によりメヘレンでは金属加工業が発展した。ヨーロッパで新たに誕生した路線の多くは、英国の建設技術を利用していた。英国のスタートが10年早かったことが重視されたのだ。

凡 例
- 主要都市
- 主要路線
- 国境

鉄道ブーム

　初期の鉄道の成功により、世界中の投資家や鉄道推進派が受けた刺激は計り知れない。人びとは流行に乗り遅れまいと躍起になった。鉄道網が発達した国ではほぼ例外なく鉄道ブームの時代が訪れている。残念なことに、推進派のすべてが正直者だったわけではなく、人をだしにしてお金を手に入れることしか頭にない者もいた。

　おかしな話だが、最初のブームは鉄道がまだひとつも完成していない時期に生じている。1824年から25年にかけて、ストックトン・アンド・ダーリントン鉄道が開通をめざしていた時期に、英国では起業家たちが他の路線を計画していた。発表された趣意書は70通ほどにのぼる。鉄道の有効性がまだ明らかになっていない時期だけに、この数は注目に値する。だが、1825年に不作のせいで景気が下降し、銀行の倒産が相次ぐと、鉄道に対する楽観主義はまもなくなりをひそめ、この時期の計画のほぼすべてはひっそりと忘れ去られていった。リヴァプール・アンド・マンチェスター鉄道の成功により、1830年代半ばに再びブームが生じるが、「鉄道ブーム」という言葉が使われるようになるのは1844年以降で、この時期には新たな路線の申請が殺到した。投機ブームとしては、過去には1719年から20年にかけての「南海泡沫事件」〔世界初のバブルと言われる〕や1791年から94年の運河ブームなどが、近年では1990年代のドット・コム・ブームが挙げられるが、鉄道ブームと呼ばれる現象もこのような例と同列に扱われている。

　1840年代半ばの英国では、鉄道建設は合法的で儲かる商売だとすでに認識されていた。また、経済状況も健全で、大ブームが生じる下地ができあがっていた。資金調達はたいていの場合、まず地元で市民集会を開き、投資家は「仮証券」を買う。これは設立予定の会社に対する預かり証で、のちにより大きな分け前にあずかれる。資金の一部が集まった時点で推進派は議会におもむき、鉄道建設を申請して許可を得る。1840年代初頭には景気がやや低迷したものの、回復するにつれ鉄道の申請は増える一方となった。1844年から47年にかけて、鉄道は手っ取り早く稼げる方法と考えられ、議会が認可した鉄道はのべ1万2800km以上、

すでに完成している鉄道の総延長の5倍近くにもなった。今日の英国の鉄道網はのべ1万5750km、その大部分がこの時期に計画されたものだ。鉄道建設は土地さえ良ければ比較的単純な作業で、地元に店を開いたり、ひと並びの住宅を建てたりするのと大差なかった。認可状を手に入れたら、あとは細長い道を作り、線路を敷き、駅に木製プラットホームを作るだけだ。今日の鉄道のような、高性能な技術を駆使した複雑さはまったくなかった。

　鉄道ブームは驚くべき速さで盛り上がった。英国議会で認可された新たな路線は1843年には1年間で160kmだったのが、その後の3年で約1200、4800、7200kmと飛躍的に延びていった。3年目には272路線が認可されている。このブームの大きさを裏打ちするのが資本投資額だ。理論的には7億ポンド、当時の

「1845年の鉄道の巨人」
鉄道ブームに乗った無情なビジネスを描いた風刺漫画。空にはハゲワシが舞い、ワニは弁護士のかつらをつけ、機関車には悪魔がちょこんと座っている。機関車の名はスペキュレーション、投機の意味だ。

英国の年間輸出額の10倍に相当する金額だった。だが、ブームは盛り上がり以上の速さで崩壊する。1847年に再び景気が落ち込み、その結果、1849年までに認可された新路線はわずか27kmだった。もっとも、このうちの3分の2は数年内に完成し、失敗に終わったプロジェクトですら一部は1852年から53年、そして1860年代の小規模なブームで息を吹き返している。

　プロジェクトのほとんどは、失敗に終わったものも含め、鉄道を建設しようという純粋なものだったが、なかにはとんでもない詐欺もまじっていた。この時代きっての詐欺師ジョージ・ハドソンは、鉄道の発展は永遠に続くという人びとの信念を利用して巨大な帝国を築き上げた。バブルがはじけたとき、彼の帝国が崩壊したのは言うまでもない。見た目の変わった男で、ある伝記作家は「砲弾のような形の頭が分厚い肩にめりこみ、首らしきものは見当たらない」と描写している。ハドソンはエネルギッシュで、豊かな暮らしをこよなく愛した──詐欺師の典型と言えるかもしれない。実際、彼は鉄道をいくつか建設して成功し、そのなかには英国有数の広大な鉄道網をもつミッドランド鉄道の中心部も含まれていた。また、鉄道会社が他社の線路に自社の列車を走らせた場合にその分を補償する鉄道手形交換所を設けるなど、良いアイデアも出していた。だが、自信を深めるにつれ、彼は新規鉄道計画用に集めた資金をそれ以前のプロジェクトの配当金に流用するようになった。これは現在では出資金詐欺と呼ばれている。彼の帳簿は非常にいいかげんで、彼の死後に調べてみても、お金がどこに消えたのか突き止められなかった。ハドソンが裕福になったのは、ある人がおどけて言ったように「帳簿以外はすべてきっちり抱え込んでいた」からだ。ハドソンの経歴は輝かしく、ヨーク市長に選ばれ、のちに下院議員にも選出されたのだが、1849年、不正が発覚して栄光はいきなり終わりを迎えた。その後、彼は一度も公の場に姿を見せな

悪名高きジョージ・ハドソン
鉄道会社設立発起人であり、起業家であり、詐欺師でもあった。彼が築いたビジネス帝国は鉄道開発の顔を永遠に変えてしまった。

かった。

スイスが鉄道ブームを迎えたのは1850年代、有力なビジネスマンで政治家でもあったアルフレッド・エッシャーが鉄道建設を強く推進したのが大きかった。彼は他の国々で鉄道が発展していくさまを見て、スイスは鉄道網から得られる経済繁栄から取り残され、「ヨーロッ

> 「思い上がりも甚だしいこのギャンブラーは……炭鉱の穴に放りこんでしかるべきだ」
>
> トーマス・カーライル
> 哲学者・作家　ジョージ・ハドソンについての記述。

パの僻地という悲しい名」に甘んじるのではないかと恐れた。1852年、エッシャーは民間企業に鉄道の建設運営を認める法案を押し通した。これにより、競合する各社がこぞって鉄道を建設し始めた。エッシャー自身もスイス北東鉄道会社を設立し、大成功を収めた。それから数十年の間にスイスの鉄道網は全国に広がり、1870年代には大掛かりなゴッタルド鉄道が作られた。

フランスでは、辺鄙な地域での鉄道建設を奨励する法律が1865年に成立したおかげで、鉄道が急速に拡大していった。当時フランスの鉄道は6大会社が有しており、6社が手を出したがらない農村部にも鉄道網を拡大するのがこの法律の狙いだった。地方自治体は建設資金の援助を許可され、地方の鉄道のほとんどは儲けが見込まれなかったにもかかわらず、その補助金で儲けようとする投機家が集まった。10年間にのべ4800kmの地方鉄道が建設された。多くはコスト削減のため狭軌道が採用された。だが、利益が出る路線はほとんどなく、間もなく国家が救いの手を伸べざるを得なくなった。これがのちにフランス国有鉄道（SNCF）の中心となる。

イタリアでも急速な拡大期をもたらしたのは政府だった。1861年に統一を果たしたイタリアにとって、全国的な鉄道網の構築は欠かせないものとみなされ、政府はコンセッション方式〔公的機関が所有し、民間事業者が運営する〕によって急速な拡大を資金援助した。だが、鉄道を建設した会社のほとんどは資本不足で粗末な鉄道しか作れなかった。客は十分には集まらず、会社は財政難に陥り、政府は鉄道を国有化せざるを得ず、そして多くの投資家が損をした。

最大の「鉄道フィーバー」が生じたのがアメリカだったのは当然と言えるかもしれない（アメリカではフィーバーと呼ばれていた）。実際には19世紀後半に何度か散発的に生じており、その様子を歴史家スチュワート・H・ホルブルックは、

架空の町ブラウンズヴィルを舞台にユーモラスに描いている。

> まず、やる気に満ちた人物または単に熱にうかれた夢想家が、我が町ブラウンズヴィルには鉄道が必要だと力説する……やがて夢は膨らみ、枝葉を伸ばし、花を咲かせ、しまいには上空へと立ちのぼり、空の美しい色彩すべてをまとう。ブラウンズヴィルはチャンスに満ち溢れた町となる。夢は町に金の雨を降らせる。金はすべて住民のものだ。町はやがてすばらしい大都市となり、商業が栄えることになるだろう。

……こうしてついにはブラウンズヴィル鉄道建設を州に申請する。鉄道熱が高まるたびに、アメリカ全国でこのようなシーンが幾度となく繰り広げられた。

　アメリカの鉄道史をひもといてみると、詐欺師の多さに気づかされる。初期の鉄道会社のなかから「泥棒男爵」と呼ばれる人びとが出現し、不正な投機もしばしば行いつつ、収益の高い鉄道を手中に収めていった。途方もないリスクを負うギャンブルの時代だったのだ。エリー鉄道の買収をめぐる事件は有名で、3人の鉄道男爵を率いるジェイ・グールドは司法の手から逃れるため、現金数百万ドルを抱えてニュージャージー州のホテルに潜伏していた。ニューヨーク州の判事たちが彼らのライバル、コーネリアス・ヴァンダービルトの側についているとわかったからだ。（結局グールドと仲間はエリー鉄道の支配権をめぐる戦いに勝利した）。このような出来事はしばしばあったわけではないが、鉄道への投機がさかんに行われていた波乱に満ちた時代は、これらを抜きにしては語れない。

　アメリカにおける最後の投機ブームは20世紀初頭で、「都市間電気鉄道」と呼ばれる路線が次々に建設された。これは列車と路面電車の中間のようなもので、都市と都市を結び、既存の道路沿いに単線を敷くという安上がりな鉄道だ（最長で80km）。20世紀を迎えたころは総延長が3200kmにすぎなかったが、1906年には1万4400km、そして1914年の第一次大戦勃発時には2万4000kmにまで拡大し、ウィスコンシンからニューヨークまでインターアーバンを乗り継いで行けるようになっていた。運賃はわずか10セントだがスピードは出ず、平均時速はせいぜい32km程度だった。残念なことに、ある歴史家の言葉を引用すると「インターアーバンは繁栄期が長続きしなかったまれな例」で、ほとんどの投資家はお金をすべて失った。インターアーバンはたちまち姿を消した。もと

鉄道ブーム　57

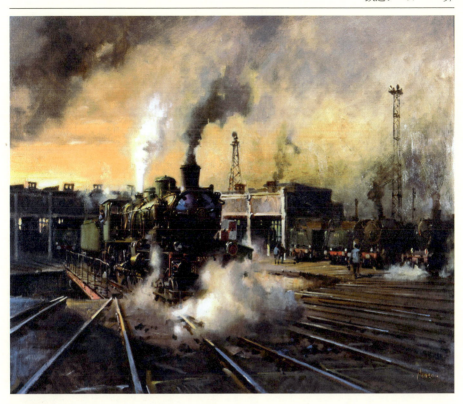

NORD 2-3-0
ブーローニュの車庫から出発するフランスの機関車。フランスの国鉄SNCFは、鉄道開発の波が引いた後に経営難に陥った民間鉄道会社を救済するために設立された。

もと人口の少ない地域を走っており、しかも自動車利用が増えていく時代に利益を上げられなかったからだ。第一次大戦が始まったとき、インターアーバンはすでに操業されていなく、1930年代までにすべて撤去された。車両も線路も新品に取り換えなければならなかったが、そのための資金がなかったのだ。

　世界中で生じた鉄道ブームは、すべてその痕跡が残っている。おおぜいの投資家が一文無しとなったが、路線の多くは建設され、そのかなりの部分が現在もなお使われている。他の産業でもそうだが、鉄道も本当に必要であったからこそブームが生じた。現存している世界の鉄道の多くは、過熱したブームのおかげで誕生したものなのだ。

車輪とボギー台車

機関車の車輪はボギーと呼ばれる台車に取りつけられている。ボギーは機関車がレールにうまく合うよう作られたものだ。どの車輪も外側に向かってすぼまっており、これがカーブでの走行に役立つ（次頁参照）。車輪はレールにフィットするよう、内側にフランジと呼ばれる鍔が張り出している。フランジは脱線防止用の安全機能で、通常はレールに接触しない。車輪は大きさが異なり、サイズによって機能がやや異なる。大きな動輪は機関車のピストンで動くのに対し、より小型で動力が直接伝わらない先輪や従輪は機関車の重みを支え、レールの分岐点やカーブを列車が通過できるようにする働きがある。対になる2つの車輪は車軸でつながれ、これを輪軸という。

ボギー台車

先輪と従輪の輪軸はいずれも車両下側の枠に取りつけられている。その枠すなわちボギー台車は強度も剛性も大きい構造になっているため、輪軸は列車が方向を変えるときに生じるねじり力に耐えることができる。ほとんどのボギー台車は台車枠に輪軸を固定している。操舵式台車では車軸が2つの輪軸間のピボットを中心に回転でき、カーブを通る際に列車の安定度を高められる。今日使用されているボギー台車には、列車のブレーキ装置と懸架装置も備わっている。

2つの車輪を車軸でつないだものを輪軸という

車軸が側方に回転し、舵取りを行えるタイプもある

ドイツで使用されていたボギー台車（19世紀末）

鉄の巨人
蒸気機関車がボギー台車に下ろされるところ。大きな動輪とそれより小さな先輪が見える。車輪とボギー台車は機関車の重みに耐えられるほど頑丈で、すさまじい回転力やねじり力にも耐えられる設計になっている。

車輪とボギー台車　　59

車輪のしくみ

フランジ付きの車輪は1789年に英国の技師ウィリアム・ジェソップが発明した。車輪の内側の縁を張り出すことで脱線を防げる。フランジは通常走行中はレールに接触しない（レールのメンテナンスができていれば）。列車の車輪は外側に向かってややすぼまっているので、輪軸はレール頭部をスライドし、このため列車はカーブでも走行できる。走行中の列車が左右に揺れるのは、輪軸が平衡を得ようとしてレール頭部を上下に揺れるためだと鉄道技師たちは気づき、この運動を蛇行動と名付けた。

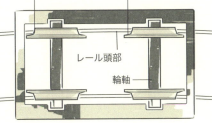

平面図

カーブに対処

カーブを通る際、外側の車輪はわずかながらより多く進まなければならない。これを補うため、輪軸はレール頭部をスライドし、外側の車輪が半径のより大きな内側部分を使えるようにする。いっぽう、カーブの内側になる車輪は半径のより小さな外側部分を使う。自転車でカーブを曲がるときは体をやや内側に傾けるが、これと同じように、列車も輪軸のスライドによって車体を傾けることができる。

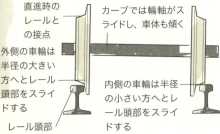

アメリカの南北戦争

　　鉄道は戦争に利用できる、と政府も軍司令官もじきに気づいた。リヴァプール・アンド・マンチェスター鉄道は1830年に開通してまもなく、アイルランドでの反乱を鎮圧するため、連隊をマンチェスターからリヴァプールの埠頭まで輸送した。50kmの旅は徒歩では2日かかるが、鉄道だとわずか2時間あまりで、兵士は疲弊することもない。当時ヨーロッパでは革命の気運が高まっており、1840年代後半には各地で統治者が反乱の鎮圧に鉄道を使っていた。鉄道による大規模な軍の輸送が初めて行われたのは1846年、オーストリア支配に反対するポーランド民族主義者がクラクフで立ち上がったときだった。1万4500人のプロイセン軍は340kmをわずか2日で移動し、すみやかに独立運動を鎮圧した。ポーランド側は多数の死傷者を出した。それから2年後、ロシアの皇帝ニコライ1世（19世紀半ばの最も保守的な君主）は同盟国オーストリアの皇帝フェルディナント1世を支援し、開通してまもないワルシャワ・ウィーン鉄道を使い3万人の部隊を送った──今度はハンガリーで独立運動が起きたのだ。このときもハンガリー側は多くの死傷者を出し敗北した。

　この後、ヨーロッパでは移動する軍の規模が大きくなっていく。1850年の冬、オーストリアは鉄道を利用して人員7万5000人、馬8000頭、大量の武器等をウィーンからボヘミアに輸送した。悪天候のうえに単線だったため、輸送には思いのほか時間がかかり、わずか240kmの旅に26日もかかった。鉄道を効果的に利用するにはもっと計画を練る必要があるということだ。3年後、クリミア戦争時にフランスは今日のウクライナへ軍の大量輸送を計画した。地中海に面した海港からクリミアに40万人の部隊が派遣されたが、そのほとんどはパリとマルセイユを結ぶ鉄道を利用した。この鉄道はまだ建設途中だったが、完成した区間は長く、軍の輸送はおおいにはかどった。じつは、戦争目的で鉄道が建設されたのは、このクリミア戦争が初めてだった。建設したのはフランスと共に戦っていた英国軍だった。バラクラバの港から13km離れたセヴァストポリを包囲していたのだが、港からの道は山を通り、ろくに舗装もされていないため、じきに人員や物資

が港に滞ってしまった。これを解消するため、海軍が英国から派遣され、港とセヴァストポリ近郊の駐屯地を結ぶ鉄道を作ることになった。乱暴な連中で、酔っぱらうわ、ジブラルタルで類人猿を捕まえようとするわ、道中でいろいろ騒ぎを起こしていたが、鉄道建設にかけては非常に優秀だった。「ザ・グランド・クリミアン・セントラル鉄道」——馬も蒸気機関車も使用する短距離で狭軌道の鉄道にしてはおおげさな名前だ——は1855年、わずか7週間という驚異的なスピードで完成した。この鉄道は非常に役立ち、重たい銃器も含め、人員も物資も難なく山越えさせ、セヴァストポリ襲撃を支援した。かつてないほど大量の武器を輸送できたため、セヴァストポリに集中砲火を浴びせ、効率よく戦争を終わらせたのだった。

　だが、鉄道が戦略兵器として成熟するのはアメリカの南北戦争の時だ。南北の対立は長い年月の間に高まっていた。対立の根底には北部諸州と南部諸州の差があった。北部は工業化し、製造業を中心に経済を発展させていたが、南部は主に農業中心で（主要輸出品目は綿）、奴隷労働に依存していた。戦争の引き金となったのは、1861年のエイブラハム・リンカーンの大統領就任だった。リンカーンは奴隷制が新たな州に拡大するのに反対していた。奴隷制の完全廃止を恐れた南部諸州は1861年春に合衆国を脱退し、戦争が始まった。

鉄道襲撃
1864年7月11日、メリーランド侵攻の際、ガンパウダー・リッジ付近で奪取された列車。新聞のスケッチ。

脱線した機関車
1864年の攻撃の結果を検証する兵士。南北戦争では鉄道の建設も破壊も重要な役割を果たした。

　南北戦争は戦死者が非常に多く、62万人の兵士が戦死したと言われる。南部連合軍と北部連邦軍の戦闘規模はかつてないものだった。南北戦争以前では、長期にわたる戦争でも戦闘はほんの数えるほどしかなかったが、4年に及ぶ南北戦争ではじつに1万回もの武力衝突があり、そのうち400回近くは本格的な戦闘とみなされている。つまり、4日ごとに戦闘が行われていた計算になる。しかも、その地域はヨーロッパよりも広く、鉄道があったからこそ戦争が可能だったのだ。

　南北戦争の勃発までに、アメリカでは鉄道の総延長が4万8000kmを超えていた。東部のほぼ全域および中西部の大半に広がっていたため、人員も物資もすみやかに輸送できた。鉄道の重要性については北部も南部も認識していたが、鉄道をうまく使いこなしたのは北部だった。リンカーンは戦争が始まる前から主要鉄道を政府の管理下に置き、軍の輸送を優先する手筈を整えていた。最初の大きな陸戦はバージニア州ブルランでの会戦だった。北部連邦軍が南部連合の首都リッチモンドの奪取を試みたのが発端となった。ブルランはワシントンDCから南に32km下った地を流れる小さな川だ。連邦軍はブルランに沿って敵を攻撃し、最初のうちは優勢だったが、南部連合軍が西部のシェナンドー・バレーから鉄道を

使い、すみやかに軍備を補強したため、形成は逆転した。この会戦を制したのは、鉄道をたくみに利用した南部連合軍だったのだ。両軍にとってこの戦闘は重要な教訓となり、これ以降、南北戦争の主な会戦はほとんど鉄道の駅または連絡駅周辺で行われることになる。

　翌年の1862年3月、連邦軍は再びリッチモンドの奪取を試みて半島方面作戦を開始し、「鉄道建設における戦争の魔術師」を戦闘に参加させた。魔術師とは優秀な技師ハーマン・ハウプトのことで、その経歴から抜擢された。ハウプトはウエストポイント陸軍士官学校を卒業したものの、数学と工学の教授になっていた。アメリカで最も重要な路線のひとつ、ペンシルベニア鉄道の建設時には最高責任者に任命されている。鉄道を戦争利用するのに理想的な人物だった。

　ハウプトは鉄道の戦争利用に関して2つの大原則を設けた。まず、軍は鉄道事業を妨げてはならない。時刻表通りの運行がきわめて重要だったからだ。もうひとつの原則は、空の貨車は必ず元の場所に戻すこと。空になった貨車を倉庫代わりにしたり（上官の執務室にしたり）してはならない。戦時中に貨車が足りなくなると、戦闘の成否に影響が出るからだ。

　半島方面作戦で、ハウプトはまずリッチモンド・フレデリックスバーグ・アンド・ポトマック鉄道の修理を行った。バージニア州リッチモンドとワシントンDC、2つの首都を結ぶ全長24kmのこの鉄道はまさに大動脈と言える。南部連合軍は北部連邦軍の動きを封じるため、これを破壊していた。レールは再利用できないようねじ曲げ、橋は燃やすという徹底ぶりだった。おかげで鉄道は数kmにわたり使用できなくなっていたが、ハウプトは奇跡とも思える偉業を成し遂げた。2週間で鉄道を修理し、1日最高20本の列車を走らせたのだ。最大の功績は、未熟な作業員と生木しか手に入らない状況で、ポトマック川に120mの構脚橋をわずか9日間で架けたことだ。リンカーン大統領は現地を視察し、「これほどすばらしい建造物は見たことがない」とこの偉業をたたえた。もっとも、大統領は土手から橋を見ただけで、渡ろうとはしなかった。当然かもしれない。

　ハウプトは敵の鉄道の破壊方法についても才能を発揮した。鉄道の破壊は、新

ウエスタン・アンド・
アトランティック鉄道が
アトランタの
シャーマン将軍の元に
送った兵士

10万人

> 「ハウプトは橋を架けた……
> しかもトウモロコシの茎と豆
> の支柱だけで」
>
> エイブラハム・リンカーン
> 1862年5月28日

たな鉄道の建設や既存路線の修理に劣らず重要だった。彼の大原則のおかげで、北部連邦軍は特に大きな災難にも遭わずに鉄道で移動できた。最大の人員輸送が行われたのは、ジョージア州チカマウガでの戦いで連邦軍が敗れたときだ。隣のテネシー州を守るため、2万3000人の予備軍を送らなければならなくなった。敗れた軍はテネシー州チャタヌーガに退却し、人員を補強する必要があったのだ。チャタヌーガには鉄道が集まっていた。連邦予備軍は7つの鉄道を乗り継ぎ、フェリーを2度利用して1950kmをわずか2週間で移動し、チャタヌーガの包囲網を突破した。この時からこの街は連邦軍にとって極めて重要な拠点となった。連邦軍は南部に侵入を果たし、南北戦争は終わりを告げる。最後のひと押しにも鉄道が役立った。シャーマン将軍はチャタヌーガからアトランタに進軍する際、物資輸送に鉄道を利用した。この進軍が終戦のきっかけとなったのだ。戦後、将軍はいかにも軍人らしい正確さで次のように書き記している。

> 1864年5月1日から11月19日までの196日間に、あの鉄道〔ウエスタン・アンド・アトランティック〕1本だけで人員10万人、馬3万2000頭を養う物資を調達できた。これだけの食糧とまぐさをラバ6頭だての普通の荷車で運ぶとなれば、3万6800台が必要だった……あの地域の道路状況ではまったく不可能だった。

南北戦争で最も有名なエピソードも鉄道に関するものだった。この事件はバスター・キートン主演で1926年に映画化されている（『キートン将軍』）。連邦軍のジェイムズ・アンドリュースは21人の兵を率い、ジョージア州アトランタ近くの町マリエッタで敵陣を突破して列車を強奪した。ウエスタン・アンド・アトランティック鉄道を破壊しようと考えていたのだ。この列車はザ・ジェネラル（将軍）と呼ばれる機関車が牽引していた。南部連合軍を率いるウィリアム・フラーは激怒し、列車強盗を追った。最初は徒歩で、のちには季節労働者が使う手押し車で（保線用に使われていた）。アンドリュースたちは線路に障害物を置いていたが、ザ・

「ザ・ジェネラル」
ハイジャックされた機関車ザ・ジェネラル号を必死に追い、行く手をふさいでいた枕木を抱え上げたバスター・キートン。機関車の名が映画のタイトルとなった（邦題は「キートン将軍」または「キートンの大列車強盗」）。

ジェネラルは燃料が尽き、フラーに追いつかれた。アンドリュースたちは田舎に逃げたが、彼を含む7人はつかまり絞首刑になった。残りは北部に脱出した。だが、これは小さな事件にすぎない。大事なのは南北戦争から明白な教訓が得られたことだ。鉄道はその後100年あまりもの間、欠かすことのできない軍の資産となった。

蒸気機関車の時代の信号

鉄道のごく初期の時代は列車が単線を行き来するだけだったため、信号は不要だった。だが、運行本数が増え、列車の速度も上がるにつれ、鉄道の安全は大きな懸案事項となり、信号は衝突を防ぐために欠かせないものとなった。最初は手信号だったが、じきに旗とランタンに代わり、1832年には初めて線路沿いに信号機が立てられた。機械式の信号機は1860年代までに一般的に使われるようになっていたが、その方法は統一されていなかった。英国では腕木式信号機が広く採用されていたものの、標準化したのは1923年だった。いっぽう、アメリカではボール信号が一般的だった。色灯信号機が使われるのは1950年代になってからだ。

手信号
最も古い信号で、1930年代まで使われていた。サザン・パシフィック鉄道（米）の信号手が速度の遅い貨物列車に手信号を送っている。1937年撮影。

通票（トークン）

主な信号保安システムのひとつに閉塞がある。1つの閉塞区間に一度に進入できるのは1本の列車のみとするものだ。19世紀には、ある区間に列車が入っていないことを示す通票が使われていた。これの元になった票券閉塞式では、信号手が機関士に通票（トークン）または票券（スタフ）を渡し、1閉塞区間への進入を許可していた。その区間を出るとき、機関士は票券を手放す。その票券は対向列車が進入するときに再び使われる。もし同じ閉塞区間に2台の列車が続いた場合は、両者ともに通行許可証または通券（チケット）を携帯することになる。のちにこのシステムは通票を線路際の装置に挿入する形になった。

ボール状の通票　インド

蒸気機関車の時代の信号　67

初期の信号システム

鉄道網が複雑になるにつれ、鉄道会社は列車の間隔を保ち、事故を防ぐために、主として列車時刻表を利用するようになった。ただ、列車運転時刻の変更や車両故障に備えて、路線または区間に列車がいないことを示す信号は欠かせなかった。

ボール信号（1837年）
アメリカの初期の鉄道では最も一般的だった。進めの場合はボールを高く掲げ、ここから「ハイボール」という言葉が生まれた（ハイボールの語源は諸説あり）。ただ、後年には意味が逆になった。

腕木式信号機（1840年）
1850年代以降に広く普及し、今日もなお使われている。腕木が水平の場合は「停止」、上または下を向いている場合は「進行」の意味。

横木信号（1840年）
1830年代から使われていた横木信号は、回転する木板で停止／進行を示す。横木が線路に対して平行になっているときは「進行」可能であることを示す。

円盤回転式信号（1840年）
円盤が回転し、停止／進行を示す。腕木式信号機とよく似ている。当時の他の信号機に合わせ、木製の円盤は赤く塗ってある。

二枚円盤式信号（1846年）
横木式と同様に二枚円盤式も木製または鋼鉄製の信号柱に取りつけられて回転する。だが、機関士にとって「進行」の信号が見えにくく、両者とも短命に終わった。

失敗作の数々

19世紀後半に存在していた鉄道は、私たちの知っている形だけではない。今のシステムが標準となるまでは、線路も貨車もエンジンもありとあらゆる種類が使われ、こんにちから見ると突飛に思えるものもあった。きちんと注目されていれば成功したかもしれないアイデアもなかにはあったが、それ以外は失敗するのが目に見えていた。

あっぱれと言いたくなるほどの失敗作は「大気圧鉄道」だろう。考案したのは英国人技師のイザムバード・キングダム・ブルネルだ。彼はグレート・ウエスタン鉄道や蒸気船グレート・ブリテン号（初の鋼製のプロペラ推進船）を建造し、ロイヤルアルバート橋を設計した。いずれもみごとな出来栄えだった。蒸気機関車は無駄が多いというのが彼の持論だった。客車や貨車だけでなく、機関車その

ブルネルの失敗作
ブルネルの大気圧鉄道の一部が英国オックスフォードシャー州の町ディドコットに再建された。中央のパイプは真空で、列車を引っ張るピストンが内蔵されている。

ものも動かさなければならない（上り坂では特に大変だ）。エンジンをすっかり取り除き、線路沿いに一連の定置式蒸気機関を設けて列車を走らせればよい、とブルネルは考えた。当時、蒸気機関車は人気があるとはとても言えない代物だった。トンネル内で窒息する、飛び散る火花で農地が燃えると人びとは不安を抱いていたため、他の選択肢を歓迎した。1844年、議会はブルネルのアイデアを認可した。まずはエクセターからプリマスまで広軌のサウス・デヴォン鉄道を作り、ここで試してみることになった。

　大気圧鉄道は2本のレールの間に設置したパイプによって列車を動かすしくみだ。パイプに内蔵されたピストンが先頭車両（「ピストン車両」）と連結されていて、ちょうど蒸気機関のシリンダーのような役割を果たしている。ピストンの連結アームはパイプ上部の溝に沿って動く。溝は革と金属でできた細長い封で密閉され、ピストンが通るたびに開閉する。線路脇に設置された蒸気機関によってパイプ内は真空となり、その力でピストンが前に動き、列車を推進させる。列車が5kmほど進むと次の機関があり、これが新たに真空状態を作ってさらに列車を進める。この繰り返しだ。サウス・デヴォン鉄道用に全部で11の機関車庫が作られた。それ以上は作られず、したがって路線は当初の予定より42km短くなり、終着駅はプリマスではなくニュートンとなった。

　1847年9月、エクセターからテインマスまで18kmの区間が開通した。最初はうまくいっていたようだ。ブルネルの伝記にはこう書かれている。

　　　新たな牽引方法は広く受け入れられた。列車は蒸気機関車を使用する場合ほど揺れず、スムーズに動いて乗り心地がよい。しかも煙突がないため、乗客は粉コークスや硫黄臭さに苦しめられずにすむ。

　スピードもあった。最高時速109km、平均時速はその半分ほど、当時の列車ではどちらもみごとな数値だった。

　だが、最初から問題がいろいろあった。まず、駅から列車を出すのが一苦労だった。馬に牽引させるか、牽引ロープに予備機関を取りつけるかしないと引き出せないことがたびたびあったのだ。また、レールの間にパイプがあるため、列車を別の線路に導けず、融通性に欠けるシステムだった。だが、最大の問題は真空を保つという肝心な部分にあった。パイプを密閉する革製フラップがしっかり密閉

できなかったのだ。ネズミにかじられたという噂もあった。また、海に近いため、封の金属部分も塩で腐食した。こうして大気圧鉄道は開始からわずか8ヵ月で中止となり、線路は従来の蒸気機関車用に取り換えられた。

この失敗は非常に高くついた。サウス・デヴォン鉄道の株主はおよそ40万ポンド（現在の約3500万ポンド、5500万米ドルに相当）を失った。当時では巨額だった。資金の多くは機関車庫の建設に費やされた。車庫は煙突を鐘楼のように見せかけるなど、イタリア風の凝ったつくりだった。設計したのはブルネルだ。どの車庫も建設費はふつうの蒸気機関車の数倍かかっている。じつにエレガントな建物で、スタークロスの機関車庫はのちに礼拝堂として使われた。また、パイプの設置コストは当初の見積もりの9倍となった。線路脇の蒸気機関の石炭消費量も予想をはるかに上回り、ふつうの蒸気機関車の2倍となった。

ブルネルの失敗は実用化されてから明らかになったため、人の目に触れることとなり目立ってしまったが、あまり人目につかない場でもさまざまな失敗は生じていた。たとえば1824年、英国の発明家W. F. スノーデンは蒸気の力をまったく使わない列車を設計した。車輪は1列でU字型レールを走る。車両が傾かないよう、このレールの両側を平らなレールではさむようにする。推進力は先頭車両にいる「勤勉な労働者」で、車輪に文字通りクランクで連結されている。車輪はレールのひとつにつけた歯形とかみ合うギアに連結しており、人力牽引で動くしくみだ。労働者には超人的なスタミナが求められる。したがって、1834年にこのアイデアの長所を書き並べた小冊子が発行されたものの、実現に向けた動きが出なかったのは当然だろう。だが、スノーデンが考案した方法は、すべての鉄道に共通する問題を浮き彫りにしていた。レールが濡れているときや上り坂では、車輪がスリップするのだ。スノーデンはレールにギアを組み合わせることで、この問題を解決した。彼のアイデアに関連するものとして、2本のレールの間にラック・アンド・ピニオンを設けたものがある。このような仕掛けは今日でも登山鉄道で使われている。

列車の牽引方法として、ロープやケーブルの利用も試みられた。大気圧鉄道と同じく定置式蒸気機関を線路に沿って設置

> 「改良できると彼は心から信じていたため、失敗という結果には目をつむっていた」
>
> 大気圧鉄道について
> ブルネルの同僚　ダニエル・グーチ

するのだが、列車にケーブルを取りつけ、それによって牽引するというしくみだ。1830年に開通した英国のカンタベリー・アンド・ウィスタブル線では、カンタベリーから6.5kmまではロープで牽引し、残りの3kmあまりは蒸気機関車を使用していた。また、斜面にケーブルを利用した路線もいくつかある。ドイツのデュッセルドルフ・エルバーフィールド線では3kmほどの区間に、ベルギーのブリュッセル・リエージュ線でも一部区間に、そしてニュージーランド南島のデニストン鉱山でもケーブルを利用していた。リヴァプール・アンド・マンチェスター鉄道ではリヴァプール駅からの最初の区間に、そしてロンドン・アンド・バーミンガム線でもユーストン駅とカムデン・タウン駅間の傾斜区間にケーブルが使われていた。ロンドンの最も初期の鉄道のひとつ、ロンドン・アンド・ブラックウォール線は全線6 kmをケーブルで牽引していた。だが、ケーブルの操作は複雑で、蒸気機関車の馬力が上がるにつれ、ロープやケーブルを使う方法はほとんどが消滅していった（ドイツの路線は1927年まで使われていた）。世界初の深い地下鉄はロンドン地下鉄——1890年に開通したシティ・アンド・サウス・ロンドン線だが、この路線にもケーブル利用が検討された。だが、全長が8 km近くもあったため、新技術の電力が使われることになった。

　モノレールにも大きな期待が寄せられていた。実際にいくつかは建設され、その一部は今もなお運行しているが、建設費が高いうえに、レールの構造上、融通がきかないという根本的な問題はついに解決されなかった。モノレール用の車両で最初に特許を取得したのは英国の土木技師ヘンリー・ロビンソン・パーマーで、1821年11月のことだった。彼は次のように説明している。「レールは1本で、客車の重心がレール表面の下に来るよう、地面から高い位置に設置する」。車両はレールをまたぐ格好になる。ちょうどラバの背に荷かごを2つかけるような形だ。車両は馬で牽引する。このモノレールは仕事の現場などで物品を楽に輸送するために考案され、最初に建設されたのは1824年、ロンドンのデトフォード造船所内だった。翌年、ロンドンの煉瓦工場でやはり馬が引くチェザント鉄道が作られた。開通式には客を乗せた。世界初の旅客列車ストックトン・アンド・ダーリントン鉄道よりも3ヵ月早い歴史的な瞬間だった。モノレールはその後もすたれては息を吹き返しと繰り返していたが、大成功には至らなかった。1876年、アメリカで開催されたフィラデルフィア万国博覧会に蒸気機関車が牽引するモノ

初期の鉄道

　レールが初めて登場し、何種類か建設されたものの、いずれも長くは使われなかった。現在稼働している最古のモノレールは1901年に開通したドイツのヴッパータール空中鉄道〔懸垂式モノレール〕で、年間2500万人の乗客を運んでいる。20世紀後半には東京やマレーシアのクアラルンプールなど、アジアの都市部でモノレールが建設された。

　風変わりな輸送システムは20世紀に入ってもいろいろ考案されていた。その最たる例は1900年代初頭、オーストリアのザルツブルク近郊に建設されたバルーン鉄道だろう。山の斜面を上るレールは1本で、大きな風船がスライド（滑動体）に取りつけられている。水素を入れた風船は車両の上空10mあたりを浮

失敗作の数々　73

ロープと蒸気
カンタベリー・アンド・ウィスタブル鉄道では、定置式蒸気機関によるケーブル牽引と、蒸気機関車による牽引の両方が採用されていた。地元では「クラブ&ウィンクル」(カニと巻貝)線と呼ばれていた。

かび、乗客10人まで運べる。充填した風船を空に放つと、車両がレール伝いに引き上げられていく。斜面を下るときは、車両のタンクを水で満たす。当時アルプス地方ではケーブル鉄道が建設中だった。バルーン鉄道を発明したハー・バルデラウアーは、コストを抑えられる自作品がケーブル鉄道に取って代わると信じていたが、投資家が集まらなかった。当然と言えるかもしれない。

74　初期の鉄道

失敗作の数々　75

異例の成功
ドイツのヴッパータール空中鉄道。1912年撮影。1世紀以上も前に建設され、今もなお稼働している。

インド
ダルハウジーの植民地支配の原則

　19世紀、インドは英国にとってまさに王冠にはめこまれた宝石のような輝きを放つ存在だった。統治者たちはこの国での支配力を高めようと意気込んでいた。そのためには鉄道が欠かせなかった。インドの鉄道は英国東インド会社によってもたらされた。通商面で英国政府の片腕となっていた会社だ。インド初の鉄道は会社があるボンベイ（現ムンバイ）から始まった。商用として作られたのだが、建設を促したのは地球の裏側での出来事だった。1846年、アメリカの綿花生産が落ち込んだため、マンチェスターの生地生産業者はインドの綿花を求めたのだ。ただ、供給を確保して工場を稼働し続けるためには、産地からボンベイの港までの輸送を改善する必要がある。そこで業界の実力者たちが英国政府に鉄道を建設するよう圧力をかけた。

　だが、官僚主義がはびこるせいで、インドから英国に手紙を送っても返事が来るのに何ヵ月もかかる。しかも英国政府はなかなか決断を下せず、ボンベイとターネー（旧ターナ）を結ぶ34kmの鉄道の建設が始まったのは1850年だった。インド亜大陸の厳しい気候でも鉄道を敷けるのか？　これは実験だった。ターネーは現在ではムンバイの衛星都市のひとつとして栄えているが、もともとは丘も湿地帯もあり、鉄道建設は容易ではなかった。それでも3年で完成した。

　1853年4月の開通式はゆゆしき出来事だった。なにしろアジア初の鉄道なのだ。鉄道が誕生した英国北西部とは異なり、インドはまだ工業化されていない農業国だったため、地元の人びとは火花や蒸気を吹きだして走る蒸気機関車を見て感動すると同時に恐怖をも抱いた。開通式には何百万人もの人びとが線路沿いに集まり、VIPを乗せた14車両の列車を見物した。線路内になだれこむ者も多く、列車は速度を落とさざるを得なかったが、それでも平均時速は32km、みごとなものだった。

　この鉄道建設と同じ時期に、インド北東部のベンガル地方ではもっと大規模なプロジェクトが進められていた。カルカッタ経由でフーグリー川西岸のハオラと

バルダマーン炭田にある町ラニガンジを結ぶ、全長195kmの路線だ。採掘された石炭は川に運ばれ、全国に輸送されるのだが、炭田から川まで運ぶのに2シーズンほどもかかっていた。建設は1851年に開始されたが、輸送関連の不運に2度も見舞われ、完成が遅れることとなる。まず、この路線用の客車を運んでいた船がベンガル湾岸サンドヘッズ沖で沈没した。次に、蒸気機関車がカルカッタではなく、なんとオーストラリアに送られてしまったのだ。これほど高くついた事務上のミスは、歴史を繙いてもそうはないだろう。蒸気機関車がカルカッタに到着したのは1年後だった。このような不運が重なったにもかかわらず、ボンベイ・ターネー鉄道より6倍近くも長いこの路線は1855年2月に無事開通した。

　この2つの路線の成功により、インドでは鉄道システムが急速に拡大していく。計画性のない英国とは異なり、インドの鉄道網は植民地の統治者が打ち出した明確な計画に基づいていた。1853年、インド総督ダルハウジー卿は216ページに及ぶ手書きの覚書のなかで、インドの幹線開発のためのプログラムについて詳しく書いている。仕事熱心で有能な行政官である彼は、「鉄道、全国統一の郵便料金、電信」などインドに必要なあらゆる「社会整備の原動力」を与えたとのちに記している。彼は覚書を「メモ」と呼んでいたが、これによりインド（現在のバングラデシュとパキスタンを含む）の鉄道を正当化し、指針を定めた。

　ダルハウジーは鉄道によりもたらされる経済的利益を強調した。鉄道があればインドと母国である英国との貿易が拡大するだろう。英国は綿花を輸入し、インドはその引き換えとして工業製品を受け取る。鉄道は企業の発展を促し、生産量の増加をもたらし、石炭や鉱物など天然資源の発見をも促進

ダルハウジー卿
1847年から1856年までインド総督を務める。インドの鉄道を古代のみごとな建造物に匹敵するものにしようと考え、建設計画を立てた。

東インド鉄道会社の資本金（1845年設立）
資本金 400 万ポンド

西ガーツ鉄道建設中に死亡した労働者
25,000人

するだろう。そして、鉄道の時代を迎えて30年になるヨーロッパやアメリカ合衆国で見られているような、経済全体の発展がインドにもたらされるだろう。だが、ダルハウジーの真の目的は経済ではなく、政治的なものだった。インドを統治していた英国の行政官や兵士たちは、インド全土に存在していたわけではなく、鉄道があればすぐに移動でき、支配を維持できる。これは何がなんでも手に入れたい利点だった。

ダルハウジーには先見の明があった。彼は熱をこめてメモにこう記している。

太陽が照りつけるこの地全域に鉄道網をくまなく張り巡らせば、大規模な人の移動が生じることとなり、その真の偉大さは古代ローマの水道橋やエジプトのピラミッド、中国の万里の長城、ムガル帝国の寺院、宮殿、霊廟などすばらしい記念建造物をもはるかにしのぐであろう。

誇張しているのだろうが、彼の計画がいかに巨大な規模であったかが読み取れる。1857年5月、軍のインド人兵士たちが反乱を起こし、植民地支配が脅かされたため、ダルハウジーの青写真を早急に実現しなければならなくなった。兵士の反乱は、もとはと言えばマスケット銃の弾薬包が原因だった。獣脂を塗った弾薬包は噛んで開けるのだが、牛脂はヒンドゥー教の教えに、豚の脂はイスラム教の教えにそむく。反乱はインドの辺鄙な地方で勃発した。軍は大勢の英国人部隊を投入するよりも、鉄道を敷設して反乱が生じた地方にすばやく部隊を送るほうが安上がりだと考えた。反乱のため鉄道建設は中断を余儀なくされたが、1858年6月に反乱が鎮静してからは、それ以前よりも速いペースで工事が進んだ。

インドの鉄道は植民地支配プロジェクトそのものだった。住民のニーズなどほとんど考慮されていない。敷設地も、工事の開始時期も英国が決める。英国の国益にかなうことが目的とされ、のちにマハトマ・ガンジーなど民族主義者から帝国主義の道具と目されるようになる。英国政府はダルハウジーの計画を是認し、彼が考案した通りの路線が建設された。主要幹線ルートはカルカッタ、ボンベイ、

インド──ダルハウジーの植民地支配の原則　79

マドラスなど港湾都市や植民地行政の中心地から放射状に延び、さらに別の路線が他の大きな都市や町をつなぐ。ある作家が称したように、これは偉大なる「ロマンスと興奮」の時期だったが、同時に苦難の時期でもあった。特に無数のインド人労働者にとってはそうで、鉄道建設中に何千人もが亡くなった。また、インドの多様で起伏の多い地形もおおいに災いした。たとえば、モンスーンの雨で川の水位が非常に上昇し、それに伴い破壊力も増すため、橋はヨーロッパよりもはるかに大きな圧力に耐えられるものでなければならなかった。

　西ガーツ山脈はインド亜大陸の西海岸のほぼ全体に渡って伸びている。この山脈は克服できないのではと思われるほどの障壁だった。標高わずか2695m、さ

植民地の鉄道
1875年インドに到着した蒸気機関車の図版（イラストレイティッド・ロンドン・ニュースから）。インドの鉄道は1880年までに総延長がおよそ14,500kmに達した。

ほど高くはないのだが、岩が多くて険しく、山脈の向こう側は海岸沿いに狭い低地があるだけで、当時は鉄道用地として世界で最も困難な区間だった。技師ジェームズ・バークレーはわずか24kmの区間に線路を敷くのに、ルートを調べるだけで数年も費やした。完成した路線はトンネルが非常に多く、さらにボーレ・ガーツとトゥル・ガーツという2つの急勾配地点では鋼索鉄道（ケーブル鉄道）が使われている。バークレーは急勾配に対処すべく、独創的な方法を編み出した。一方方向に継続して進む線路ではなく、山頂付近のカーブに進行方向を逆にする区間を設けることで、坂を上る列車を牽引する定置式エンジンを不要としたのだ。これは従来の方法よりも安くシンプルで、ブラジルやアンデス山脈など他の山岳部を走る鉄道でも使われることになる。このシステムでは絶壁に向かって狭い線路を進んでいくため、機関士には鋼の神経が求められた。いや、乗客にも同じことが言えただろう。

　ガーツ線の路盤を築くために、山越えの区間では何カ所も爆破する必要があり、労働者は体にロープを巻きつけ、切り立った崖に穴を開けなければならなかった。

ボーレ・ガーツのスイッチバック
西ガーツ山脈のボーレ・ガーツ勾配に設けられた〔スイッチバック用の〕折り返し駅（1880年）。インドの山々を超える独創的な方法だが、崖に向かって進んでバックするという恐ろしい操作も含まれる。

これは危険な作業で、ロープが切れたり滑り落ちたりして作業員が峡谷に落下する事故が幾度となく生じた。遺体が回収されることはなかった。だが、最大の敵は命に関わる病気だった。チフス、マラリア、天然痘、コレラ、黒水熱などにより、過労で栄養不良の労働者が何万人も命を落としている。インド人労働者はクーリーと呼ばれて

> 「我々が鉄道を使ってあちこちを飛びまわらなければ、多くの混乱を未然に防げるだろう」
>
> マハトマ・ガンジー
> ガンジー選集より

いたが、彼らの命は植民地時代のインドでは安いものとみなされていた。その姿勢がはっきりうかがわれる政府のある報告書をご紹介しよう。

> 晴天の続く8ヶ月（モンスーン期はトンネル内の作業以外は中断）はインドの鉄道工事に好都合なのだが、この時期にはコレラや熱など致命的な伝染病がしばしば発生する。労働者は概して健康状態が悪く、与えられる宿泊所も衣服もひどいものであったため、あっという間に病気に倒れる。したがって、せっかくの好天気を活用しきれない。

　鉄道と大英帝国に関する本を著したアンソニー・バートンは次のように記している。「適切な宿泊所を提供し、まともな生活状況にすれば人命を失わずにすみ、労働時間の損失も避けられただろうが、そのような発想はなかったと思われる」
　インドにおける鉄道の拡大は高い代償を払うこととなったが、みごとな成果を上げたことに変わりはなく、ダルハウジーの計画は彼がインドから出国した後も、死後までも長く忠実に守られた。このプロジェクトはピラミッド建設よりも大がかりなものとなると彼は信じていたが、まさにその通りとなった。ターネー線の開通から25年以内に、インドでは大規模な鉄道網が出来上がっていた。20世紀を迎える頃には総延長4万kmにも達し、そのほとんどは今日もなお使われている。20世紀後半になるまで自動車道が発達しなかった国にとって、鉄道はインフラの重要な一部であり続けている。インドの鉄道はインドそのものの同義語となったのだ。

インドの初期の鉄道

インド亜大陸では1850年代から鉄道建設が急速に進んだ。一連の主要路線を設けるというダルハウジーの勧告に従い、地域の拠点である西海岸のボンベイ、南部のマドラス、東部のカルカッタからそれぞれ内陸部に伸びる鉄道がまず建設された。のちにその本線から扇状に広がる形で小規模な地方鉄道が作られていった（軌間はばらばらだった）。20世紀初頭には、インドの鉄道総延長は4万kmを超えていた。本地図はダルハウジーが計画し、植民地時代に建設された主要路線を示す。

ジャームナガル

アラビア海

インド洋

凡例
- 主要都市
- 都市／町
- 主要路線
- 国境

川を渡る
はしけ船でジュムナ川を渡る蒸気機関車。1800年代後半、インド北部カルピにて。この川にはのちに橋が架けられるが、完成するまでは本写真のように即席のはしけで機関車を運ばなければならなかった。

インドの初期の鉄道　83

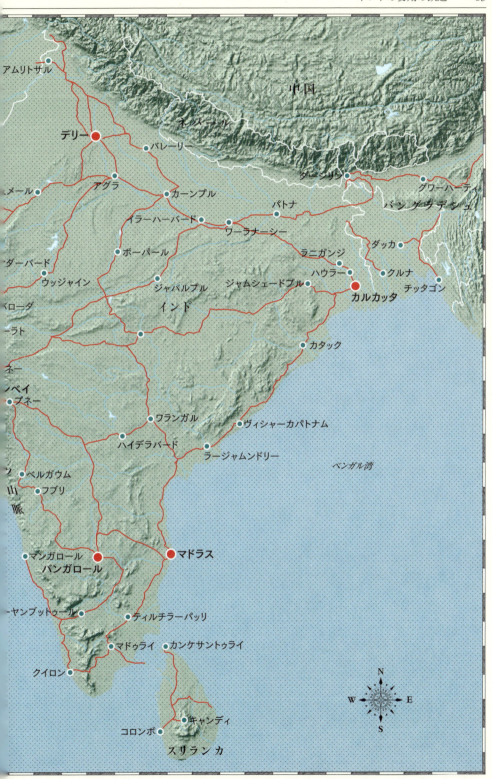

土を掘り、大酒を飲み、喧嘩する建設作業員たち

鉄道建設作業員はタフな荒くれ男ばかりだった。そうでなければ務まらない。仕事は非常にきつく、遠く離れた地で、劣悪な環境下に置かれることもしばしばだったからだ。彼らは最先端技術を使いこなしてもいた。鉄道業は始まったばかりで、独自の機械や作業方法が開発されていた。建設請負業者も、技師も、盛り土をしトンネルを掘る現場作業員も、鉄道建設に関わる者すべてが学んでいかなければならなかった。驚くべきことに、今日使用されている高速鉄道用の線路の構造は、初期の鉄道を設計した技師でも十分に理解できる。花崗岩の枕木に木のレールという組み合わせも初期には試されていたが、その後は石骨材または砂利を敷き、その上に木の枕木と鉄（のちに鋼鉄となる）のレールを置くという基本構造が確立し、世界中ほぼすべての鉄道で採用された。

　19世紀はほとんどの期間を通じて、レールを敷く作業は非常に多くの人手を必要としていた。まず、測量技師が現地を歩いてから地図におおまかな線を引く。次に、請負業者が何千人もの労働者を雇う。労働者は「ナヴィ」と呼ばれた。一世代前に運河を建設したナビゲーターと同じ技術を有していると思われたからだ。鉄道建設に携わる労働者すべてがナヴィの資格を持っているわけではけっしてなく、ナヴィたちはその名に誇りを持っていた。ナヴィの歴史は『鉄道建設作業員』という本が詳しいが、著者のテリー・コールマンは「ナヴィをその他大勢の一般的な労働者と混同してはならない。ナヴィは彼らをこき使い、酔いつぶれさせ、乱暴を働き、軽蔑していた」と記している。労働者は次々に顔ぶれが変わり、その多くは収穫期には農場に戻る。ナヴィは労働者のエリート層とみなされ、この資格を得るためには1年間現場にとどまり、トンネル掘りや爆破など、あらゆる重労働をこなさなければならない。また、他のナヴィと共に野営地で暮らし、レールが延びるにつれ宿泊地を転々とし、飲み食いする量まで仲間と同じと決まっている——1日に牛肉1キロ近くとビール4.5リットルだ。ナヴィは英国全土から集まり、独自の服装規定を作っていた。コールマンによると、彼らが

土を掘り、大酒を飲み、喧嘩する建設作業員たち　85

煉瓦製造機を使うナヴィ
ナヴィはかっとなりやすく、大酒飲みで喧嘩っ早いと言われ、大半はその通りだったのだが、彼らは過酷な作業を長時間行い、劣悪な労働・仕環境にも耐えていた。

好んだのは「モールスキンのズボン、二重のキャンバス地のシャツ、後身頃だけ長いビロードのコート、底に鋲釘を打ったブーツ、派手なハンカチ、そして縁が上向きの白いフェルト帽」だったという。きつい肉体労働にふさわしい服装とはけっして言えないが、ひとめでナヴィとわかるスタイルではあった。ナヴィたちはニックネームで呼ばれていた。「ベレロホン」〔ギリシア神話の英雄〕、「フィッシャーマン」〔漁師〕などといったものもあるが、たいていは「ジプシー・ジョー」「ファイティング・ジャック」といったたぐいだった。

　鉄道建設に求められる技術については、ある程度は実技試験が行われていた。技術的には運河建設や炭鉱掘りと似ていたが、規模の点では鉄道建設に匹敵するのは大聖堂建築ぐらいしかなかっただろう。もっとも、大聖堂は完成までに何世紀もかかるが、鉄道はわずか数年で完成する。ナヴィの仕事ぶりが最も目立つのは橋とトンネルだが、実際には莫大な量の土を移動させることが仕事のほとんどを占めていた。鉄道のルートは比較的まっすぐで穏やかな勾配が望ましく、したがってレールを敷く前に土地をならす必要がある。ロンドン・アンド・バーミンガム線で技師助手を務めたピーター・レカウントは、この路線建設で削る土は7億800万立方メートルだと計算した。ギザの大ピラミッド建設よりも大がかりな作業だ。湿地帯に盛土補強をしたり、大きな河川に橋を架けたりする場合には新しい技術が使われることもあったが、作業現場では何百人もの労働者が原始的な

道具を使って土と格闘し、削った土を手押し車で、平坦な場所では荷馬車で運び出していた。鉄道歴史家のR・S・ジョビィは次のように描写している。

　いかにも荒くれ男という感じの親方が地ならし作業をさらにはかどらせようと、脅しや約束で部下をこき使う。おまえの稼ぎはこのチーム全体の成果次第だ、とタイミングを見計らって言うときもある。

　作業には大量の火薬が使われた。導火線を設置する者もナヴィも手近な物陰にしゃがんで身を守り、そしてすぐに次の爆破の準備をする。安全対策は必要最低限しかとられず、しかも危険な行為が男らしさだとみなされていたため、若くして命を落とすナヴィが後を絶たなかった。ロンドン・アンド・バーミンガム線の

闇の中へ
ロンドンのブラックフライアーズ橋の下にトンネルを掘っている（1860年代）。鉄道建設は危険に満ち、劣悪な環境にさらされていたが、トンネル内での作業はその最たるもので、たびたび事故が生じた。

キルスビー・トンネルでは、「大将ごっこ」の最中に立坑を飛び越えようとして3人が死んだ。同じく英国のグレート・ウエスタン鉄道では、大きく張り出した崖の下での作業をやめるよう言われた者が警告を無視し、数分後に生き埋めとなった。予想外の大きな爆破から落下、衝突にいたるまで、事故は無数にあった。事故で命を落とさずにすんでも、過酷な労働と無茶な生活がたたり、40歳は10歳老けて見え、まれに60歳まで生きられても見た目は80歳だった。鉄道建設に関わった労働者の数は、それ以前のどんな産業よりもはるかに上回るものだった。たとえば1847年の春、イングランドとウェールズでは16万9,838人が鉄道建設に従事していたが、当時の総人口は1600万人だった。初期の時代には地元の小企業が労働者を雇っていたが、まもなく大規模な請負業者が登場し、何千人ものナヴィを抱えるようになる。なかでもサミュエル・ペトやトーマス・ブラッセイなどは大きな勢力があり、世界中の鉄道建設に手を染めた。

ナヴィが作業現場となる町で歓迎されることはめったになかった。無理もないだろう、町を混乱に陥れるのだから。しかも食品店主は、需要の伸びるこの機に乗じて値上げする。鉄道を建設している僻地では宿泊施設が乏しいため、ナヴィは不潔な小屋で寝泊まりせざるを得ず、時には豚と一緒でノミなどに悩まされることもあった。ひとりが寝ている間にもうひとりが仕事をするという形でベッドを共有することもしばしばだった。また、ある著述家によると、ナヴィは「多くの女性」を従えていたが「同行する妻はほとんどいなかった」という。このような状況だったため、病気ははびこり、特に給料日などはどんちゃん騒ぎになり、給料が払われないとき（そういうことも時々あった）は暴力沙汰となった。1866年、英国サマセットのウィベリスクームでは、地元の鉄道会社が倒産し、70人のナヴィがビールとパンを求めて村を荒らした。デヴォン村のある住民は、鉄道完成後に職を失ったナヴィがもたらした混乱を次のように描写している。

> 月曜日、100人以上が解雇され、その騒ぎたるやすさまじいものだった。全員が飲んだくれ、全員で喧嘩していた。この喧嘩に加わらなかった2人は牧草地で、1時間取っ組み合っていた……。悪党たちはその晩、哀れな老××が飼っているニワトリを1羽残らず盗み、この近辺では卵が1個も手に入らなくなった。

同じような光景は他の国々でも見られた。ナヴィは荒っぽいかもしれないが、

仕事はきちんとこなすため、英国のナヴィはヨーロッパ各地の鉄道建設で仕事を得られた。1843年、請負業者のトーマス・ブラッセイはフランス北部のルーアンとル・アーヴルを結ぶ鉄道の建設を委託された。その建設現場を訪れた地元紙の記者は大いに感銘を受け、次のように書いている。

> 工事現場を見慣れている者であっても、誰もがこの地ならし作業には目を見張るだろう。20台ほどの荷馬車が次々に土で一杯になっていく。どの作業員も自分の持ち場につき、シャツの前をはだけ、照りつける暑い太陽の下で作業をしている。親方は現場を見て回り、どの作業も規則正しく進んでいく。体力をこれでもかと見せつける人びとに惹かれ、パリでもルーアンでもフランスの紳士たちが現場を訪れる。そしてこの英国の紳士たち（実際は多くがスコットランド人とアイルランド人だった）を見て驚きの声を上げる。「おお！　なんという仕事ぶりだ！」……。日焼けし、毛深く筋肉が隆々とした腕をむきだしにして英国人たちが作業をする光景はいいものだ。

　アメリカでは人手不足がしばしば生じ、他国から建設作業員を連れてこなければならなかった。1830年代後半から1840年代前半にかけて、エリー鉄道の建設が行われたが、この時期はアイルランドで飢饉があり、多くの人びとがアメリカに移住してきた時期と重なっていた。彼らは鉄道建設の仕事を欲しがっていた。だが、アイルランド移民の間では出身地方により賃金に差があるとして、喧嘩が生じることもあった。他地方の出身者の住居を破壊するなど派手な衝突もあったが、それでも彼らは鉄道建設の作業をする時間もひねり出し、作業にまったく影響を及ぼさなかったのだから不思議だ。

　1860年代、セントラル・パシフィック社はカリフォルニアから東へと向かう初の大陸横断鉄道を建設していた。だが、移民がいないうえに、実入りの良い鉱業と張り合わなければならず、極度の人手不足に陥っていた。発注者のひとり、チャールズ・クロッカーは中国人労働者を雇おうと考えたが、現場監督たちは「米を食うちっぽけな連中」に務まる仕事ではないと反対した。反対を押し切ったクロッカーの判断

ナヴィ1人が1日に掘り
出す土の量

2,000 kg

ステップに鉄道を敷く
ロシアの極東、ウスリー州でシベリア横断鉄道の建設を進める囚人たち(1900年代前半)。

は正しかった。中国人は非常に良い労働者で、白人よりも安い賃金で働いたのだ。彼らは伝説的な南米の鉄道建設でも、ロトスと呼ばれ恐れられた地元の労働者と共に働いた。

　ロシアでは1890年代にシベリア横断鉄道が建設されたが、そのために多くの労働者を遠くから連れてこなければならなかった。今日でも世界最長を誇るこの鉄道を建設するには膨大な人員が必要で、8万人が労働者として登録していた時期もあった。無人のステップ地帯へと線路が東に延びていくにつれ、人手不足は深刻になった。囚人が駆り出されることになり、建設のピーク時には囚人や国外追放者1万3500人が現場で働かされた。また、トルコ、ペルシア、イタリアからも労働者を雇い入れていた。

　19世紀の間はこのような労働者の募集が続いていた。その後は機械化が進み、さほど多くの労働力を必要としなくなるが、それまでの鉄道はたくましい男たちが原始的な道具を使いこなして作り上げた傑作品だった。その名残は今日でも見ることができる。近代化した鉄道にも、すでに廃線となったものの盛土や切り通しにもだ。ヘラクレスのような力の持ち主たちによって、世界各地の景観は変貌を遂げたのだ。

線路

完成した鉄道のレールと枕木と砂利は合わせて「線路（パーマネント・ウェイ）」と呼ばれるようになった。この言葉は初期の鉄道の時代にまでさかのぼる。当時、建設資材を現場に早く送るため、仮の線路が敷かれていた。鉄道の基盤がだいたい完成すると、仮の線路は恒久的な線路に道を譲り渡す。線路の基盤は「路盤」と呼ばれる。列車がスムーズに走るためには安定した道床が必要だ。まず、地面をならして下地を作る。これを「ブランケット」と呼ばれる砂か石の層で覆う場合もある。その上にバラスト（砂利や砕石）をかぶせる。直線区間もカーブも軌間（2本のレール間の距離）が一定しているか、レールがまっすぐ敷けているかを確認しながら敷設作業は進められていく。

レールを敷く
改軌工事用車両に続き、新たに敷いた枕木の上にレールを置く作業員たち。1900年代半ばまで、ナヴィはこれを手作業で行っていた。使われているのは「双頭レール」、断面の形状は上下の両頭部が同形で、上頭部が磨滅すると逆さにして使えるという利点がある。

線路用素材

17世紀の馬が引くワゴンウェイでは木製レールが使用されていたが、19世紀に蒸気機関車が登場してからは、より長持ちする素材が必要となった。初期の鉄道では鋳鉄製のレールが使用され、1820年代にはより頑丈な鍛鉄製となり、1850年代になるとさらに頑丈な鋼鉄製となった。バラストは今日でも道床材として最も一般的だが、これよりも安定性・耐久性にすぐれるコンクリートのスラブの使用が増えつつある。

線路の構造
ほとんどの線路は鋼鉄製の平底レールを木製またはコンクリート製の枕木に固定する形がとられている。枕木の下に敷くバラスト層は列車の騒音を和らげる利点があるが、上を通る列車の重みで位置がずれるため、メンテナンスが必要である。

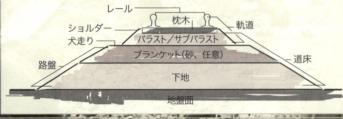

キューバの鉄道

19世紀の鉄道ブームの影響を受けなかった国はほとんどないが、影響は国によって大きく異なっていた。ラテンアメリカで最初に鉄道を建設したのはキューバで、その目的は欧米とは非常に異なっていた。砂糖の輸送が主な目的であり、一般国民はほとんど恩恵を受けなかったのだ。キューバでは広大なプランテーションでサトウキビが栽培され、先進国の甘党を喜ばせていた。砂糖生産が中心になったのは、たまたま18世紀後半に砂糖の価格が上がり、サトウキビ栽培は非常にもうかる商売となったためだった。奴隷なくしては成り立たない砂糖生産業は19世紀初頭に急速に成長したが、道路状態が悪く、サトウキビを製糖所まで運ぶのが高くついていた。実際、5月から11月までの雨季になると道はぬかるみ、河川は氾濫し、運搬がほぼ不可能となる。サトウキビをプラ

キューバの砂糖鉄道
ハバナとベフカルを結ぶキューバ初の鉄道の建設は非常に多くの労働力を要し、プランテーションの奴隷やアイルランド移民が建設に従事した。

キューバの鉄道　93

キューバの鉄道生誕150年
キューバ初の鉄道は世界で最も早い部類に入る。その開通150年を記念して1987年に特殊切手が発行された。

ンテーションから製糖所へ、さらには船積みできる沿岸部まで、安くすみやかに運ぶためには鉄道が必要だった。そして、まさにそのための鉄道が建設された。クリストファー・コロンブスが1493年にキューバにもたらしたサトウキビは、こうしてヨーロッパに里帰りする道を見出したのだ。しかも非常に大量に、そしてキューバの砂糖王たちの懐を肥やしつつ。

　19世紀のキューバはスペインの植民地だったが、鉄道の開通はスペインよりはるかに早かった。当時のキューバは開発が進まず、非常に貧しかったにもかかわらず、鉄道建設は最も早い部類に入る。最初の鉄道が開通したのは1837年、その時点ですでに鉄道があったのはわずか6ヵ国だった。1830年、英国でリヴァプール・アンド・マンチェスター鉄道が完成しつつあったとき、キューバの主要なプランテーション所有者たちは委員会を設け、鉄道網の建設を検討していた。ルートが決まり、十分な資金が集められて1834年、沿岸部の首都ハバナと内陸部のマヤベケ川流域のグイネスを結ぶ全長74kmの路線の建設が開始された。
　それは壮大で洗練された工事だった。ハバナからベフカルまで26kmの区間は海抜98メートルの高さまで上るのだが、当時の鉄道には非常に険しい傾斜だった。また、橋もいくつか架ける必要があった。最長はアルメンダレス川を渡る橋で、200本の支柱を要した。さらに、初期の鉄道では珍しく、最初から複線として設計されていた。鉄道会社は何千人もの奴隷を所有していたが、これでは足りず、外国から建設作業員が連れてこられた。アメリカに着いたばかりのアイルランド移民と、やはりスペインの支配下にあったカナリー諸島の人びとが大半を占めていた。だが、外国勢はぱっとしなかった。特にアイルランド人は雨季が最悪となる熱帯気候に不慣れで苦しんだ。食事も住居もろくなものではなく、大勢の労働者が熱帯病で命を落とした。また、飲んだくれも多く、気がつくと不潔な刑

務所に入っており、じきに死んでしまう。彼らは契約が終了すればアメリカに帰してもらえることになっていたのだが、鉄道会社は約束を果たさず、生き残った者は一文無しでハバナの通りをさまよう羽目になった。カナリー諸島からの移民はスペイン語が話せたとはいえ、置かれた状況は大差なかった。雇用者は彼らが逃亡を図ると考え、現場では囚人のように扱い、1日16時間も働かせた。彼らの多くは過労で死んだ。

プロジェクトは資金不足となったが、新たな投資家が参入し、ベフカル線の最初の区間が建設開始からわずか3年後の1837年に開通した。蒸気機関車も機関士も英国から調達し、翌年グイネスまで線路が延びると、鉄道は急に活気づいた。もともとは貨物を輸送する目的だったのだが、乗客も鉄道に押し寄せ、最初の頃は砂糖と同じほどの収益をもたらした。上りと下りそれぞれ1日2本の運行で、貨車30両と客車7両という構成だった。

この鉄道の成功により、さらに路線が建設されていく。2番めの路線は砂糖、糖蜜、ラム酒〔サトウキビから作られる〕をカルデナス港に運ぶために建設された。この路線の最初の区間が1840年に完成してから、キューバの鉄道は急速に拡大していった。最初の路線開通から10年後、ハバナ周辺地域には線路が縦横に敷かれ、隣接する地区すべてをつないでいた。その結果、砂糖産業がおおいに栄えることになる。1846年にはハバナだけで169の製糖所があり、年間生産量は砂糖が4万トン、糖蜜は4万5000バレルに上った。製糖所にとって役立つ鉄道は高い利益を上げていたが、製糖業用に特化していたため他の産業にはほとんど利用できず、同じことが利用客にも言えた。砂糖商人が製品を輸出するためだけに建設されたキューバの鉄道は、営利事業としては扱われなかったのだ。ヨーロッパやアメリカの鉄道連絡駅はどこでも町ができて栄えていたが、キューバでは鉄道が都市開発を刺激することはなかった。

キューバに連れてこられた
アフリカ人奴隷

約**80**万人

国際的な砂糖価格の下落や奴隷制の取り締まりによって鉄道の成長速度は落ちていたが、それでも9社が有する鉄道は1852年までに総延長565kmに達していた。のちに砂糖価格は回復し、キューバでは第二の鉄道建設ブームが生じる。1853〜56年

キューバの鉄道網

　のクリミア戦争によって砂糖価格はさらに高騰した。砂糖はすでに世界的に使われる商品となっており、英国の海運業者が戦争でアジアからの砂糖調達を避けたため、キューバ産の砂糖の需要が一気に高まったのだ。砂糖王たちの懐はおおいに潤い、彼らはそれをさらに鉄道に投資した。その結果、1868年には総延長1288kmとなり、カリブ海に浮かぶこの貧しい島には世界屈指の密な鉄道網が出来上がっていた。キューバよりも鉄道が発達している国はヨーロッパに2、3あるだけで、鉄道の長さを国民1人当たりに換算すると、どの国よりも——鉄道発祥の地である英国よりも勝っていた。

　キューバの鉄道は19世紀末までに総延長が8000kmにも達していた。そのうち半分は標準軌で、プランテーションからサトウキビを搬出する線と製糖所から砂糖製品を搬出する線に適用されていた。残りは主に狭軌で、プランテーション

キューバの鉄道 97

キューバの製糖所
煎糖所の前で待機するアメリカ製蒸気機関車（1857年）。鉄道はできあがった砂糖を輸出するため港に運んだ。

内で使用され、作りは雑だった。キューバにとって不運なことに、せっかく作った鉄道は一般利用客の役に立たないばかりか、経済の活性化にも使えなかった。技術はすべて英国とアメリカに頼り、鉄道関連の国内製造業が誕生しなかったからだ。それどころか、経済全体でみると、キューバの鉄道は悪影響を及ぼしていた。鉄道の建設によって繁盛する地域と、それ以外の地域との貧富の差が拡大したのだ。鉄道が通らない地域は貧困に拍車をかけることとなった。また、鉄道は島の豊かな西側に集中し、プランテーションがほとんど存在しない東側ではごくわずかにしか敷設されなかった。島の東西をつなぐ路線が建設されたのは20世紀に入ってからだった。この路線は政府の助成金なくしては建設できず、助成金がなかなか下りなかったためだ。キューバの鉄道の研究者たちが論じているように、「初期の鉄道開発には、全国鉄道網に発展するような長期的な視点が欠けていた」。実際、鉄道は思わぬ経済効果をもたらした。プランテーション所有者は大金持ちになり、奴隷制が長引くこととなったのだ。彼らがここまで裕福にならなければ、奴隷制は崩壊していたかもしれない。

ハバナの物乞い
砂糖経済が栄えていた時期、キューバには外国人労働者があふれていた。その多くは帰国せず、やがてはハバナの通りで物乞いとなった。

キューバの鉄道　99

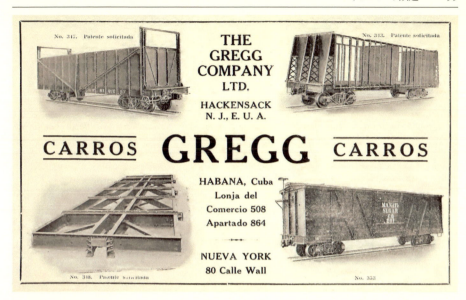

グレッグ社の鉄道車両
サトウキビ運搬用のこの貨車はアメリカからの輸入品だ。
キューバでは、技術面ではほぼ外国に頼りきりで、鉄道
関連の製造業はついに発達しなかった。

　キューバの鉄道は砂糖貿易への依存が破滅の元となった。砂糖価格が高騰している間は、他に運搬手段がなかったため、利益が上がっていた。だが、19世紀後半にはまたも砂糖価格が下落し、キューバ経済は大打撃を受け、鉄道は英国の投資家たちに買収されてしまった。存続させる価値のある路線はほとんどなく、したがって鉄道網の大半は廃線となった。20世紀初頭までに、キューバに残っていた鉄道はすべて英国とアメリカの会社の所有となり、両国の会社はそれぞれ島の西側と東側の鉄道を独占していた。だが、キューバの製糖業の不振により、鉄道は危機に陥った。しかも自動車が普及して道路が改善され、鉄道が抱える問題はさらに深刻となった。鉄道が国有化される1950年代末まで、この問題は解決しなかった。

鉄道の拡大

The Spread of the Railways

列車で旅する人が増え、町と町を結ぶ利点が明らかになると、鉄道の広がりはもはや誰にも止められなかった。鉄道の建設を阻むものが経済、地理または社会的な障壁であっても、克服できないものは何一つない。オーストリア・ハンガリー帝国でも、遠く離れたインドでも、鉄道は山を越え、またはトンネルによって開通していった。川には橋が架けられ、町の中心地に駅を作るべく家々は取り壊された。パナマ地峡の湿地帯をはじめ、疾病のはびこるジャングルすらも征服された —— 計り知れないほどの犠牲者を出しながら。西部に砂漠が広がるアメリカを横断する鉄道は4路線、カナダでも3路線が作られた。都市交通にも大変革がもたらされた。世界初の地下鉄であるロンドンのメトロポリタン鉄道が開通したのは1863年で、やがて多くの国々がこれをもとに同様のシステムを築いていった。

　鉄道の一般利用客は増えていったが、サービスの質はほとんど改善されなかった。その主な理由は、ほとんどの旅行者にとって移動手段が他になく、従来のサービスをそういうものと受け止めていたからだ。もちろん例外もあった。今までよりはるかに上等の食事を出し、一夜を快適に過ごせる寝台車を提供したジョージ・プルマンなど、高級さを出す努力がまったくなされなかったわけではない。だが、鉄道輸送は概して快適さに欠けていたうえに、まったく安全というわけでもなかった。初期の頃は列車の運行本数が少なく、速度も遅かったため、衝突する可能性は低かったが、本数が増え速度も速くなるにつれ、事故は避けがたいものとなっていった。

　鉄道会社は当時では最大の産業となった。他のどんな業種よりも規模が大きく、その性質上、営業地域の広さでも勝っていた。鉄道の重要性を見せつけるべく、巨大な駅が次々に作られた。駅は鉄道会社にとっても、地元の社会にとっても誇りの象徴であり、その時代の大聖堂となったのである。

アルプス越え

　初期のヨーロッパの鉄道は、商品を船積みできるよう、都市と港をつなぐものが多かった。だが、鉄道網が発達するにつれ、大陸中心部にそびえる巨大なハードルにぶつかることになる。アルプス山脈だ。鉄道を推進していた政府は、アルプスはいずれ克服しなければならない障壁だと初期の時代から認識していた。だが、鉄道を建設する者にとっては、いまだかつて遭遇したことのない難題だった。トンネルは既存のものよりはるかに長くなり、人を寄せつけない深い峡谷に橋も架けなければならず、新しい技術や方法を開発しなければ対処できるものではなかった。

　アルプス越えを果たした初の鉄道はゼメリング鉄道だった。オーストリア帝国が建設したこの鉄道は、ゼメリング峠を越え、首都ウィーンと帝国唯一の海港トリエステ（現在はイタリア）を結んでいる。山脈を大きく迂回し、ハンガリーの平野部を通るルートも検討されたが、オーストリアのヨハン大公はアルプス越えルートを強く推し、なんとしても実現してみせると固く決意していた。

　これは非凡な挑戦であり、設計・建設するには非凡な人物が必要だった。その人物とはカール・フォン・ゲーガだ。彼はブルノとブジェツラフ（いずれも現在はチェコ共和国）を結ぶ皇帝フェルディナント北鉄道の建設を監督し、山道建設の経験もある技師だった。1842年、ゲーガはオーストリアの全国鉄道建設計画の全権を任された。オーストリアとアドリア海を結ぶのがこの計画の骨子だと彼は考え、渡米して鉄道の建設方法について学び、それを山岳地帯にどう応用するかを検討し、ゼメリング

カール・リッター・フォン・ゲーガ
アルバニア人の両親のもと、ヴェネツィアに生まれる。多くの人びとが不可能と考えていたゼメリング鉄道建設という驚くべき偉業に対し、1851年リッター（騎士）の称号が与えられた。

初のアルプス越え鉄道　1857

峠を越えるルートなら実現可能だと確信して帰国した。

　人びとは中世の時代からこの峠を徒歩で、または馬に揺られて越えていた。アルプス越えルートとしては最も低く、したがって冬の閉鎖時期も最も短いのだが、それでも標高900mを超えている。ここに鉄道を建設するには並々ならぬ創意工夫が必要だった。オーストリア政府はこのプロジェクトを支援した。なぜなら1848年にヨーロッパ各地で革命が相次ぎ〔二月革命、三月革命、民族運動など〕、新皇帝フランツ・ヨーゼフ１世は多民族を抱える帝国をひとつにまとめる必要を強く感じていたからだ。どの民族も自分のアイデンティティを主張し、独立を求めていた。だが、鉄道を支援した理由はもうひとつある。当時は経済不況で、雇用を創出できるのは魅力だった。したがって、ウィーンとアドリア海を結ぶ鉄道は、帝国にとって政治的にも経済的にも必要だったのだ。

　ゲーガが選んだルートは低オーストリア州グログニッツからアルプスを越え、シュタイアーマルク州ミュルツツーシュラークに至る。この２つの町は直線距離では21kmだが、鉄道はこの２倍の長さとなった。カーブもスイッチバックもある。広い谷を渡るために湾曲した高架橋も建設された。高架橋を超えると長い

トンネルが続く。トンネルは全部で14あり、最長は1400mだ。高架橋は16脚、そのうち数脚は二重高架になっている。さらに、湾曲した石橋は100脚を超える。山の斜面に沿って走る危険な場所では、落石や雪から守る雪崩よけが作られた。だが、そこまでしても、最大勾配25‰というのは当時の機関車にとって非常に険しく、カーブも他の路線より急なものにせざるをえない。こうした課題を克服するため、ゲーガは新たな機関車の開発にも乗り出した。1851年、彼は最良の機関車を見つけるべく、22年前のレインヒル・トライアルと同じように競技会を催した。優勝したのはババリア号だが、開通した路線を走らせてみると、急な上り斜面で重たい列車を牽引できないと判明した。そこでグラーツ大学の工学教授ウィルヘルム・フライヘル・フォン・エンゲルトが開発した新たな機関車が使われることになった。

　建設はすべて手作業で行われた。爆薬も利用したが、当時はまだニトログリセリンを使用するダイナマイトが発明されていなく、火薬に頼るしかなかった。労

ゼメリング鉄道
全長41km、かつては通り抜けできないと言われていた山々を通るゼメリング鉄道は工学のすばらしい力を具現している。

働者はオーストリア人、ドイツ人、チェコ人、イタリア人で構成され、ピーク時には2万人にも達した。建設中に事故が生じるのはいたしかたないと言えよう。最大の事故は1850年10月に起きた。落石で14人が命を落としたのだ。亡くなった人びとは工事全体で700人前後、その多くはチフスやコレラなどの病気で倒れた。ひとつ間違えば歴史が変わっていたかも

ゼメリング鉄道を建設した作業員
2,0000人

ゴッタルド・ベーストンネルを建設中の作業員
2,000人

しれない出来事もあった。のちにドイツを統一し、鉄血宰相と呼ばれるようになる若きオットー・フォン・ビスマルクが国を代表してこの鉄道の視察に訪れ、深い峡谷に架かる臨時の橋を渡っていたとき、足元の板が割れたのだ。ビスマルクは岩棚にしがみついて一命を取りとめた。

1853年10月、最初の貨物列車がゼメリング峠を越えた。翌年7月からは客車も運行し始めた。ウィーンとトリエステを結ぶ、このきわめて重要な鉄道は1857年までに完成した。建設コストは当初の見積もりの4倍となったが、衰退期を迎えていたオーストリア帝国にとって、この鉄道は欠かせない貿易ルートとなった。しかも景観にすばらしく溶け込み、特に二重高架橋が際立った特徴となっているゼメリング鉄道は、今日ユネスコの世界遺産リストに登録されている。

ゼメリング鉄道の成功により、他のアルプス越えルートも間もなく計画された。西アルプスのルートは1848年の時点ですでに提案されていたのだが、この年は革命が相次ぎ、イタリアでも統一をめざす戦争が度々生じたため、計画は中断していた。1861年にイタリアが統一を果たすと新ルートが再び検討され、モン・スニ峠を掘り進み、イタリアのバルドネッキアと1860年にフランスに併合されたサヴォワ地方モダーヌを結び、さらにはイタリアのミラノとトリノ、フランスのグルノーブルとリヨンを結ぶ路線が計画された。

モン・スニ峠は標高2081mもある。山越えは不可能と考えられていたが、1868年、峠道に沿って急勾配でも上れるラック式（アプト式）のモン・スニ峠鉄道が開通した。全長80kmのこの鉄道は英国とインド間で交わされる郵便物をイタリアのバリ港経由で運ぶために使われ、配達の時間短縮に役立った。機関士は英国人で、鋸歯状の第3のレールによって険しい坂を上るという、フェル式鉄

道を応用した世界初のラック鉄道だったが、1871年により効率のよいフレジュス・トンネルができると、モン・スニ峠鉄道は廃線となった。標高1200mの地点に掘られたフレジュス・トンネルは全長13.6km、当時は世界最長だった。最初のうちはドリルで穴を開けては火薬を詰めるという原始的な方法がとられ、作業はなかなか進まず、1857年のトンネル工事開始から5年経っても、完成部分は2kmにも満たなかった。その後、技師のジェルマン・ソメイイェが圧縮空気を利用した削岩機を発明し、それからはペースが速くなった。トンネルの両端から作業が進められ、1870年12月26日、ついにトンネルが貫通した。測量士チームが山の多くの地点から位置を測定し、三角測量を応用した間接水準測量という新たな方法でルートを決定していたため、トンネルの両端から掘り進めたチームが合流したとき、両者のずれはわずか50cmほどだった。こうして1871年10月、国境にトンネルのある世界初の国際鉄道が開通した。

　アルプスの長いトンネルとして次に作られたのがゴッタルド・トンネルだ。これも地理的に建設が非常に困難で、工事は1871年から1881年までかかった。全長15km、フレジュス・トンネルよりわずかに長い。1867年にアルフレッド・ノーベルが発明したダイナマイトのおかげで作業は速くなったものの、この山を貫くには傑出した技師が必要だった。技師の名はルイ・ファーヴル、スイス人で、標高1100mを超える高さのトンネル坑口部にたどり着くために画期的な方法を考案した。緩やかな勾配でぐるりと周回するトンネルを複数作り、山を螺旋状に上っていくというものだ。たとえばヴァッセンでは、南に向かう乗客は教会の尖塔を見上げているが、数分後には見下ろすことになる。ルートが湾曲しているため、旅にはかなり時間がかかる。スイスのルツェルンと、イタリアとの国境間近のキアッソを結ぶこの鉄道は全長225km、そのうち約5分の1が湾曲している。

　残念なことに、ファーヴルは鉄道の完成を見届けられなかった。1879年、トンネルの視察旅行中に心臓発作で亡くなったのだ。54歳だった。おそらくはプロジェクトの重圧がたたったのだろう。亡くなったのはファーヴルひとりではない。200人以上ものトンネル作業員が事故で命を落としている。地下水脈を掘り当て、溺れ死んだ者も大勢いた。落石や、石を運び出す台車にはねられて死んだ者もいた。

　ゴッタルド・トンネルが1882年に開通して間もなく、アルプスを貫く他の路線の建設も始まった。全長19kmのシンプロン・トンネルは1906年の完成時に

シャモニー・モンタンヴェール鉄道
登山鉄道が開通し、アルプスを走る列車は観光客の人気の的となった。ラック式のモンタンヴェール鉄道は1908年に開通し、フランス最大の氷河メール・ド・グラースまで観光客を運ぶ。

は世界最長だった。レッチュベルク・トンネルは第一次世界大戦の開戦直前に開通した。こうしたトンネルを使用するため、スイスは電気機関車を開発した。蒸気機関車ではトンネル内に煙が充満して危険だからだ。

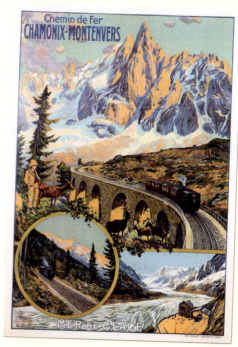

今日、スイスはアルプスを通る車の交通量を減らすため、大がかりなトンネル建設を進めている。ゴッタルド・トンネルはすでにフル稼働しているが、曲がりくねって時間のかかるルートであるため、これを迂回すべく新しいトンネルを複数建設し、線路容量を増やそうというのがアルプトランジット計画の狙いだ。最も長いトンネルはゴッタルド・ベーストンネルで、完成すれば日本の青函トンネルの53.85kmを抜いて世界最長となるだろう。2つのトンネル（それぞれ全長57km）からなり、2016年に開通の予定だ。新ゴッタルド鉄道はゴッタルド・ベーストンネルの他にツィンメルベルク・ベーストンネル（開通予定日は未発表）とチェネリ・ベーストンネル（2019年開通予定）を有し、標高わずか550mの地点でアルプスを横断することになる。標高が低ければ貨物列車だけでなく旅客列車もスピードを上げられ、チューリヒからミラノまで現在4時間かかるところが2時間半に短縮できる。アルプトランジット計画には、スイスのベルン州とバレー州を結ぶ全長35kmのレッチュベルク・ベーストンネルも含まれている。このトンネルは2007年6月に開通した。

アルプス越えのどのルートも鉄道建設者たちの英雄的な偉業を示すものだ。そして、どのルートも、特に冬は厳しい状況下で列車が走行しているにもかかわらず、事故はほとんど生じていない。

山を登る

機関車が急勾配を登れる技術が発明されたのは鉄道初期の時代だった。1811年にジョン・ブレンキンソップが英国のミドルトン炭鉱での蒸気鉄道で取得した特許は、はめば歯車（ピニオン）が2本のレールの間に設けた歯軌条（ラック）と噛み合うものだった。だが、これが登山鉄道に利用されるのは1860年代に入ってからだ。ラック・アンド・ピニオン方式は勾配480‰（パーミル）まで列車を牽引できる。いっぽう、一般的な粘着式鉄道〔車輪とレールの間に生じる摩擦力を利用〕が登れる勾配は、機関車をもう1台増やしても100‰前後にとどまっている。ラックのような特殊レールは急坂を下る際にきわめて重要な制動動力をも提供する。

リッゲンバッハ式とロッヒャー式

ラック・アンド・ピニオン式はブレンキンソップが最初に考案してから、さまざまな形が開発・採用されてきた。

リッゲンバッハ式（1863年）

ラック・アンド・ピニオン式として初めて広く使われたが、溶接された「梯子」は維持費が高くつくと判明した。

ラック断面図

ラック上面図

ロッヒャー式（1889年）

ラックの歯が両側面にあり、それぞれに水平ピニオンが噛み合う方式で、非常に急な勾配でも登れる。安定性は高く、車両は横風にも耐えられる。

断面図

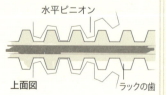
上面図

登山鉄道のパイオニア

ニューハンプシャー州を走る全長4.8kmのワシントン山コグ鉄道は世界初のラック式鉄道だ。開通は1868年で、アメリカ北東部の最高峰ワシントン山の山頂まで1100m近くも登っていく。この鉄道は今もなお建設者シルベスター・マーシュが考案した梯子状のラックを使用している。機関車のボイラーは急勾配でも水平を保つために、傾斜した形に設計されている。

ラック・アンド・ピニオンのしくみ

ラック・アンド・ピニオン式蒸気機関車には1枚かそれ以上のピニオンがあり、連接棒を介してシリンダーで駆動する。ほとんどのラック・アンド・ピニオン式列車はフランジ付きの走行車輪を使用しているため、普通のレール上を走ることができる。蒸気機関車の場合、上り坂では機関車が客車を押し上げ、下り坂では制動動力を最大限にするために機関車が先頭となる。今日のラック式鉄道は電気エンジンまたはディーゼルエンジンで駆動しているものがほとんどである。

アプト式（1885年）
スイス人技師ローマン・アプトが考案した方法で、リッゲンバッハ式（左頁下）より優れているとみなされている。アプト式では歯が2列または3列あるラックレールを使用し、ピニオンが常にラックと接触するよう各列の位相を少しずらしてある。

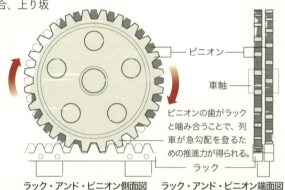

ピニオン

車軸

ピニオンの歯がラックと噛み合うことで、列車が急勾配を登るための推進力が得られる。

ラック

ラック・アンド・ピニオン側面図　ラック・アンド・ピニオン端面図

パナマ鉄道
命がけのゴールド・ラッシュ

　パナマ鉄道は全長80km足らずだが、その建設は悲惨そのものだった。劣悪な労働条件と熱帯病とが相まって、建設中になんと1万2000人も亡くなっている。だが、この鉄道はアメリカの大西洋岸と太平洋岸を結ぶきわめて重要な役割を担い、アメリカ合衆国という国家の形成に欠かせない要素となった。また、鉄道のオーナーや株主たちに莫大な富をもたらした。

　1848年1月24日、パナマ地峡を通過する交通手段を求める声が一気に高まった。この日、カリフォルニアでジェームズ・W・マーシャルがサッターの所有する水車小屋の近くで金を発見したのだ。これが最初のゴールド・ラッシュのきっかけとなる。だが、アメリカの東海岸からカリフォルニアに行くのは困難を極めた。ルートは3つ。チリの南端ホーン岬をぐるりと回るルートは2万4000km、最低でも85日間は嵐の多い海を行く船旅だ。陸路となると3200kmの道のりを荷馬車に揺られて進むしかない。最低でも6ヵ月はかかり、やはり数々の危険に満ちている。第三のルートはチャグレス川（今日のパナマ）の河口まで船で行き、そこから丸木舟で川をさかのぼり、ラバの背に揺られて丘を越えて地峡を渡り、太平洋岸のパナマシティに出る。地峡越えは80km、最長で8日かかる。地峡を渡る運河や鉄道の建設案は1848年までに大コロンビア、ア

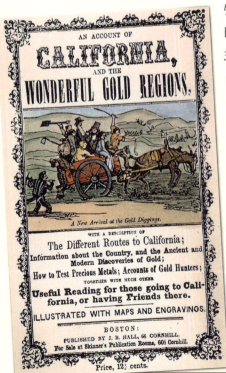

1849年ゴールド・ラッシュ
カリフォルニアの「すばらしき黄金の地域」と書かれたこのガイドブックは1849年に発行された。金鉱地に向かうさまざまなルート情報も含まれている。

パナマ鉄道（1855年）

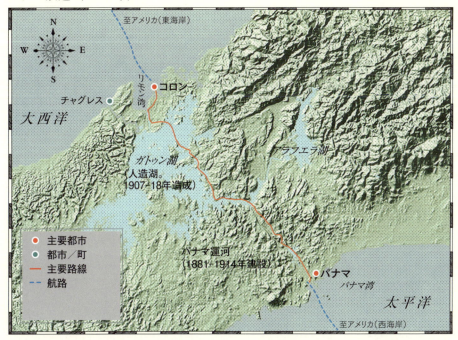

メリカ、フランスからいろいろ出ていたが、どれも実現しなかった。スペインはパナマに植民した16世紀前半、すでに運河建設を考えていたという。最初の金採掘者が到着したときも、ラバで陸伝いに進む方法がまだ続いていた。1846年、アメリカ政府はヌエバ・グラナダ共和国（現在のコロンビアとパナマ等）と新たな協定を結び、共和国の主権を認める代わりにパナマ地峡を通行する権利を得た。この協定により、大陸横断ルートの下地が出来上がった。1年後、アメリカ連邦議会はパナマへ容易に行けるよう、ニューヨークから大西洋岸伝いにチャグレス川へ、そしてパナマシティから太平洋岸伝いにオレゴンへと行き来して乗客や郵便物を運ぶ蒸気船運行業に助成金を与えると決定した。

　ニューヨークの起業家ウィリアム・H・アスピンウォールは、太平洋側での郵便船の操業権を競り落とし、ゴールド・ラッシュの開始と共にパナマ地峡を横断する鉄道の建設にも乗り出した。まずは建設できるか見極めるため、彼はジョン・L・スティーブンスと共にパナマとコロンビアを見て回った。スティーブンスは弁護士で、作家でもあり、中央アメリカを旅したことがある。二人はパナマ鉄道会社を設立し、地峡を横断する鉄道、幹線道路、運河どれでも建設できる49年

間の権利と25万エーカーの公有地を与えられた。アスピンウォールは目先のきくビジネスマンだった。会社の株を売って100万米ドルを手に入れ、さらに連邦議会を説得し、パナマ地峡を超えて郵便物を運ぶ費用として年間25万米ドルを出させることにした。その間にも旅客列車の需要は高まっていた。チャグレスには1849年5月末までに55隻の船が到着し、4000人以上もの客を運んでいた。乗客はカリフォルニアを目指す者ばかりだった。

　ルートを最初に調査したのは米陸軍のジョージ・W・ヒューズ大佐だった。彼は鉄道建設を楽観視しており、それが問題を招くことになる。この地峡を横断するのは難しいことではないだろう、と彼の調査書には書かれている。ルート上には深い沼も鬱蒼としたジャングルも危険な山も含まれているのだが、そういうものにはまったく言及されていない。チャグレス川の船でさかのぼれるぎりぎりの所から太平洋までを結ぶ鉄道は32kmあればいいとアスピンウォールは考え、経験のあるアメリカ人土木技師ジョージ・トッテンとジョン・トラウトワインに鉄道建設を依頼した。だが、2人は間もなく調査のはなはだしい過ちに気づき──そもそもヒューズは船でさかのぼれる距離を過大評価していた──契約を解除した。だが、結局2人ともパナマ鉄道会社に従業員として再び雇われ、41歳の控えめなトッテンはやがてパナマ鉄道の立役者となる。

　トッテンとトラウトワインはチャグレス河口からルートを決める作業を始めた。ところが、鉄道にふさわしい土地はすべてジョージ・ローが買い占めていることを、この時点で初めて知った。ローは東海岸沿いにアメリカの郵便物を運ぶ契約を獲得した実業家だ。2人はしかたなく起点を求めて移動した。さらに北のマンサニージョ島で場所が見つかったが、ここからだと本土につながる土手道を作らなければならない。しかもそこは黒い沼という不吉な名で呼ばれている。沼にレールを敷くには基盤をしっかりさせるために、チャグレス川上流にある見捨てられたボイオ採石場から石灰岩を何トンも運んでくる必要があった。ようやくたどり着いた大地はマウント・ホープ、希望の山と呼ばれる場所だった。ここまで来て初めて最初の鉄道車両、すなわち機関車と無蓋貨車を使うことができた。だが、川を2kmもさかのぼらないうちに、またも沼地にぶつかった。底なしかと思える沼に再び何トンもの岩石を投入する。さらには別の問題も持ち上がった。熱帯気候ゆえ、木材で橋を作っても数ヵ月で朽ちてしまうのだ。

　建設作業員たちは熱帯気候に慣れていなかった。年間降雨量は3.5mほどで、

パナマ鉄道——命がけのゴールド・ラッシュ

到着地の風景
パナマ地峡を横断したい者は蒸気船でチャグレス川河口（この写真）に到着する。ここから丸木舟、ラバ、または列車で旅することになる。

　6月から12月までは雨ばかり続く。チャグレス川の水位は2時間で15mも上昇し、腰まで水に浸かっての作業は危険を伴う。しかも熱帯病や虫に悩まされる。毒グモのタランチュラ、サソリ、ムカデ、森林ダニ、シロアリ、赤や黒のアリ。特に恐ろしいのはマラリアを媒介する蚊だ。そして沼にはワニがうようよいる。
　作業員たちは世界中から寄せ集めた外人部隊だった。ニックネームまたは給与支払い名簿の番号でしか呼ばれない者も多く、記録がほとんど残っていないため、死者が何人だったのか正式な数はわからない。だが、建設中のある時点で

は、毎月5人に1人の割合で死亡していたとみなされている。別の概算によると、路線全体で使われた枕木1本につき1人が死んだという——これだと死者7万4000人となり、いくらなんでも多すぎる。実際の死亡率がどれほどだったにしても、鉄道病院の医師J・A・トッテン（技師ジョージの兄弟）は遺体の処理に悩まされたという。歴史家ジョセフ・L・ショットは著作『パナマをまたぐ鉄道』で、トッテン医師の解決法を述べている。

　　遺体を大きな樽に詰めて酢漬けにし、しばらく保存した後に世界各地の医学校にまとめて売りつけていた……。遺体は高く売れ、得られた利益によって鉄道病院は建設期間中、経済的に自立してやっていけた。

　労働者は国際色が強く、そのために問題が生じることもしばしばあった。あるとき、フランス人労働者たちがいっせいに仕事を放棄し、三色旗を掲げ、ラ・マルセイエーズを歌い、不満の理由はフランス語でしか言わないと交渉を突っぱねた。アイルランド人の監督は頭を抱えた。社長はフランス語を話せるが、英語以外での話し合いには応じないと言う。彼が食糧配給を打ち切る手段に出たところ、フランス人たちは仕事に戻った。何が不満だったのかはわからずじまいだった。

　また、この一帯は無法地帯となっていた。デリエンニと呼ばれる地元の山賊が横行し、カリフォルニア帰りの人びとを殺して金を奪っていたのだ。アスピンウォールはデリエンニ対策としてランドルフ（またはラン）・ランネルズを雇った。ランネルズはテキサス・レンジャー〔警察に似た組織〕として有名だったが、改宗して銃を手放した。だが、〔牧師が〕次のような予言をした。「悪魔や怪物に満ちた大きな川が流れている……見知らぬ土地」に行き、使命を果たすことになる、と。パナマはまさにそういう土地だった。ランネルズは表向きにはラバを使った配達ビジネスを立ち上げ、裏では山賊と戦えるイスマス・ガード（地峡の警護）

パナマ鉄道が操業開始から12年間に運んだ金
7億5,000万米ドル

という名の自警団を組織した。1852年初頭、自警団はのどかにダンスやギャンブルに興じる合間にデリエンニを攻撃し、海辺で37人を絞首刑にした。

　過酷な状況、病気、反抗的な労働者、無法者たち。それでも足りないと言わんばか

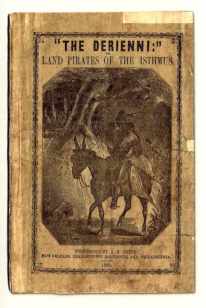

デリエンニ
写真の本も含め、1853年に刊行された『グラフィック・ヒストリー』は、パナマ一帯で「冷血な極悪人ども」が「強盗、殺人、残虐行為」をしていたという話を世に広めた。

りに、パナマ鉄道会社はさらなるトラブルに見舞われる。線路をわずか13km敷いたところで資金が尽きてしまったのだ。会社の株価は下落し、鉄道建設は急停止した。その間に海運業の大物コーネリアス・ヴァンダービルトがニカラグアに別の鉄道ルートを建設し始めていた。だが、パナマ鉄道会社にとって幸いなことに、このニカラグアルートも問題をいくつも抱えて立ち往生していた。

　パナマ鉄道に大きな転機が訪れたのは1851年12月、チャグレス川に２隻の蒸気船が到着したときだった。1000人の乗客はとにかくカリフォルニアにたどり着こうと必死だった。蒸気機関車の汽笛を聞きつけた彼らは、危険に満ちたラバの旅を避けたい一心で、線路が出来ている所まで運んでくれと言い張った。トッテンは彼らを思いとどまらせようと、線路１マイル（1.6km）ごとに50セント、荷物45kgにつき３ドルと法外な値段をふっかけた。ところが彼らはそれを受け入れた。じきに大勢の客が列をなすようになり、その運賃を手にトッテンと技師のジェームズ・ボールドウィンは採石場に急ぎ、列車で石灰岩を運んで線路を補強した。また、需要の高まりを受け、会社も株で400万米ドルを工面できた。

　だが、それでも順風満帆という具合にはいかなかった。1852年の夏、多くの労働者や監督が正体不明の疫病で亡くなった。同じ時期に山賊たちが勢力を盛り返したため、ランネルズはまたも大勢の絞首刑を余儀なくされた。さらに、トッテンがチャグレス川に架ける橋を木材ではなく鉄で作りたいとニューヨークの本社に要請したところ、新しい取締役はこれを気に入らず、口論の末にトッテンを解雇した（アスピンウォールと共に会社を設立したスティーブンスが亡くなり、トッテンは大きな後ろ盾を失っていた）。残る34kmを担当することになった技師の名はマイナー・C・ストーリー、鉄道建設業界では天才青年とみなされていたが、パ

パナマ鉄道（1859年）
現地労働者が乗客を乗せた手車を操作している。大陸横断鉄道が完成するまで、アメリカの東海岸から太平洋に出るにはパナマ地峡を経由するルートが最も速かった。

ナマの状況がどんなものか、まったく見当がつかずにいた。ストーリーはニューイングランドで成功した資材をパナマでも使うことにしたが、木の橋を作ったところ熱帯気候のせいで崩壊し、彼は現場から逃走した。歴史家ショットの言葉によると「経済的には破産し、名声は地に落ち、精神状態はぼろぼろだった」という。1年後、トッテンは再び招かれ、労働者もヨーロッパ、インド、中国からさらに集められた。その後も災難は降りかかる。線路内にいた牛をはねた列車がその衝撃で峡谷に落ちるという事故もあったが、1853年末までにトッテンはきわめて重要な鉄橋を完成させ、線路はパナマシティまでほとんど出来上がっていた。

その頃、中国人労働者の間で悲劇が起こった。彼らは勤勉で信用でき、アイルランド人労働者より清潔で酔いつぶれることも少ない（毎日風呂に入る連中だ、

とアイルランド人労働者はあざけっていた）。だが、中国人は勤労意欲を失わないためにアヘンに頼っていた。アヘンは定期的に供給されていたのだが、高くつくうえに犯罪行為だとして本社の経理担当者が供給を打ち切ったところ、100人以上の中国人労働者が絶望して自殺してしまった。木の枝に首をくくった者、石を重しとして身につけ川に入った者、さらにはマレー人労働者に手斧で殺してくれと頼んだ者までいた。

　鉄道は未完成とはいえ、すでに利益は上がっていた。1854年、完成した50km区間での利用客は３万人以上にのぼり、運賃として支払われた金額は100万米ドルを超えた。1855年１月27日、起点と終点から建設作業を進めてきたグループがついに合流した。パナマ鉄道はこの地峡を横断する手段として、そしてアメリカの東海岸と西海岸を結ぶ手段として、15年間は完全に独占状態であり、莫大な収益を得ていた。開業から４年で建設費用は元が取れた。ほろ酔い気分の事務員たちが設定した運賃が高額だったせいもある。鉄道完成後、ファーストクラスの運賃は25米ドル金貨となったのだ。１マイル当たりの金額で比較すると、当時は世界でずば抜けて高い鉄道の旅だった。最初の12年間で７億5000米ドルに相当するカリフォルニアの金、そして50万袋以上の郵便物が紛失することなく輸送された。もっとも、腐りかけた松材の枕木をユソウボクの硬材に取りかえるなど、保線コストもばかにはならなかった。パナマ鉄道会社の栄光は1869年まで続いた。この年にアメリカ初の大陸横断鉄道が開通して客を奪われたものの、パナマ鉄道の株主たちは10年後に利益をたっぷり得ることになる。パナマ地峡に運河建設を計画するフランス人グループが2000万米ドルでパナマ鉄道株を買い取ったのだ。

　トッテンは1875年までパナマ鉄道の主任技師としてとどまり、改善や保線作業を監督した。鉄道の完成直後に、彼はパナマ地峡を横断できる水門付きの運河を考案していた。スエズ運河を建設したフェルディナン・ド・レセップスがそのような運河をパナマに建設するプロジェクトに着手したとき、トッテンは主任技師に任命された。さらに彼はベネズエラで建設の難しい山岳鉄道まで作っている。だが、彼の功績を称えたものは、パナマシティの駅に飾られたささやかな銘板だけだ。歴史家ショットも次のように記している。「ニューヨークタイムズの死亡記事には元技師としか書かれていない。世界初の大陸横断鉄道を建設した直接の責任者だということを書き忘れている」

118　鉄道の拡大

コロン駅に停車する列車（1885年）
コロン駅に停車中のパナマ鉄道の機関車。鉄道作業員たちは最初マンサニージョ島の貧民街を拠点としていた。ここをぐるりと囲む形でコロンの町は出来上がった。

パナマ鉄道──命がけのゴールド・ラッシュ 119

アメリカ大陸横断

　テオドール・ジューダは夢にとりつかれていた。なんとしても夢を実現させたかった。広大な土地を横断して東部と西部を結ぶ鉄道がアメリカには必要だと彼は信じていた。牧師の息子で趣味にオルガンを弾く黒髪のジューダは、せかせかした性格ながら、かなりまじめな人という印象を与えていた。もっとも、人類学者オスカー・ルイスの著作『ザ・ビッグ・フォー』によると、彼は「クレイジー・ジューダ」と呼ばれ、「完全に普通の人間とは思われていなかった」という。だが、ジューダはニューヨーク州の壮大なナイアガラ渓谷鉄道、そしてカリフォルニア州初のサクラメント・バレー鉄道のルートを計画し、鉄道技師として経験を積んでいた。

　アメリカ大陸横断鉄道の建設を夢見たのはジューダだけではなかった。1830年にボルティモア・アンド・オハイオ鉄道で初めて列車が走ってからというもの、野心に燃えるさまざまな鉄道プロモーターたちが同じ夢を抱いていた。大陸横断鉄道ができれば経済的に役に立つばかりか、5000km近くもある広大な国土に散らばっているさまざまな地域をひとつにまとめることができる。鉄道がなければアメリカは合衆国とはならず、ばらばらのままだったかもしれない。

　だが、東部に作られた路線を3000km離れたカリフォルニアと結

テオドール・ジューダ(1848)
鉄道の建設を夢見ていたジューダは、鉄道の話となると友人の目にも「狂気じみている」と映っていた。だが、彼はやりくり上手で、勤勉な働き者だった。

ぶ鉄道を作るべきだと議会を説得し、法案を通させたのはジューダだった。彼はほぼひとりでそこまでやってのけたのだ。エイブラハム・リンカーンはパシフィック鉄道法に署名した。南北戦争のさなかで、ワシントンが戦争状態に陥っていた時期だけに、よけいに注目に値する法案だった。しかも、これには気前のよいボーナスがついていた。確実に鉄道を建設するために、建設会社は線路1.6km（1マイル）を完成させるたびに1万6000ドルから4万8000ドルまでの助成金を政府から受け取れる。金額は土地の難易度によって差がつけられた。そしてさらに、線路の片側16kmまでの土地はすべて与えられるという。

　法案の可決を見届けたジューダはカリフォルニアに行き、シエラネバダ山脈を通るルートを決めるべく調査を行った。標高4420mにも達する険しい山脈だけに、これを超えるなど不可能だと言う者も多かった。しかも、政府から資金提供を受けていても、ジューダにはまだ資金が足りなかった。問題の突破口が開けたのは、サクラメントの質素な食料雑貨店の2階で会合を開いていたときだった。その部屋で彼は投資してくれそうな人を集めていた。ジューダの無茶苦茶な試みを後押ししようと4人が名乗りを上げた。リーランド・スタンフォード〔のちにスタンフォード大を設立〕、チャールズ・クロッカー、マーク・ホプキンス、そしてコリス・P・ハンティントン、いずれも小さな町の商売人で野心があった。のちにザ・ビッグ・フォーとして知られる4人はセントラル・パシフィック鉄道会社を設立し、カリフォルニアから東部に向かう路線建設の契約を獲得した。彼らには進取の精神があったうえに、とてつもない幸運にも恵まれていたのだ。

　残念ながら、ジューダは努力の成果を見ることなくこの世を去った。鉄道パイオニアにはそういう人が多い。ビッグ・フォーが不正行為を働き、プロジェクトからできる限りのお金を掠め取っていたため、ジューダは彼らとたもとを分かち、ニューヨークに戻ることにした。当時は東海岸に行くにはパナマ経由ルートしかなく、パナマで彼は黄熱病に倒れた。37歳の若さだった。

　いっぽう、セントラル・パシフィックは次々に難題を抱えていた。冬期の雪もやっかいな問題だった。ビッグ・フォーの不正により資金不足も生じていた。しかも、地元では鉱業や金鉱探しのほうが儲かるため、鉄道建設現場で働こうという住民はほ

> 「カリフォルニアに行き、西海岸初の鉄道技師となってみせる」
>
> テオドール・ジューダ

とんどいなく、太平洋の向こうから何千人もの中国人労働者を連れてこなければならなかった。最初のうち、作業はなかなか進まなかったが、1867年までにドナー峠経由でシエラネバダ山脈を越える区間（2160m）が完成した。ここが技術的に最も大変な区間で、その先の平原地帯ははるかに楽だった。1865年に南北戦争が終わると、ユニオン・パシフィック鉄道も建設作業に着手した。この鉄道はアイオワ州カウンシルブラッフスから西をめざすルートで、すでに契約を得ていた。ユニオン・パシフィックの作業は好調だった。南北戦争の元兵士が建設チームに大勢加わって規律がしっかりしていたうえに、人手不足は解放奴隷で補えた。

　だが、不正行為の点ではセントラル・パシフィックと変わりなく、出資者の、特にユニオン・パシフィックの副社長トーマス・C・デュラントとその仲間の懐を潤す手段となっていた。納税者からお金をくすねるために、両社は同じ単純な方法を思いついた。請負会社を別に作り、水増し価格で鉄道建設を請け負わせて巨額の利益を生じさせる。その利益は配当金として会社経営者にたっぷり支払われるのだが、請負会社を経営しているのは偶然にも鉄道会社のオーナーだった、というからくりだ。こうして主要鉄道の支援者は誰もが政府のお金で億万長者になった。

　人がほとんど住んでいないアメリカ西部に鉄道を建設するには、高い組織力と豊富な労働力が必要だった。労働者は最盛期には1万人に上った。建設は3段階に分かれている。まず、先発隊がルートを調査する。次のグループは大量の岩や土を移動させて地ならしをする。盛土をし、橋を建設するのも彼らだ。そして最後のグループが枕木を並べてレールを敷く。

　作業員たちは野営生活を営み、線路が延びるにつれ移動していった。彼らが行く所にできる「町」は悪名高く、「車輪のついた地獄」と呼ばれていた。宿泊施設はあっても質素で、酒場はのちに西部劇でたびたび登場することになる。喧嘩は日常茶飯事で、殴り合いもあれば撃ち合いもある。町なかでの決闘は危険だ。しかも、先住民たちに襲撃される危険もある。土地を奪われた先住民が怒るのは無理もなかった。こうした襲撃に作業員たちも武力で報復し、多数のスー族やシャイアン族が女子どもも含めて殺された。もっとも、ポーニー族には鉄道をただで利用できるよう取り決め、反スー族同盟を結ぶなど、良好な関係を築いていた。

　作業員のグループ同士でも喧嘩があった。政府の契約が線路の長さで助成金を与えるというものだったため、両社とも線路をより長く建設しようと張り合って

いたのだ〔政府は合流地点を決めていなかった〕。ある山で両社の線路がすれ違った。ユニオン・パシフィックのアイルランド人労働者が中腹で爆破した岩が転がり落ち、ふもとで作業していたセントラル・パシフィックの中国人労働者たちにぶつかった。怒った中国人たちがしかけた喧嘩は収拾がつかず、結局はセントラルとユニオン両社間で交渉せざるをえなくなった。そのとき合流地点をめぐる話し合いも行われ、ユタ州プロモントリー・サミットと決まった。1869年5月10日、スタンフォードとデュラントは完成記念として黄金の犬釘を打ち込んだ。それはアメリカにとってきわめて重大な出来事だった。このニュースは電報ですぐに全国に広まり、各地で祝典が催された。シカゴでは11kmものパレードが通りを練り歩き、ニューヨークでは100発の祝砲が撃たれ、サクラメントでは30両の蒸気機関車が集まり、いっせいに汽笛を鳴らして調子はずれのコンサートを奏でた。

プロモントリー・サミットでの合流（1869年）
握手するセントラル・パシフィック鉄道のサムエル・S・モンタギュー（中央左）とユニオン・パシフィック鉄道のグレンヴィル・M・ドッジ（中央右）。記念写真には酒瓶が写っていないバージョンもある。

金の犬釘
1869年、ユタ州プロモントリー・サミットにて「鉄道の結婚」を記念し、黄金の犬釘が打ち込まれた。アメリカでは東部諸州と西部諸州がひとつにまとまった日とみなされている。

　不正行為も建設上の問題も多々あったが、10年かかると言われていたアメリカ大陸横断鉄道はわずか6年で完成した。もっとも、東西が完全につながるのは1872年、カウンシルブラッフスとオマハの間を流れるミズーリ川に橋が架けられてからである。
　プロモントリー・サミットにおける「鉄道の結婚」は、アメリカでは国が統一した日として祝われている。この重要性はどんなに高く評価してもしすぎることはない。夏は焼けつくように暑く、冬は凍てつくほど寒いという厳しい気候の土地を、6ヵ月も危なっかしい荷馬車に揺られ旅していたのが、ほんの数日ですむようになったのだ。大陸横断鉄道がきっかけとなり、西部への移住の道が開かれ、人びとは西へと向かうようになった。
　アメリカでも、カナダでも、他の大陸横断鉄道がまもなく建設された。1883年にはカリフォルニア州のロサンゼルスに通じるサザン・パシフィックと、北西部ワシントン州のやはり太平洋岸の都市シアトルに通じるノーザン・パシフィックの2路線が開通した（ほとんどの会社が鉄道に太平洋（パシフィック）の名を使っている）。大陸横断鉄道の建設熱が一気に高まったのは、政府が気前よく土地を与えたせいもあり、鉄道ができれば移民が押し寄せ利益がもたらされるという思惑のせいもあった。
　4番目の大陸横断鉄道は政府の支援なしに作られた。辺境で生まれ育った片眼のジェイムズ・J・ヒルのおかげだ。「帝国の建設者（エンパイア・ビルダー）」として知られる彼は、おそらく北米で最も偉大な鉄道建設者だろう。見た目の変わった男で、しなやかな体つきだが背は低い。巨大な鼻に小さな口、奥まった目は片方失明している。若いころアーチェリーの事故に遭ったためだ。ヒルは粘り強く、策略家でもあった。モンタナの広大な平原に鉄道を作って開拓し、穀物を極東に輸出したいという夢を30年間追い求めていた。1893年、ミネソタ州セントポールとワシントン州シアトルを結ぶ彼のグレート・ノーザン鉄道が

完成した。勾配はなだらかで、列車が速度を落とさなければならないような急カーブもなく、先の3路線よりもレベルの高いものだった。

　アメリカの大陸横断鉄道「セット」を完成させたのはアッチソン・トピカ・アンド・サンタフェ鉄道だ。この鉄道は不動産業者が政府から供与された土地を売ったお金を元手に、ひっそりと西部に広がっていった。1884年、カリフォルニアの既存路線とつながり貨物をロサンゼルスの港に運べるようになると、大陸横断鉄道のなかで最も成功した路線となった。実際、大陸横断鉄道を支えていたのは貨物輸送だった。ただ、移民の流入も利益が上がらなかったわけではなく、自社路線で行ける土地に人びとを惹きつけようと、各社は宣伝にしのぎを削っていた。ヨーロッパにまで事務所を開設し、今よりましな生活をしたいと必死に望む人びとに、土地は肥沃だ、気候は穏やかだなどといいかげんな宣伝をしていた。それに乗せられた移民の多くは、最初の大雪または最初の干ばつに見舞われた時点で土地を離れた。

　当時は英国の植民地だったカナダも、大陸横断鉄道を建設しようと決意した。商業的な理由もあり、ばらばらな国内を統一するという目的もあった。特にブリティッシュ・コロンビア州は連邦から離脱するおそれがあったのだ。だが、カナダ初の大陸横断を果たしたカナディアン・パシフィック鉄道の成果は、国境を隔てた南のライバル路線よりもさらに大きなものだった。この鉄道の建設責任者はウィリアム・コーネリアス・ヴァン・ホーン、自ら現場で指揮をとるすぐれた人物だった。精力的に現場を見て回り、がたつく橋脚の上を歩くのもいとわず、恐れずに作業する大切さを部下たちに身をもって示した。

　オンタリオ州のすでに開発された地域から太平洋岸まで全長4300km、アメリカ初の大陸横断鉄道のじつに半分ですんだ。アメリカより建設しやすい土地に恵まれていたわけではない。カナディアン・パシフィックは五大湖の北側を通っているのだが、最初の区間こそ比較的平坦なものの、カナダ楯状地は固い花崗岩でできているため、岩を爆破して進まなければならなかった。しかもロッキー山脈とセルカーク山脈がある。最初は勾配45‰と非常に急な坂を上る線路が敷かれたが、のち

> 「長生きしたら偉大な男に
> なっただろうに、あのジェイ
> ムズ・J・ヒルのような」
>
> F・スコット・フィッツジェラルド
> 『グレート・ギャツビー』

にスパイラル・トンネル〔8の字型の螺旋状トンネル〕が取って代わった。過酷な労働環境により死亡した労働者は1万5000人にのぼる。その半数は中国人で、少なくとも800人は基本的な安全対策が講じられていないために命を落としている。建設開始から13年後の1885年、カナディアン・パシフィック鉄道はついに開通した。ヴァン・ホーンの指示により、派手な祝典はいっさい行われなかった。

　2番目の路線となるカナディアン・ノーザン鉄道が開通したのは、それから30年後だった。最初の路線よりも北の、山脈を越えるルートだ。この鉄道はカナダ西部に広がる平原に移住を呼びかけるため、区間ごとに徐々に建設されていった。2つの路線は対抗意識を持ち、そこから第3の路線が計画された。グランド・トランク・パシフィック／ナショナル・トランスコンチネンタル鉄道で、ウィニペグから大陸の東岸・西岸に向かって建設された。先の2路線よりも建設が困難だったうえに、最初の路線と何百マイルも並行していたため、いろいろな点で不必要な路線だった。

　大陸横断鉄道熱の高まりにより、アメリカでは19世紀末までに5路線も建設され、カナダでも第一次大戦末までに3路線が完成した。だが、人口がまばらなカナダは路線を作りすぎた。第2、第3の大陸横断鉄道は完成からほどなくして破産し、アメリカの大陸横断鉄道もいくつかは同じ運命をたどることになる。だが、生き残った路線は国内各地を結ぶ手段として、そして人口増加や経済発展を促すものとして活躍した。西部を征服したのは鉄道だった。大陸横断鉄道の線路のほとんどは、今もなお貨物輸送用として重要な枠割を果たし続けている。

カナディアン・パシフィック鉄道
ブリティッシュ・コロンビア州グレイシャー国立公園内のサプライズ・クリーク橋を渡る貨物列車。深い峡谷にはこのような橋が数脚かけられている。最初は木造だったが、1894年、鋼鉄で作り替えられた。

128　鉄道の拡大

セントラル・パシフィック鉄道
1883年、ネヴァダ州ミル・シティにて、カメラの前でポーズを取るセントラル・パシフィック鉄道の貨車の乗務員。写真の機関車にはアメリカの典型的な「カウキャッチャー」がついている。

プリンス・ルパート

ドーソン・クリーク

グランド・プレーリー

カナダ

チャーチル

エドモントン

カムルーブス

カルガリー

サスカトゥーン

ウィニペグ湖

バンクーバー

ムース・ジョー

シアトル

レジャイナ

ウィニ

ポートランド

プロモントリー・ポイント

セント・

ミネアポ

ソルト・レーク・シティ

サンフランシスコ

シエラネバダ

デンバー

カンザス・シテ

ラスベガス

ロサンゼルス

フェニックス

アマリロ

サン・ディエゴ

フォートワース

ダ

エル・パソ

ヒュースト

メキシコ

サン・アントニオ

ガルベストン

太平洋

コーパス・クリ

北米大陸横断鉄道

北米初の大陸横断鉄道はパシフィック鉄道だ。ユニオンとセントラルそれぞれの路線をつないだもので、シカゴとカリフォルニアを結ぶ。誕生してまだ100年も経たないアメリカ合衆国は、鉄道によって初めて統一され、大々的な西部開拓と移住の道が開けた。この路線の成功により、カナダの3路線も含め、他の大陸横断鉄道も次々に建設され、アメリカの鉄道網の広さは世界一となった。

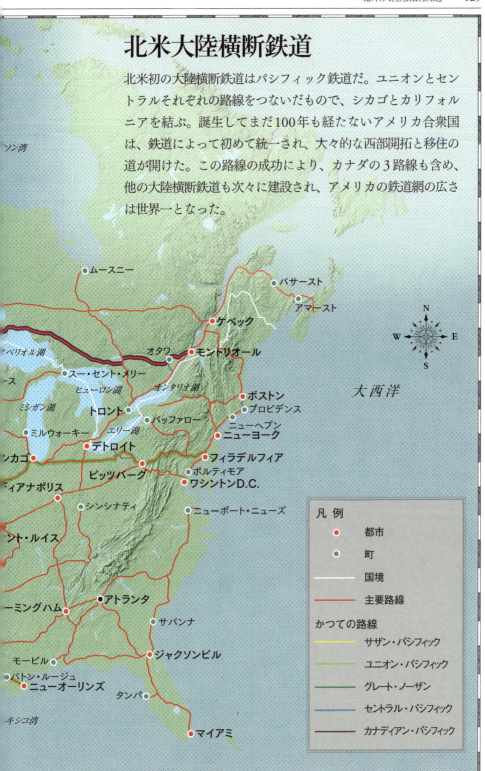

地下へ

　地面の下に鉄道を作るというのは斬新なアイデアで、よほど先見の明のある人でなければ思いつけるものではない。その人とはチャールズ・ピアソン、ロンドン市の事務弁護士だ。市内の道路はカオス状態と言えるほど混み合っていたのだが、彼は1840年代の時点ですでにこれをなんとかしなければいけないと考えていた。ロンドンは産業革命の影響で人口が増え、世界初の大都市となっていた。19世紀前半で人口は100万から250万に膨れ上がり、それに伴い交通の問題が手におえない状態になっていた。通りでは歩行者、貸し馬車、乗合馬車いずれもスペースを求めて張り合っていたのだ。

　ロンドン中心部には非常にみすぼらしい家がひしめいている。人びとは歩いて職場に行くしかないため、遠くには住めない。ロンドン市郊外に伸びる鉄道を作ればよい、とピアソンは考えた。だが、市の中心部は地下を走らせるようにしないと、家を取り壊さなければならなくなる。鉄道のおかげで人びとが市内の「貧民窟」よりはるかに良い環境に、空気が新鮮で庭つきの家に住めるようになってほしい。それがピアソンの願いだった。

　ピアソンは普通選挙、ユダヤ人の市民権、刑法改正といろいろな活動を行ってきたが、やがて地下鉄と呼ばれるようになる画期的な方法のパイオニアとして有名だ。1845年、彼は初めて行動に出た。パンフレットを作り、キングス・クロスとファリンドンの間にガラス屋根のある鉄道を提案した。その頃には、他の投資家たちも同じような考えを思いついていた。ロンドン中心部をぐるりと取り囲むリージェント運河をつぶして鉄道にという案もあれば、のちにニューヨークやシカゴで作られるような高架鉄道をという案もあった。また、ロンドンの周囲に「クリスタル鉄道」を作るというスマートな案もあった。線路は路面より高くするか低くし、店や住宅が立ち並ぶ並木道または歩道と組み合わせ、全体をガラスのアーケードで覆うというものだった。

　1840年代は鉄道建設がさかんに行われていた。ロンドン全体の中心となる駅

は、ロンドン市の端に位置するファリン
ドンにと提案されていたが、この案は街
の破壊を伴うからという理由で1846年に
却下された。その代わり、主要路線の駅
がロンドン中心部の端に作られた。だが
皮肉なことに、これが道の混雑ぶりをさ
らに悪化させてしまった。列車を降りた

> **最初の地下鉄を建設した
> ナヴィの人数**
>
> # 2,000人
>
> **機械を使わず、2年あまり
> で完成させた。**

人びとは皆中心部へと向かうからだ。地下鉄道で駅と駅を結ぶというピアソンの
構想なら、この問題を解決できるのは明らかだった。彼は計画を押し通し、ロン
ドン市から公債を手に入れ、既存の鉄道会社からも投資金を得た。1853年、彼
の計画は議会で承認された。鉄道のパイオニアにしては珍しく、ピアソンは自分
のプロジェクトで儲けようとは考えていなかった。

　メトロポリタン鉄道が設立されたのは1854年だが、主要路線の3つの駅
——パディントン、ユーストン、キングス・クロス——を結ぶ路線工事が始
まったのは1860年のはじめだった。この工事には開削工法と呼ばれる新しい方
法が用いられた。地表を掘って線路を敷き、トンネルで覆う。ただ、この方法だ
と地表レベルを大きく崩すことになるため、たいていは既存の道路に沿って鉄道
を敷くことになる。このルートの建設でおもしろい話がある。レンスター・ガー
デンズ23番地の家を取り壊さなければならなかったのだが、家のテラスが優雅
だったので正面部分だけは残し、その裏側に蒸気機関車のための通気口を設けた。
郵便配達人の間では、この住所に電報を届けるよう新米を行かせるいたずらが流
行っていた。

　地下に鉄道を建設するのは初めての試みだったが、大事故はわずか1度しか生
じなかった。1862年6月、フリート川の堤防が決壊し、深さ3mまで現場が水
浸しになったのだ。それでも工事は予定よりほんの数ヵ月遅れただけで、1863
年1月に全長7.5kmの路線が開通した。コストは100万ポンド、現在の5000万
ポンドに相当する。悲しいことにピアソンは前年9月に死去し、ファリントン駅
で開かれた開通を祝う豪華な祝宴に出られなかった。

　この新しいタイプの鉄道を利用しようという人がいるだろうか、と疑問視する
声があった。駅はガス灯のみで暗いうえに、蒸気機関車が牽引するため、特殊の
濃縮装置をつけていても、煙も蒸気も吐き出される。だが、不安は杞憂に終わっ

開削工法
1860年代、ロンドンの主要路線駅を結ぶメトロポリタン・ディストリクト鉄道を建設中のナヴィ。この開削工法は相当な道路交通の混乱を招いた。

地下へ　133

た。ロンドンっ子たちはこの新たな発明品——世界初の地下鉄道——をたいして不安も抱かずに試したのだ。タイムズ紙は「トンネルは暗くうるさい」だろうと警告していたが、開通初日の1863年1月10日にこの地下鉄を利用した勇気ある客は3万人にも上った。メトロポリタン鉄道はすぐに成功した。早朝は労働者用に安い列車を走らせ、これが非常に人気を博した。その後に乗車するのはロンドン市内で働く何千人もの事務員たちで、彼らはもう少し高い運賃を払える。こうして1日に3段階の運賃を設定し、列車はあらゆるタイプの乗客を惹きつけた。メトロポリタン鉄道はやがて世界中の地下鉄にメトロという名を与えることになる。〔英国ではチューブ、アンダーグラウンド、アメリカではサブウェイが一般的〕

　最初、メトロポリタン鉄道は車内禁煙にしようと考えていた。蒸気機関車だけでも空気が汚れるからなのだが、議会で不満をぶつけられ、結局禁煙には踏み切れなかった。実際、車内には煙が立ち込めていたため、駅のそばの薬局は煙にやられた乗客用のための万能薬という触れこみでメトロポリタン・ミックスなるものを売り出し、これがよく売れた（成分は香りの強い塩だった）。だが、煙たくても人びとは地下鉄を好んで利用した。その理由のひとつは安全だからだ。開

地下鉄の視察
大蔵大臣ウィリアム・グラッドストン（前列右）はメトロポリタン鉄道の理事や技師を引き連れ、開通1年前の1862年に路線を視察した。

通して間もない時期に大事故は一度も起きなかったばかりか、今日に至るまで、事故はほとんど起きていない。最初の地下鉄が開通してから12年間で、少なくとも年間7000万人が利用した。地下路線はまもなく地下鉄（アンダーグラウンド）と呼ばれるようになった。

「キングス・クロスからベイカー・ストリートまでの旅はちょっとした拷問である」
タイムズ紙社説 1884年

　最初の路線で成功を収めたメトロポリタン鉄道は、ほぼ間をおかずに路線拡大に着手した。キングス・クロスとファリンドンを結ぶ路線はさらにレールが2本作られ、市内にまで延長されてシティ・ワイデンド路線と呼ばれた。他の鉄道プロモーターたちも地下鉄への参入を狙い、地下鉄網拡大の分け前に預かれる会社が1つ選ばれた。メトロポリタン・ディストリクト鉄道（後のディストリクト線）だ。経営者はジェイムズ・スターツ・フォーブス、メトロポリタン鉄道の社長エドワード・ワトキンのライバルだった。2人はそれぞれ独自の地下鉄拡大計画に取り組んだとき、すでにライバル関係にあった。フォーブスはロンドン・チャタム・ドーバー鉄道会社を経営し、ワトキンはそのライバルであるケント州のサウス・イースタン鉄道の理事を務めていたのだ。

　それから30年間、競合する2社はロンドン北部へ、西部へと急速に地下鉄を拡大していった。両社の考え方は異なり、メトロポリタン鉄道はロンドン中心部からさらにメトロランド（1920年代から30年代に開発）へと路線を延長したのに対し、ディストリクト線は中心部に近いウィンブルドン、リッチモンド、イーリングまでしか延長しなかった。それでも、この2社が生み出すダイナミズムのおかげで地下鉄網はじきに市の境界線を越えて拡大し、地下鉄が建設された場所はどこでも新しい家が次々に建っていった。

　だが、メトロポリタン鉄道もディストリクト鉄道もそれぞれに功績を築いたにもかかわらず、両社が和解することはなく、どちらがサークル線を完成させるかでもめていた。これはロンドンにある主要路線ターミナルほぼすべてを結ぶ環状線なのだが、1884年の完成まで両社の争いは続いた。結局、両社共同でサークル線を経営することになったものの、ここでも競争があった。メトロポリタン鉄道は時計回り方向を、ディストリクト鉄道はその反対方向を受け持ち、切符も異なる。ロンドンを訪れた人びとはどちらの会社の切符売り場に行くかを選ばなければならず、選択を間違えると環状線をぐるりと回る羽目になった。

1890年、それまでの開削工法ではなく、地下を深く掘り進んだ初の「チューブ」線であるシティ・アンド・サウス・ロンドン鉄道が完成した〔開削工法によるものは地表を意味する「サーフェス」線と呼ばれた（厳密にはサブ・サーフェス）〕。この路線はストックウェルとシティ・オブ・ロンドンをテムズ川の下を通って結んでいた。地中深いトンネル内は換気が十分に行えないため、列車は蒸気ではなく電気を動力とすることになった。運賃が全区間一律の2ペンスだったため「タペニー（2ペンス）・チューブ」と呼ばれたこの路線も、開通後すぐに成功を収めたが、列車の窓がとても小さいのでサーディン缶の異名がついた。他のチューブ鉄道も間もなく後に続き、初期の地下鉄で最も成功するウォータールー・アンド・シティ線とセントラル線の2本が1900年までに開通した。

先駆的なプロモーターたちはその後も次々に地下鉄を開発していった。名を挙げるべきはチャールズ・ヤーキスだ。服役歴のあるアメリカ人で、かつてはシカゴの路面軌道を経営していた。彼は運輸に関して先見の明があった。既存路線、計画中の路線合わせてロンドン地下電気鉄道（UERL）の傘下としたのだ。ここには電化したディストリクト線やサークル線も含まれている。さらに彼は、わずか5年の間にピカデリー線、ベイカールー線、ノーザン線のハムステッド区間、そして深いチューブ線を3路線も建設した。ロンドンの中心部を通るチューブ線は1907年までに2路線を除いてすべて揃った。2路線とはヴィクトリア線（1968年開通、1972年完成）とジュビリー線（1979年開通、1999年に延長）である。

ヤーキスの後は新路線の建設よりもマーケティングで進歩が見られた。フランク・ピックは1906年UERLに就職し、社長のアルバート・スタンレー（後のアッシュフィールド男爵）と共に1940年まで会社の運営を行い、地下鉄の一般的なイメージを作り上げた。度が過ぎるほど勤勉なピックと戦略的なスタンレーは良いコンビだった。彼らが作った地下鉄のイメージは、今や世界中で定着している。

赤、青、白を使った丸のデザインがひとめで地下鉄のマークとわかるようになったのも、画期的な路線図が広まったのもピックの努力による。路線図を考案したのは電気技師として会社に雇われていたハリー・ベックで、彼は空き時間を利用して電気回路図をもとに路線図を作った。ピックはまた、ジョンストン・サンズという活字書体を地下鉄関連に使用し、有名無名のアーティストにポスターを描かせて宣伝し、新しい駅には最先端のデザインを採用した。いっぽう、スタンレーは政府を説得し、地下鉄を郊外に拡張する費用を捻出させた。彼とピック

地下鉄のマーク
フランク・ピックが定めた地下鉄のロゴは赤い丸で、1908年に初めて登場した。その後、デザイナーのエドワード・ジョンストンが的の模様に改良し、さらに変化を経て今日に至っている。

はUERLをほぼすべての地下鉄線とロンドンのバスを包含する巨大な組織にし、地下鉄が国有化された1933年から第二次大戦まではロンドン地域運輸公社を運営した。この時期が地下鉄の全盛期と広く見なされている。

　大戦後の地下鉄はなおざりにされ利用客が激減したが、1970年代からは息を吹き返し、現在は栄えている。先見の明のある人びとによって作られたロンドン地下鉄は、ただの輸送システムではない。ロンドンが今日の姿へと発展するためのメカニズムそのものでもあった。地下鉄のおかげで、人びとはピアソンが望んだとおり、郊外で暮らせるようになった。そしてロンドン中心部はコンパクトにまとまったまま、通いやすい場所となった。今日、ロンドン地下鉄は記録的な乗客数を誇っている。さらに現在ロンドンでは、東西方向に伸びて地下鉄全路線とつながるクロスレールが建設中で、これが完成すると地下鉄も恩恵を受け、負担がだいぶ軽くなるはずだ。

　ロンドン地下鉄はロンドンの象徴となった。ピアソンと彼に続く開発者たちのおかげで、ロンドンは地下に鉄道が走る世界初の都市となった。地表を走る鉄道に続き、またしても英国はパイオニアとなったのだ。他の国々が地下鉄建設に着手するのは19世紀末になってからで、二番手となったのはハンガリーのブダペストだ。ロンドンの地下鉄から30年あまり遅れて1896年に開通した。20世紀初頭にはパリ、ニューヨーク、ベルリンなど主要都市が後に続いた。今日ではアルメニアのエレバンからベネズエラのロス・テケスまで、世界のほとんどの主要都市が地下鉄を擁し、その路線は200本近くに上っている。

鉄道事故

鉄道の旅はとても安全だが、昔からそうだったわけではない。じつは「鉄の馬」を飼い馴らすまでに数世代もかかっている。この奇妙な獣は本来危険なものであり、さらにこれを危険な要素が数多く取り巻いている。昔ある鉄道員が言ったように「事故は偶然に起きるものではない（Accidents don't happen by accident）」のだ。列車そのものにも（特にブレーキに）問題があるうえに、信号の故障、レールの欠陥、人的ミス、会社の不手際など、責めるべきものは多々ある。今日では列車の旅は安全なのがあたりまえとみなされているので、どんな鉄道事故でもマスコミは騒ぎ立て、人びともおおいに関心を寄せる。だが、鉄道が始まって間もない頃、鉄道職員たちは命を落としても今ほどには注目されなかった。彼らは文字通り命がけで働いていたのだ。1860年代の英国では、毎年800人もの鉄道職員が亡くなっていた。事故で亡くなる乗客の10倍である。職員も乗客も死者数は当時から着実に減り続けているが、鉄道での作業、特に線路上での作業は今もなお危険を伴っている。

　鉄道事故はあまりに非情で容赦ないため、被害の大きさは死傷者数だけでは計れないことが多い。数値には反映されない精神的苦痛をももたらす。今なら心的外傷後ストレス障害（PTSD）と診断されるような苦痛だ。英国の作家チャールズ・ディケンズもこれに苦しめられた。彼は1865年、ケント州ステイプルハーストでの〔脱線〕事故に巻きこまれ、その後の自分の心情について書き記している。事故現場では気分の悪い人や死にかけている人の看護をし、彼の行動は非の打ちどころがなかった。「あのときは取り乱すようなことはまったくなかった」のだが、這うようにして自分の客車に戻ったところ、体の震えを止められなくなった。後日、事故の話を人にしているときもやはり同じ反応が出た。「事故のことを書いていても震えが生じ、ペンを置かざるを得ない」。ディケンズは精神的外傷から完全に回復することはなく、その後はずっと鉄道旅行を恐れていた。事故から5年後に彼は亡くなった。くしくも事故と同じ日だった。

　事故に肯定的な側面があるとすればただひとつ、事故がきっかけとなって安全

対策や方法が改善する場合だ。こうして得られた成果はしばしば「墓石テクノロジー」と呼ばれる。このプロセスの例は1842年、パリ～ヴェルサイユ間の列車がムードンで大事故を起こしたときまでさかのぼることができる。この事故の犠牲者のほとんどは脱線そのものではなく、客車に閉じこめられていたせいで亡くなった。客車を施錠するのは無賃乗車を防ぐためなのだが、これが災いし乗客は外に逃げ出せなかった。事故の後、客車は施錠されなくなった。1889年、北アイルランドのアーマーで悲惨な事故があったときも、鉄道視察団の権限を大きく強化する法が制定され、より良いブレーキ系も導入された。アーマーでの事故では死者の多くが子どもだったため、悲劇性がより高く、このような法制化の動きにつながった。もっとも、機知に富む当時の有名なシドニー・スミス牧師は、本当に効果のある変化をもたらすには貴族階級の人間が誰か死ぬのがいちばんだと言っている。「今まで我々は鉄道法規について無頓着でありすぎた。高い地位にいる人間が死亡すれば、すべてきちんとなり、水も漏らさぬ規定が作られるだろう」(彼は特に嫌っている主教をここでほのめかしている)

　今日ですら、保安監督員は「鉄道はもっと安全になれる。事故が起きるたびに、

アーマー鉄道事故
1889年6月12日、ブレーキの不十分な満員列車が急坂を上りきれず後方に滑っていき、後続列車と衝突した。乗客のほとんどは子どもで死者89人、負傷者何百人というアイルランド最悪の鉄道事故となった。

さらなる改良がなされる」と信じている。過去二、三十年の間にパワードアが設置され、乗客は自分でドアを開けることができなくなり、動いている列車に飛び乗ったり飛び降りたりする者がいなくなった。駅で発生する死傷者の半数はこうした愚行が原因だ、と1980年代に英国国鉄は報告している。だが、墓石テクノロジーがいつも適用されたわけではない。木造の客車は事故の際に火災になる危険性が高いと昔からわかっていた。1928年、英国のブリストル近くで衝突事故が生じたときは可燃性ガスが発火し、15人が死亡したのだが、英国では1945年以降まで木造客車は完全に廃止とはならなかった。技術的な欠陥も、他の要素と結びついて悲劇を引き起こすことがある。1981年、インドのビハールで起きた列車事故は、ブレーキ故障と鉄砲水が組み合わさった結果だと考えられている。列車は脱線し、800人の乗客を乗せたまま近くの川に落ちた。500人かそれ以上の死者を出したこの事故は、鉄道史上最悪の事故のひとつとなっている。

　列車そのものには問題がなくても、他の構造上の欠陥によって事故がもたらされることもある。レールを鉄から鋼鉄に切り替えて強靭になったものの、レールの継ぎ目板は弱点になる場合があった。パリの近く、ブレティニー=シュル=オルジュで2013年夏に起きた事故は、継ぎ目板の欠陥が原因だった（この事故で7人が死亡）。線路はそれを支える安全な構造があって初めて安全となる。スコットランドのテイ川には1878年に初めて鉄橋が架けられたが、この橋は非常に強い風に耐えられる設計にはなっていなかったため、建設から1年後、旅客列車が川に落ちるという悲劇が生じた。最悪の詩人として名を残したウィリアム・マクゴナガルは、この事故に関する詩を書いている。

2004年の津波による鉄道事故
2004年12月26日にインド洋で起きた地震で大津波が発生した。スリランカ南西部沿岸では列車が破壊された。

銀に輝く美しきテイ橋よ
嗚呼、なんと悲しきかな
90名の命が奪い去られた
1879年最後の安息日に
この惨事は後世まで語り継がれることになろう

　防ぎようのない事故もある。2004年12月26日、南アジア沿岸を襲った大地震と津波がその例だ。スリランカでは沿岸を走る鉄道で乗客1700人が死亡し、世界最悪の鉄道事故となった。逆に、人が故意に起こした「事故」もある。鉄道の破壊工作は一般的に行われ、特にアラビアのロレンスとして知られる英国陸軍大佐T. E. ロレンスはこれを好んで用いていた。フランスの鉄道員たちは第二次世界大戦中、ドイツに占領されていた時期の後半に自国の鉄道を破壊した。このような破壊工作員は英雄とみなされている。いっぽう、1947年パリ～リール間の幹線で21人が死亡した事故はフランス共産党員たちによる破壊工作だったのだが、このような場合はテロリストと一般的にみなされる。近年ではマドリード、ロンドン、ムンバイで駅や列車が襲撃されており、悪意を持つ人びとからの攻撃に鉄道が弱いことが示された。

　飛行機が墜落すればパイロットが責められる。機関士も同じだ（機関士は英国ではエンジン・ドライバーだが、アメリカではややこしいことにエンジニアと呼ばれている）。機関士の労働時間は、法律により上限が設けられるまで12時間かそれ以上にも及び、疲労が最大の問題となっていた。この慢性疲労症候群に悩まされたのは機関士だけではなかった。1988年、ロンドンのクラパム駅で生じた事故は、過労の信号修理員たちが招いたものだった。鉄道会社は労働時間を制限しようとするいかなる動きにも反発していた。1879年には、19時間も勤務し続けたあげくブレーキをかけそこねた車掌の例が国会喚問の場で報告されている。それから、機関士だとてプライベートな悩みを抱えることもある。1975年、43人の死者を出したロンドン地下鉄史上最悪の事故がムーアゲート駅で起きたが、これは運転手が自殺を企てたためというのが大方の見方だ。

　鉄道事故は過去数十年間に何千人もの死者を出しているが、いちばんの原因は

鉄道旅行で亡くなる人
約**50**kmごとに**1**人

ケイシー・ジョーンズの伝説
1950年、米国郵便公社は「アメリカの機関士たち」を称える一連の記念切手を発行した。ケイシー・ジョーンズもそのひとりとして名をとどめ、「鉄道員の英雄」と称された。

　スピードの出し過ぎだ。今日ではこれを防ぐための制御装置や、スピードを出し過ぎたとき運転手に知らせる警報システムが数多く存在しているが、それでもこの問題はなくなっていない。2013年夏にはスペイン北西部、サンティアゴ・デ・コンポステラ郊外で79人の死者を出す痛ましい事故が起きている。アメリカのある機関士はスピードの出し過ぎによる事故で死亡したが、のちにフォークソングで歌われるなどして伝説の人となった。彼の名はケイシー・ジョーンズ。優秀な機関士で、シカゴ・ファースト・メール号で「約束の地へと最後の旅に出た」。1900年4月、霧の出ている日に彼は遅れを取り戻そうと飛ばしていて、前方で立ち往生していた列車に衝突した。その衝撃でジョーンズは死亡したが、衝突間際にスピードを落としていたため、乗客も乗員も全員助かった。ウォーレス・サンダースは「ケイシー・ジョーンズのバラード」で次のように歌っている。

　　ケイシーはほほえみ、こう言った
　　気分は上々だ、あの列車で終着駅まで行ってくる
　　途中には尾根も橋も丘もある
　　蒸気は十分、定刻前に着くだろう

　幸い、列車の衝突事故は特に先進諸国ではますます減ってきている。鉄道事故のいちばんの原因は列車でも機関士でもなく、じつは車なのだ。アメリカでは全国に20万ほどの踏切があるため、他国よりはるかに深刻な問題となっている。アメリカでの鉄道事故は年間4000件、死者500人だが、死者のほとんどが列車の乗客ではなく車に乗っている人びとだ。公式報告書によると、列車と車の衝突事故の4分の3は「車の運転者が短気を起こした」のが原因だという。いくら踏切の設計を改良し、警告標識を現代化しても、こればかりは打つ手がほとんどない。列車の運転手はどんな小さな踏切でも必ず警笛を鳴らすことになっている。

だからアメリカではたびたび警笛の音が聞かれるのだ。大型トラックも鉄道に
とっては脅威となる。1997年、フランスの地方路線でディーゼル機関車がのろ
のろと進む石油タンクローリーを真っ二つにする事故があり、31人が死亡した。
鉄道の安全を誇るフランスで、これは最悪の鉄道事故となった。

　鉄道経営も法曹界では常にやり玉に挙げられてきた。19世紀、あるアメリカ
の弁護士が列車の正面衝突事故を手がけた際いみじくも言ったように、「こんな
運行方法はひどすぎる」というわけだ。初期の鉄道運行は計画性が欠けていた。
鉄道について誰も、何も知らなかったからだ。作家で土木技師の伝記作家でもあ
るL・T・C・ロルトの言葉を引用すると、「鉄道初期の運行方法を振り返ってみ
ると、重大な事故があまり起きていないことに気づかされる」。だが、組織的な
危険性は過去数十年の間に高まりつつある。というのも、鉄道会社は線路の保守
点検を外部に委託し、目標達成や時間の正確さ、そして当然ながらコスト減をま
すます優先させているからだ。現代のヨーロッパでは、会社のこうした姿勢がき
わめて重大な事故を招いている。1998年6月、ドイツの高速鉄道で機関車から
切り離された客車が脱線し、乗客101人が死亡した。当時ドイツは高速鉄道で
ヨーロッパのトップに立っているフランスに追いつこうと必死で、サスペンショ
ンのバランスの取り方にしても、車輪の設計や、線路に弾力性を持たせるやり方
にしても、手っ取り早い方法をとっていた。ドイツ鉄道はこの点について警告を
受けていながら無視していた。おそらくプライドと、高速鉄道導入計画を遅らせ
たくない気持ちと両方あったためだろう。

　現代の鉄道が抱える組織的な問題として最悪なのは、1990年代に英国国有鉄
道の民営化によりもたらされたものだと言えるだろう。死者を出した事故もいく
つかある。英国国有鉄道は94の組織に置き換えられたのだが、その多くは経験の
ない幹部が経営していた。保線作業もさまざまな会社に外部委託され、その至ら
ぬ仕事ぶりが2000年、ロンドン北部ハットフィールドでの衝突事故を招いた。こ
のときは乗客4人が死亡、70人が負傷している。事故調査の結果、民営の保線会
社の不手際が原因と判明し、英国内の鉄道は1年以上もの間、時速わずか32km
での走行を余儀なくされた。利用客も鉄道会社もとんだとばっちりを受けたのだ。
この事故を受け、保線業務の一部は2002年に再び国有化されることになった。

　21世紀に入っても鉄道はさまざまな弱さを露呈しているが、技術の進歩によ
り、統計的には最も安全で環境に優しい旅行手段となっている。

列車を止める

鉄道の揺籃期には、列車のブレーキは単純な木のブロックで、1編成の列車の数ヵ所に手動でブロックを車輪に押さえつけて止めていた。だが、列車の速度が増すにつれ、より短い距離で列車を止められる効果的なブレーキが必要となっていった。機関士の操作ひとつで列車全体にブレーキをかけるためにさまざまな方法が試みられ、1875年には最善の方法を見い出そうと英国で競争が行われた。ニューアーク・トライアルと呼ばれるこの競争で快勝したのはウェスティングハウスが開発した自動空気ブレーキで、アメリカではこれが広く採用されていた。英国では最初のうち、より性能の劣る真空ブレーキが使われていたが、このトライアル以降、空気ブレーキは世界中で標準的なブレーキとなっていった。

制輪子

最初に作られた制輪子〔車輪に押し当て制動力を得る部品〕は単純なものだったが、やがて貫通ブレーキが誕生する。各車両にブレーキ装置が取りつけられ、列車全体に通したロープ、チェーン、パイプなどを機関車で制御するしくみだ。木のブロックはひとつまたは複数のレバーでブレーキシリンダーと車輪の間に挟みこまれる。技術の進歩に伴い、鋳鉄製のブロックがしばしば使われるようになった。今日ではさまざまな複合材料で作られているが、鋳鉄製もいまだに広く使われている。

ノーフォーク・アンド・ウエスタン鉄道　No.521の制輪子(1958)

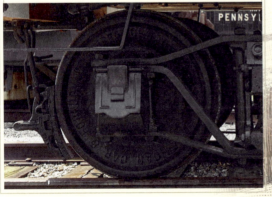

列車を止める　145

危険な仕事
機関車だけでブレーキをコントロールできるようになるまでは、多くの列車が緩急車〔ブレーキ装置のある車両〕を有していた。ねじ式の手ブレーキを制動手が操作するもので、機関士が汽笛でブレーキをかける合図を出した。

空気ブレーキのしくみ

「ブレーキ戦争」が行われていた1870年代、空気ブレーキは時速80kmで走っている列車を真空ブレーキの半分の時間で止めることができた。しかも、制動距離〔ブレーキを操作してから停止するまでに進む距離〕は真空ブレーキの450mに対し、ウェスティングハウスの自動空気ブレーキは237mと、安全面でかなり有利だった。今日、空気ブレーキは世界中で標準的なブレーキとして使われている。圧縮空気を利用して制輪子を駆動するしくみだ。

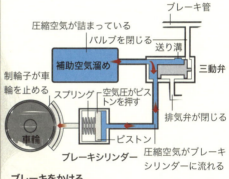

ブレーキをかける
機関士はポンプで圧縮された空気を操作し、三動弁によってブレーキを制御する。ブレーキをかけるときは圧縮空気がブレーキ管に放出され、空気圧でブレーキシリンダー内のピストンがスプリングを押し、制輪子を車輪に押しつける。

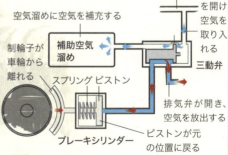

ブレーキを解除する
機関士がブレーキ弁を開けると空気がブレーキ管から出てくる。空気が排気口から放出されるとブレーキシリンダー内のスプリングがピストンを押し戻し、制輪子が車輪から離れる。その間に補助空気溜めは再び満たされる。

乗車体験

　鉄道初期の時代、列車の旅は快適ではなかった。ヨーロッパでは、どの鉄道も客車は粗末なものでトイレはなく、駅馬車を基にしたデザインだった。コンパートメントは6人が向かい合って座る形で、両側にドアがある。客車はいわば、基本的なサスペンション方式の2本の車軸で支えられた部屋という感じだ。上部構造はほとんど木材で作られ、したがって火事の危険があり、事故の際に身を守るという意味ではほとんど役に立たなかった。

　リヴァプール・アンド・マンチェスター鉄道その他の初期鉄道では、運賃に差があった。少し多めに払える客、払ってもよいと考える客は郵便車両の席を手に入れた。この車両には座り心地のよい座席が2つ隅にあるだけで、他の車両よりもプライバシーが得られる。逆に、最低運賃の場合は展望遊覧バス形式の無蓋貨車が割り当てられ、天気が悪ければ雨風にさらされる。鉄道旅行が広まるにつれ、客車に差がつけられていった。安い切符は箱のような無蓋貨車で、床に排水用の穴が開けられている。座席はない場合が多い。このような客車はヨーロッパ全域の多くの鉄道で使われ、乗客は非常に乗り心地の悪い旅を強いられていた。幸い、この無蓋貨車は快適とはほど遠いうえに危険すぎるとみなされ、じきに姿を消した。その代わりに登場したのは、二等・三等用に作られたコンパートメント形式の客車だ。一等車と比べて足を伸ばすスペースが少なく、座席もはるかに固い。

　シベリア横断鉄道には「高級車」用の料金があり、乗員はたん壺を空にし、室温を心地よい14度に保つよう指示されていた。だが、実のところ、顧客サービスはこの鉄道の強みとはならなかった。遅延は日常茶飯事で、駅に着くたびに農民たちは先を争って車両から降車し、プラットホームでスープを煮る。それがさらに遅れを助長する。他の乗客は食堂車を利用したが、ここでの食事は現地時間を無視し、あくまでもモスクワ時間に合わせて出される（この鉄道は7つの時間帯をまたいでいる）。したがって東部に近くなると、乗客は午後2時に朝食を、夜中の3時に夕食をとる羽目になった。

　本当に裕福な者には、自分の乗り物を持ちこむという方法もあった。貴族は自

三等客車（風刺画）
フランスの挿絵画家オノレ・ドーミエの作品。冷凍タラのようにかちかちに硬直した三等車の客をポーターが運び出している。

分の馬車で駅に行き、枠のない貨車に馬車を乗せ、鎖で固定する。今日、一部の鉄道では乗用車ごと乗ることができるが、それと同じようなものだ。こうして上流階級は一般大衆が使うクッションで自分のペチコートやズボンを汚さずにすんだが、彼らとて初期の鉄道にはつきものの煙と灰を避けるわけにはいかなかった。暑い時期には窓を開けて服をだめにするか、窓を閉めて暑さに耐えるか、乗客は苦しい選択を迫られる。英国の社会改革主義者で奴隷廃止論者でもあるハリエット・マーティノーは、アメリカを旅行中に火の粉のせいでドレスに13個も穴が開いたと激怒した。

　初期の時代、どの等級でも車両は激しく揺れていた。スプリングはないか、あっても弱く、短いレールを使った線路はでこぼこしていた。さらに客車と客車をつなぐ連結装置には鎖が使われ、強固なものではなかった。列車が発車したりスピードを落としたりするたびに、乗客は席から放り出される。客車同士がぶつからないようにするブレーキ機構はなく、上級車両の座席は詰め物をしてあった

ものの、乗り心地が悪いという裕福な乗客からの不満の声は絶えることがなかった。走行速度が遅かったのが救いだが、連結用の鎖が切れ、運の悪い乗客が取り残されることがあった。このため、まもなく最後尾の客車に赤いライトが取りつけられた。このライトのない列車は、車両を一部どこかに落としてきたと信号手は判断できる。

　コンパートメント形式は乗客にとって乗り降りは楽だが、列車内を歩けないためトイレも使えず、軽食を手に入れることもできない。長旅となると、列車は中間駅で停車し「コンフォート・ブレイク」〔トイレ休憩の婉曲的表現〕や食事の時間を取らざるを得なかった。この表現が使われるのは20世紀に入ってからだ。大西洋を渡ったアメリカでは、とっくにこの方法がとられていた。客車の設計も最初からヨーロッパとは異なっていた。アメリカの初期の客車はヨーロッパのよりも実用的で、その多くは乗り心地もましだった。1つの車両が長く、コンパートメントではなくオープンプランで、なかには駅馬車ではなく、運河用船舶を基に設計されたものもあった。こうしたデザインはアメリカ人の平等の精神を反映したものだ（平等といっても、もちろん白人の間だけに通用するもので、黒人の乗客は20世紀後半になるまで差別を受けていた）。また、一部の客車には壁も天井

客車の内部
英国の画家トーマス・マスグレイブ・ジョイの作品(1861年)。
タイトルは「切符を拝見します」。客でぎっしり埋まった三等
車に車掌が入ろうとしているところを描いている。

もない屋上席もあったが、これはじきに
廃止された。

アメリカの客車は乗合馬車を長くした
ような作りで、最高50人まで座れる。座
席は2人掛けで、背は向きを変えること

アメリカの鉄道総延長
4,500 km (1840年)

ができ、座り心地はまずまずだ。鉄道の誕生当初からトイレ用の小さな部屋があっ
た。床に穴があり、そこから線路にじかに用を足す仕組みだった。ただ、輪軸が
比較的狭い間隔で取りつけてあるため、客車の後方部は揺れが大きく、めまいや
吐き気を覚える者が特に子どもの間で多かった。初期の車両には車輪がわずか4
つしかなかったため、この問題をどうすることもできなかったが、やがて車両は
6輪になり、さらに8輪となって安定性の問題は大きく改善した。

作家のチャールズ・ディケンズは英国の鉄道をよく利用していた。1842年に
アメリカを訪れた彼は、この国の鉄道を見下す記述をしている。ボストン・アン
ド・ローウェル鉄道に乗っていたとき、等級に分かれていない客車に彼は戸惑っ
た。「我が国のような一等車、二等車というものがなく、代わりに男性用車両と
女性用車両がある。その主な違いは、男性用車両では誰もがタバコを吸い、女性
用車両では誰も吸わないことだ」。彼はまた、「ネグロ」用車両があり、それは「あ
きれるほど下手な作りの箱」だと記している。ディケンズはアメリカ人のつばを
吐く習慣を特に不快に感じていた —— 客車の中央通路を「細長いたん壺」と表
現した作家もいるほどだった。同席した乗客になれなれしく話しかけられ、しか
も政治の話をされ、哀れなディケンズは凍りついていた。乗客はこの著名な英国
人が見知らぬ人に話しかけるのをよしとせず、話題の選択にうるさいことにまっ
たく気づいていなかったのだ。

冬期にはだるまストーブが焚かれた。これは一つ間違えば恐ろしい火事を招く
うえに、ディケンズによると客室の空気は「煙の亡霊」に満ちていたという。ス
トーブに近い席は暑すぎ、遠い席はちっとも暖かくない。明かりも不十分だった。
最初はろうそくを入れたランタンで、火が消えていないか車掌が見て回っていた。
ランタンは各座席のすぐ上に取りつけられていたが、光は弱かった。1860年代
までには石油ランプになり、天井から吊り下げられ、客車全体を照らせるほど明
るくなったが、これもまた火事の危険があった。

オープンプラン式のおかげで、アメリカの列車は行商人たちを惹きつけた。彼

らは車内で読み物や飲食物を売り歩いた。最初のうちは、稼げる場所を見つけた若者が独自に行商していたが、のちに彼らは鉄道会社から正式に認可された。行商人の多くは巨大なユニオン・ニュース社に所属し、その日の新聞や雑誌、菓子、瓶入りソーダ水、タバコを売っていた。彼らは客車に入ると裏声で到着を告げ、商品をまとめてひとつの単語のように発音する。「キャンディーシガレッツシガーズ」、「ニューズペーパーマガジンズ」といった具合だ。ディケンズより何年かのちにアメリカを旅した英国の作家ロバート・ルイス・スティーブンソンは、若い商売人を見て強い印象を受けた。彼は「石鹸、タオル、ブリキの洗面器、コーヒーを入れたブリキの水差し、コーヒー、紅茶、砂糖、そのまま食べられる缶詰、たいていは肉の細切れ料理かベーコン・ビーンズ」まで売っていると驚き、英国の列車よりずっと楽しいと書き記している。だが、行商人はどこでも歓迎されていたわけではなく、なかには詐欺を働く者もいた。普通は25セントで売っている製本の雑な小説を、中に10ドル紙幣が入っているものがあると言って倍の値段で売りつけるなどは常套手段だった。

　アメリカのオープンプラン・モデルは、ヨーロッパとの違いをもうひとつ生み出した。車掌が車内を通り、検札や切符の販売を行うほか、車内の秩序を保つ働きもするという点だ。車掌は怖い存在だった。毎日、または毎週同じ列車で勤務することが多く、常連客はもちろんのこと、他の客にまでよく知られるようになった。なかでも代表的なのはヘンリー・エイヤース、人びとには「ポピー」と呼ばれていた人物で、「巨大な、本物のテディ・ベアのような男で、体重は300ポンド（約140kg）近くもあり……優しく、だが脅威を与えつつ客のそばをうろうろしていた」という。エイヤースが有名になったのは、緊急用コード〔緊急時に客が引いて列車を止めさせる〕の使用について、エリー鉄道の機関士と激しく口論したからだ。機関士は車掌に列車の最終的な権限を認めようとしなかったのだが、エイヤースは彼を言い負かし、これを鉄道の慣例とさせた。彼が認めさせた車掌の権限は今日もなお、世界中で認められている。エイヤースはエリー鉄道で30年間勤

車掌のバッジ
車掌は会社のバッジを制服につけていた。これはボルティモア・アンド・オハイオ鉄道のもの(1880年)。

豪華な旅
1870年、アメリカの鉄道で使われていた客車。
豪華なインテリアは優雅な応接間のようだ。

務した。駅に傘を忘れた老婦人のために傘を送る手配をしたと電報を打った、と彼は好んで人に語っていたが、遺失物は荷物専用車に放りこまれるものであり、エイヤースはそこから傘を回収して次の駅で恐縮する持ち主に渡しただけというのがじつのところだった。

　初期の時代、鉄道の旅はヨーロッパよりもアメリカのほうがましだった。乗客が車内を歩き回ることができたからだ。最後尾の車両には外に出られるエリアもあり、夏には新鮮な空気を吸うことができた。最初の頃は客車間の連結部を客が渡るのは難しすぎたが、じきに改良され、人びとは列車全体を行き来できるようになった。ヨーロッパの客車が乗客用通路を設けるようになるのは19世紀も4分の3を過ぎてからだった。通路の配置はアメリカとは異なり、客車の片側に作られた。最初は車両の外部につけられ、鉄道員や怖いもの知らずの乗客だけが使用していたが、その後は車内に作られるようになった。通路は快適さの面で意義ある進歩となった。おかげで乗客はトイレにも食堂車にも行けるようになった。つまり、列車はもはやコンフォート・ブレイクのために中間駅で止まる必要がなくなったのだ。車内通路は一般的となったが、コンパートメント・タイプの客車はヨーロッパの一部の地方鉄道や通勤鉄道では20世紀末近くまで使われていた。

ポイントと待避線

ポイント（分岐器）と呼ばれる装置は、ある線路を別の線路に接続するものである。先が細くなった一対の可動レールを動かし、必要に応じて列車を別の線路に導く。単線ではこれを使って列車を待避線に入れ、他の列車の通過待ちを行う。これを列車交換と言う。待避線とは側線の一種で、側線とは本線から分岐した線路すべてを指し、列車の入換、検修、操車、貨物の積み下ろしなどさまざまな用途に使用される。

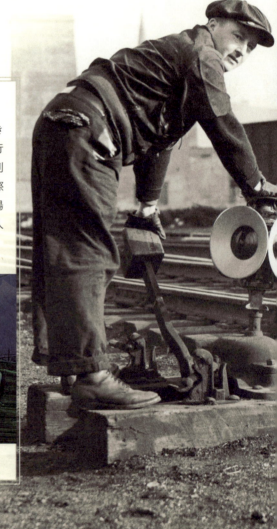

ポイントを切り替える
ポイントの制御は以前から信号扱所で行われていたが、一部のポイント（特に待避線や貨物操車場に列車を入れるポイント）は20世紀に入ってもなお、現場での手動による切り替えが必要だった。

線路を共有する

同じ線を列車が何本も走行できるのは行き違い線のおかげだ。この線は主に駅で急行の通過待ちとして使用されるほか、貨物列車が走行速度の速い旅客列車を先に通す際の待避用としても使用される。いかなる場合でも待避線には1度に1本の列車しか入れず、安全信号がこれを管理している。

待避線で他の列車の通過待ちをする貨物列車

ポイントと待避線　153

線路を切り替える

ポイント装置は現代の鉄道における重要な要素だ。1832年、英国人技師チャールズ・フォックスが発明した。ポイントの切り替えは転てつ棒に接続したレバーを操作して行い、ポイントを1本の線路から別の線路に移動させる。現在ではほとんどのポイントが電動式だが、一部の路線、特に地下鉄では空気式も使われている。

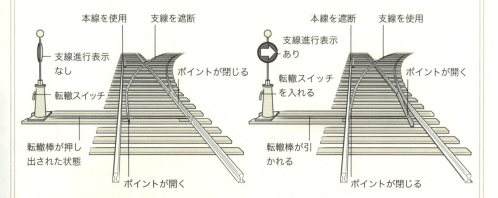

本線を使用する場合
レバーで転てつ棒を押しこむと可動レールが右に移動し、左の先端は線路から離れ、右の先端は線路に平行となる。

支線に切り替える場合
レバーで転轍棒を引くと可動レールが左に移動し、左の先端は線路と接触し、右の先端は線路から離れる。信号は右側の支線を使用と示している。

信号扱所

信号扱所は入ってくる列車や出て行く列車に信号を送り、ポイントを開閉して列車の交通整理を行う中枢部だ。信号やポイントを作動するレバー・フレームは何本もあるが、信号手ひとりですべてを管理できる。

蒸気機関の聖堂

　18 30年代から約70年間は鉄道の時代として一般的に知られている。だが、鉄道駅の時代と呼んだ方がふさわしいかもしれない。旅行者にとって駅は非常に目につきやすく、その地を初めて訪れた者が真っ先に足を踏み入れるのが駅だからだ。

　鉄道は人びとの生活に大きな変革をもたらし、スピードや騒音、雑踏といったまったく新しい世界が始まった。馬を使ったのどかな旅に慣れていた人びとにとって、それはかなり恐ろしい世界だったろう。ほとんどの旅人は線路や橋、高架橋、切り通しなどを実現させた工学のすばらしさに気づいていないが、駅は人を鉄道と結びつける接点だ。初めての旅を前にして人は不安に陥る。したがって、駅はどっしりとした造りで、心を癒す香油にも似た雰囲気を醸し出す必要がある。しかも、鉄道会社の重要性を反映し、駅の所在地である町や地域社会の特徴がひとめでわかるような建物である必要もある。

　1830年に鉄道が誕生してからわずか10年で、「蒸気機関の聖堂」と呼ぶにふさわしい駅が4つ建設された。その先鞭をつけたのは近代的な長距離鉄道を開発した2人、ロバート・スティーブンソンとイザムバード・キングダム・ブルネルだ。ロンドン・アンド・バーミンガム線を手がけたスティーブンソンは、この鉄道の始発駅と終着駅は自分のみごとな工学の成果にふさわしいものにしようと決め、著名な建築家フィリップ・ハードウィックを雇った。ハードウィックはバーミンガムのカーゾン・ストリートには格調高いギリシア様式の建物を、ロンドンのユーストンには壮麗なグレート・ホールを建設した。このホールの階上には世界初の会議場が設けられた。ただ、重厚なドーリア式のアーチが駅正面にあるため、ホールの優雅さが見劣りしてしまうのが残念だ。

　ブルネルも負けていない。1850年代前半、著名な建築家マシュー・ディグビー・ワイアットと共同で、ロンドンにパディントン駅を建設した。ブルネルは天井がガラス張りの画期的な機関庫を、ワイアットは駅舎と美しいルネサンス様式のグレート・ウエスタン・ホテルを作った。このホテルは130室あり、当時は英国最

大のホテルだった。ホテルと駅舎と機関庫という組み合わせは他の多くの駅のモデルとなる。その魅力を最大に生かしたのはロンドンのセント・パンクラス駅だ。ネオゴシックのホテルとガラス屋根の機関庫は他に類を見ないほど対照的で、規模も世界最大だった。

　鉄道駅は新たな鉄道の時代の聖堂というだけではなかった。市庁舎と共に、駅はその町の特徴を示す典型となったのだ。建築家は鉄道会社の意向を忠実に汲み取っていたが、建築様式はさまざまだった。どの国でも駅に「内なる自分」が反映されていたからだ。スコットランドではハイランド〔スコットランド北部〕の特徴が生かされた。ドイツでは重厚なゲルマン様式が好まれ、スペインとポルトガルではかつてのムーア式を思わせるものとなり、アメリカではさらに多様な様式が取り入れられた。鉄道史家ルシアス・ビーブはやや誇張ぎみにこう書き記している。「乗客は物語の世界に連れて行かれる。ギリシアの神殿、ムーア式のアーチ、フランスの 城〔シャトー〕、エジプト王家の墓、トルコのモスク、パラディオ式のポーチ、ゴシック様式の城、イタリアの宮殿〔パラッツォ〕」。ベルギーの美しいアントワープ・セントラル駅にはさまざまな建築様式が混在しているため、分類は不可能だ。いっぽう、20世紀初頭に作られたニュージーランドのダニーデン駅には、フランドル地方の建築様式がはっきり見て取れる。様式がなんであれ、保守的な人びとは新しい駅の建物を嫌った。19世紀英国の芸術評論家ジョン・ラスキンは、建築美を装う駅に愕然としていた。彼にとって駅とは工業の象徴にすぎず、忌まわしいものであった。

　荘厳な蒸気機関の聖堂は、19世紀に世界各地で作られた多数の駅のごくわずかにすぎない。もっと小型の駅は、その地方の建築を生かした好例となっているものが多く、鉄道会社が駅を規格化することもあった。フランス西部のほぼ全域に見られる美しい邸宅風の駅などはその例だ。ロシアのシベリア横断鉄道の駅は5等級に分かれていた。最高クラスの駅は煉瓦造りで、待合室は暖房が効いている。最低クラスの駅は雨風をしのげる掘立小屋と大差ない。

　アメリカの駅は町の中心部に作られるのが一般的だった。鉄道が通っているからこそ存在できるという小さな町が何千とあり、そういう町では鉄道がメインストリートを走っていることが多かった。駅はコミュニティの中心であり、「引退した紳

「鉄道終着駅は栄光への門であり、未知の世界への門でもある」

E・M・フォースター 作家 1910

士、あらゆる暇人、話し好きな人、単純素朴な哲学者」たちが大勢集まっていた。いっぽうヨーロッパの一部の都市では、中心部に鉄道や駅を作るのに強く反対する人びともいたのだが、それでも英国のヨークでは鉄の馬のために歴史の古い城壁を一部取り壊し、ドイツのケルンでは古い大聖堂の隣に駅を建てさせた。鉄道会社が独自に町を作ることもあった。鉄道を作り、保線作業を続けるには巨大な作業場が必要で、そのため自然に町が出来上がっていったのだ。

　欧米以外の国々では、駅の形も大きさも宗主国またはヨーロッパからの移民の趣味が反映されることが多かった。カナダの駅はフランスとスコットランドの特徴がみごとに混ざり合っている。インドの駅とそれに付随する機関庫などの建物は、英国人が計画した複雑な社会・産業構造の一部をなしている。その最もみごとな例は1888年に完成したムンバイのヴィクトリア終着駅（現在はチャトラパティ・シヴァージー終着駅と改名）だ。いっぽう、南米では建築のルーツがまちまちで、アルゼンチンではたいていの駅が英国資本で作られたため、出資者の趣味が反映さ

ヴィクトリア・ターミナス（終着駅）、ムンバイ
1910年に撮影された壮麗なるヴィクトリア・ターミナスは、ロンドンのセント・パンクラス駅をモデルにした。今日でも使用されている。

れているのに対し、隣のウルグアイは国民が自身のスタイルで駅を作っている。また、駅は勝利主義の犠牲になることもあった。1871年、フランスからアルザス＝ロレーヌ地方を手に入れたプロイセン王国は、ロレーヌのメッスに作った新しい駅に独自のデザインを押しつけ、ゲルマン民族の戦士の銅像まで建てさせた。

　鉄道駅は別れと再会の場でもあった。特に戦時中は、ロンドンのウォータールー駅やパリ東駅から西部戦線へと大勢の兵士が旅立ち、見送る者も出兵する者も忘れられないひとときを駅で過ごした。1939年にはヨーロッパ各地で何百万人もの子どもが鉄道で疎開し、駅には我が子を列車に乗せて見送る親の哀しい姿があふれていた。強い感情を呼び覚ます駅は映画にも登場する。小さな田舎駅を舞台に家族の再会を描いた『若草の祈り』から、駅のカフェを舞台に男女の出会いと別れを描いた『逢びき』まで。ルイ・リュミエールが製作した世界初の映画『駅に入ってくる列車』は、カメラに向かってまっすぐ走ってくる列車を描いたもので、一部の観客は恐れをなして逃げたという。駅からインスピレーションを得た芸術家もいる。クロード・モネはサン・ラザール駅で一連の作品を制作した。駅のすぐ上にはカフェがあり、彼はここで印象派の仲間の画家とよく会っていた。

　さらに、駅は新たな市場も生み出した。英国のW・H・スミスとフランスのアシェットは、鉄道旅行用の読み物を提供するために設立された2大会社だ。こうして誕生した「鉄道小説」は、見下されていたが人気は高かった。だが、駅には大きな問題がひとつあった。食事だ。食堂車やビュッフェ車など特殊車両が登場するまでの半世紀間、乗客は駅で軽いものをつまむか、きちんとした食事を大急ぎでとらなければならなかった。このようなサービスを提供する施設のオーナーたちは、当然ながらその独占権から甘い汁を吸っていた。だが、駅での食事についてはヨーロッパ、特にフランスが進んでいた。イアン・フレミングの小説『ゴールドフィンガー』で、ジェームズ・ボンドは鉄道のホテルに泊まっている。「駅のビュッフェがうまい確率は50％以上」だからだ。今日、パリのリヨン駅の豪華なレストラン「ル・トラン・ブルー」やニューヨークのグランド・セントラル駅にある「オイスター・バー」は有名だ。

　19世紀末までに、駅の建築家も雇い主の鉄道会社も、新たなデザインを作るだけでなく、建造物によって政治的、社会的、または民族的なビジョンを表現できるという自信を深めていた。1919年、エリエル・サーリネンがヘルシンキに設計した駅は、すっきりしたラインの近代主義的な建物で、モダニズムの到来を

告げると同時に、フィンランドがロシアから勝ち得た独立（1917年）を高らか
に宣言するものでもあった。第一次世界大戦後、フランスが田舎の駅に数多く見
られるノルマンディー様式やブルターニュ様式を誇りにするいっぽうで、フラン
ス領カタルーニャのペルピニャンではスペインのシュルレアリスムの芸術家サル
バドール・ダリの銅像が建てられた。1930年、イタリアのミラノに新しくでき
た駅は、ムッソリーニの偉大なるファシスト宣言そのものであった。

　第二次世界大戦中に多くの立派な駅が破壊されたが、戦後の再建計画には本物
の聖堂と言える最後の駅、ローマ・テルミニが含まれていた。だが、自動車の普
及により、駅はさびれていった。多くの国で鉄道は規模を縮小し、一部の路線や
駅は永久に閉鎖された。建て直された駅もあるが、取り壊された駅もある。最も
惜しまれる犠牲者となったのは、ニューヨークのペン・セントラル駅だ。〔1963
年に解体、これを契機に歴史的建造物保存運動が高まり、2年後に保存条例が制定された〕最
悪の鉄道破壊はベルギーだった。ベルギーの鉄道はブリュッセル中心部を通って
南北の駅とつながっていたため、町は永久に消えない傷を負った。だが、使用さ
れない駅が他の目的のために改造された例もある。パリのオルセー駅は今やオル
セー美術館となり、英国のマンチェスター・セントラル駅は会議場・コンサート
会場となった。アメリカでは、セントルイスなど一部の立派なユニオン駅がショッ
ピングセンター、ホテル、娯楽の総合施設として生き残った。

　1960年代の自動車ブーム期に解体を免れた駅の多くは、かつての面影を残し
たまま繁栄している。ロンドンのセント・パンクラス駅は列車も駅も復活した
みごとな例だ。この駅は20世紀末までは壊れかけた名建築として知られていた。
ホテルの残骸と、埃の積もったプラットホームだけが残っていた駅舎はその後に
修復工事が行われ（2007年に完了）今日では他の駅をはるかにしのぐ存在となっ
ている。スペインのマドリードにあるアトーチャ駅は、もともとフランス人技師
ギュスターヴ・エッフェルの協力で設計されたのだが、人目を引くメイン・ホー
ルが1990年代に巨大な植物園になったのだ。ここにはカメまでいる。セント・
パンクラス駅、ニューヨークのグランド・セントラル駅、日本の京都駅、ドイツ
のベルリン中央駅、カナダのトロント・ユニオン駅などは、もはや旅行者が通り
過ぎるだけの駅ではない。駅そのものが旅の目的地となっている。

蒸気機関の聖堂　159

グランド・セントラル駅
ここに示されているのはニューヨーク、マンハッタンのグランド・セントラル駅のコンコース（1930年）。忠実に復元されたおかげで、今日でも当時の面影がはっきり見て取れる。

鉄道と電信信号

電信システムは鉄道の信号保安を一変させた。これにより、鉄道会社は列車が駅に到着する前にメッセージを送ることが可能となった。最初の電信機を試作したのはアメリカの発明家サミュエル・モールスだ。のちに英国のクックとホイートストンが5針式電信機を発明し、1838年に自国のグレート・ウエスタン鉄道で採用され、初めて商用として使われるようになった。1845年、電信システムは英国の殺人犯ジョン・タウェルの逮捕におおいに役立った。タウェルがスラウ駅で列車に乗りこんだという目撃情報が寄せられ、列車が次の停車駅パディントンに到着しないうちに電信によってその情報が駅に送られたのだ。タウェルはパディントンで逮捕された。華々しい活躍をした電信はさらに普及していった。いっぽう、モールスの電信機は1844年、ボルティモアからワシントンDCに「神が創りたまいしもの」という聖書の一節を打電し、アメリカの鉄道に革命をもたらすことになった。

5針式電信機

発明家ウィリアム・フォザーギル・クックと科学者チャールズ・ホイートストンは1837年、開発した5針式電信機の特許を取得した。受信機には5本の針があり、電磁コイルによって左右に動く。文字は2本の電線を流れる2つの電流によって1字ずつ送られ、受信機の針が右か左に揺れることでボード上の文字を指し示すしくみだ。アルファベット26字のうちC、J、Q、U、X、Zの6字は省かれているため、殺人犯タウェルを見分ける際に混乱を招いた。彼はKWAKERコートを着ている、と表示されたのだ。正しくはQUAKER（クエーカー）だった。

クックとホイートストンが発明した
5針式電信機(1837年)

メッセージを読む

5針式電信機は符号の知識をまったく必要としないため人気があった。受信機のボードにダイヤ型に並ぶ20の文字のひとつを2本の針が示すからだ。後年、針の数は5本から2本となり、さらに1本となった。針が減っていった理由は主に劣化した電線の交換費用を安く抑えるためだった。だが、針の本数が減るにつれ複雑な符号の知識が必要となり、電信は専門職となっていった。

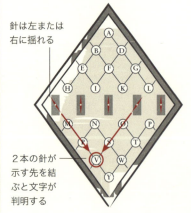

鉄道と電信信号

モールス電信機

モールスが1835年に発明した最初の電信機は、電磁振り子に鉛筆の先端部が取りつけられていた。彼の協力者アルフレッド・ヴェイルはレバーと接極子を使い、点と線から成る符号（モールス符号の先駆け）を印刷できるよう提案した。1838年に送信されたメッセージは「辛抱強く待つ者はけっして負けない」だった。この電信システムは1840年の特許取得後まもなくアメリカ国内で鉄道の信号保安にも一般人にも使われるようになり、新たに敷設された線路に沿って電柱が立てられた。針式電信機よりも安く、使い方もシンプルで、音響器による受信が可能となってからさらに利用が拡大した。

モールス・キー・サウンダー（1875年）
モールス式電信は1本の電線と1つの接地を有し、単流のスイッチをオンとオフにして点と線の符号を送るものだった。

電線の修理
電線を修理している保線工手。1932年、英国エセックス州ビレリッケイにて。鉄道の信号保安に電信は欠かすことができず、1970年代まで使われていた。

独占と鉄道王

　国有鉄道や大規模な鉄道会社の独占といったものに慣れている今日の私たちには、初期の鉄道が何百もの小企業から成り立ち、それぞれがごく限られた地方で操業していたとは想像しがたいだろう。地方の実業家たちは壮大なビジョンがあったわけではなく、主に自社製品の輸送を向上させるために鉄道を作っていた。だが、鉄道が拡大するにつれ、彼らはより野心的な視野を持つようになった。まさに規模の経済そのものだった。乗客にとっても乗り換えなしで長旅ができるほうが楽だ。鉄道会社にとっても、そのほうが儲かる。貨物にしても、荷の積み下ろしが高くつくため、遠距離まで運べる列車の方がコストを抑えられる。

　鉄道路線は徐々に長くなっていった。英国で初めて全長160km（100マイル）を超えたのはロンドン・アンド・バーミンガム鉄道だった。1833年、ジョージ・スティーブンソンの息子ロバート・スティーブンソンが技師長に任命され、先例のない大がかりな土木事業が始まった。ロンドン初の幹線となるこの鉄道は、5年後の1833年に開通した。他の長距離鉄道も間もなく後に続いた。ロンドンとブリストルを結ぶグレート・ウエスタン鉄道は、技師イザムバード・キングダム・ブルネルによって1835年から1841年の間に建設された。建設コストは650万ポンド（3250万米ドル）だった。ロンドン・アンド・サウサンプトンは1840年に完成した。アメリカでは全長219kmのチャールストン・アンド・ハンバーグ鉄道（1833年開通）と、ボルティモア・アンド・オハイオ鉄道（最初の区間は1830年開通）、いずれも拠点とする大西洋岸の港町から内陸部に深く入りこむ野心的なプロジェクトだった。

　鉄道会社を経営する者は概して進取の精神に富む進歩主義者で、鉄道網を拡張する利点を見通すことができた。鉄道が建設されていくにつれ、彼らはさらに壮大な案を思い描き、鉄道プロモーターたちは建設資金の調達に励んだ。長距離鉄道はやがて支線が枝分かれしし、そして鉄道会社は成長していく。鉄道網が大きくなれば利点も大きくなる。会社と会社が手を組み、共同サービスを提供するのは

ボルティモア・アンド・オハイオ鉄道
アメリカ初期の鉄道のひとつ。鉄道男爵が栄えたときにも、
初期の巨大企業間の戦いにも絡んでいる。写真の機関車は
1830年代に使われていたアトランティック号だ。

当然の成り行きだった。だが、そうして共に業績を伸ばしていても、会社同士の競争はなくならない。独占を夢見て合併が始まる——業績が伸び悩むとき、このプロセスは加速し、ライバル社は経営難に陥った競争相手を買収する。

　合併した鉄道会社はやがて世界最大の企業となっていった。多くの点で、鉄道会社の発展は資本主義の成長を予測させるものだった。鉄道が誕生する前は、オランダ東インド会社のような準政府機関を除き、どんな産業にも巨大企業は存在していなかった。工場はまだ小さく、地元の実業家が所有し、周辺地域に製品を供給するだけだった。このような会社は地元の住民を雇い、その地域社会の一部となっていた。

　鉄道会社はそのような従来のタイプとはまったく異なる新しい企業だった。線路は何十、何百マイルにもわたり、さまざまな地域にまたがっている。組織構造が複雑なため、今までの経営方式ではやっていけない。しかも、会社のトップには勤勉なだけではなく、幅広い視野をもって判断できる人物が求められる。他国に先駆けて鉄道を開発した英国では、合併による大企業が誕生し始めていた。そのような新しい企業は勢力があり、尊大で、力を見せつけるような立派な駅を主

要都市に建設した。多くの小規模鉄道から最初に誕生した巨大鉄道会社は、起業家ジョージ・ハドソンが作ったミッドランド鉄道だ。1844年、ハドソンはノース・ミッドランド鉄道、ミッドランド・カウンティーズ鉄道、バーミンガム・アンド・ダービー・ジャンクション鉄道の3つを合併した。この3路線はいずれもダービーで合流する。彼の新たな鉄道はロンドンとヨークを結ぶ核となり、乗客にとって乗り換えが少なく、より便利なものとなった。ハドソンはまた、ニューキャッスル・アンド・ダーリントン・ジャンクション鉄道を建設し、自分の鉄道網をヨーク経由で結びつけ、総延長1600kmあまりの鉄道を支配した。1840年代にはミッドランドを走る他の小さな路線を買収し、鉄道網をさらに密なものとした。また、1842年には賢明にも鉄道手形交換所を創出した。当時、英国の鉄道会社は100社を超えており、乗客は列車を乗り換えるたびに新たに切符を買わなければならなかったのだが、鉄道手形交換所ができたおかげで、乗客が他社の線に乗り換えた場合、その料金を会社同士でやりとりできるようになった。実業家としてこれほどの才がありながら、ハドソンは詐欺師だとやがて判明する。それでも、どの路線でも共通の切符が使えるというこのシステムは、ハドソンが失脚し彼の鉄道帝国が崩壊した後も長く用いられた。

　合併に利点があるのは明らかだったが、英国の政治家は一般人が搾取されるのではないかと恐れ、鉄道会社の合併を快く思っていなかった。だが、一部の鉄道は財政基盤が弱く、特に不況時は政府も合併を受け入れざるを得なかった。こうして19世紀半ばは鉄道会社の合併が絶えなかった。

　合併により恩恵を受けた鉄道のひとつにロンドン・アンド・ノース・ウエスタン鉄道（LNWR）がある。最盛時には1万5000人を雇い、しばらくは世界最大の企業となっていた。総支配人はマーク・フイシュ大尉、かつて在印英軍に属していた人物だ。やり手の彼は巧みに企業買収を行い、画期的な方法で会社を経営し、巨大企業には欠かせない新たな経理方法を導入した。LNWRは1846年7月、グランド・ジャンクション鉄道、ロンドン・アンド・バーミンガム鉄道、マンチェスター・アンド・バーミンガム鉄道の合併により誕生した。これにより560kmの鉄道網が出来上がった。核となるルートはロンドンとバーミンガム、クレー、チェスター、リヴァプール、マンチェスターを結ぶ。敷設範囲ではライバルのミッドランド鉄道などよりは劣るものの、LNWRはロンドンとイングランド北西部の主要都市を結ぶ最高のルートを提供した。

やがて立場を強化したLNWRはライバル社に合併を強要したり、他社の路線で自社の列車走行を認めさせるという相手に不利な取引を迫ったりするようになる。だが、いじめっ子的な戦略がいつも功を奏したわけではない。バーミンガム・チェスター間にLNWRより短いルートを共同経営していた小規模の２社は、フィシュから警告を受けた。「言うまでもないだろうが、調子に乗ってそういうやり方を続けていたら全面戦争になるからな……」。２社は抵抗し、３年間の法廷闘争の末になんと勝利したのだ。だが、これは例外であり、小規模のライバル社はほとんどが脅しに屈していた。

　ヨーロッパ大陸でも、多数の鉄道事業者のなかから大規模な鉄道網が誕生した。フランスでは1858年から1862年にかけて政府が鉄道建設を後押しし、６大鉄道会社が形成された。なかでも野心的なパリ・リヨン・地中海鉄道（PLM）は、まもなくスイスとイタリア国内にまで路線を延長し、国際的な鉄道網を築きあげた。銀行業を営むロスチャイルド家はPLMも二番手の北部鉄道（ノール）も所有し、ヨーロッパの鉄道支配をもくろんでいると思われる時期もあった。一時期はゼメリング鉄道を含むオーストリア南部鉄道も支配し、イタリアの数路線の利権も得ていた。だが、国家統一後のイタリアは、鉄道帝国を拡大して「史上最大の国際鉄道会社」の設立をめざすロスチャイルド家の動きを巧みに封じた。代わりにイタリアでは４大鉄道会社が誕生したが、国は貧しく、アペニン山脈が南北に走っていることもあり、利益はなかなか上がらず、数年ごとに財政危機に見舞われていた。政府は外国企業による買収をよしとせず、1905年に鉄道を国有化した。国有化に踏み切った国では最も早い部類に入る。いっぽう、スイスでは金権政治家のアルフレッド・エッシャーが1850年代から急激に進む鉄道建設に多少なりとも関

パリ・リヨン・地中海鉄道
フランスの６大鉄道会社のひとつで初の国際企業となった。当時の芸術家にポスターを描かせ、観光に力を入れていた。

与し、「アルフレッド王」と呼ばれるほどの影響力を持つに至った。

　アメリカの鉄道はスケールの点でじきに他国を大きく引き離すことになった。敷設範囲は非常に広く、初期の時代ですでにエリー鉄道やペンシルベニア鉄道といった大会社が誕生している。1869年、最初の大陸横断鉄道が完成すると、ユニオン・パシフィック鉄道とセントラル・パシフィック鉄道は鉄道界の巨大企業となった。その後は鉄道男爵たちが既存路線を合併・統合し、巨大企業と呼ばれる鉄道会社が次々に誕生していった。

　アメリカでは、1900年までに7社がほぼすべての国内鉄道を支配していた。経営者のなかには悪名をはせた者も多く、ジェイ・グールドと息子のジョージ、J・P・モーガン、エドワード・ハリマン、ヴァンダービルト兄弟などが挙げられる。ヴァンダービルト兄弟の弟ウィリアムは、新時代の鉄道男爵が旅客をどう見ていたかをはっきりと示した。人気のある急行列車の運行を取りやめた理由を記者に訊かれた彼は、「大衆などどうだっていい……人に尽くすために株を買っているわけではない。我々自身のためだ」と答えたと言われている。ダニエル・ドリューも「泥棒男爵」（1870年、「アトランティック・マンスリー」誌が新たに台頭してきた資本家たちをこう評した）のひとりだ。エリー鉄道の会計係ドリューは、新規発行株を担保にして会社のために何度かお金を借り入れ、インサイダーとしての立場を利用し、その株取引で利益を得ていた。当時インサイダー取引は規制されていなかった。

　こうした実業家のなかで最も成功を収めたのはJ. P. モーガンだ。経営

我が国の泥棒男爵（パック誌、1882年）
「パック」誌の風刺漫画より。「鉄道独占者」ジェイ・グールド、ウィリアム・ヴァンダービルトその他の男爵が「独占城」近くで戦利品を山分けしている。

難の鉄道会社を合併・再編成し、全国に
またがる鉄道帝国を築き上げた。ドリュー
と違い、モーガンは手に入れた鉄道を改
善している。ハリマンも同様で、「アメリ
カで最も偉大な鉄道男爵」として知られ
るようになる。当時の大物実業家の多く

> 「今や一部の大資本家を〝泥
> 棒男爵〟呼ばわりする声がい
> たるところから聞こえてくる」
> アトランティック・マンスリー 1870年

がそうであったように、ハリマンもつましい家庭で育った。メッセンジャーボー
イとして仕事を始めた彼は、やがて証券取引で財をなし、鉄道に投資した。鉄道
会社の全車両を買い取り、レールを改善し、すぐれた経営によって資産を増やし
ていったのだ。最初に行った大規模な企業買収はイリノイ・セントラル鉄道だっ
た。19世紀のアメリカでは、にわか景気と経済破綻によって大幅な景気後退が
何度か生じており、その最後が1893年恐慌だった。この恐慌の後、ハリマンは
巨大企業ユニオン・パシフィックを手札に加えた。カーブの多い線路を直線にし
(この鉄道は政府の助成金をより多く得ようと、不要なカーブをたくさん作って
いた)、勾配を減らして経営を立て直し、儲かる鉄道として再生した。20世紀を
迎える頃、ハリマンは個人としてアメリカの鉄道史上誰よりも多くの路線を支配
していた。まさに男爵のなかの男爵だった。

　だが、自動車の普及によって、鉄道はあまりにもあっけなく衰退した。鉄道帝
国は崩壊するか、政府に救済されるかのどちらかだった。それでも、1920年代
に最後の鉄道男爵が現れる。ヴァン・スウェリンジェン兄弟だ。隠遁生活を好む
奇妙な兄弟で、不動産開発を手がけていた。発展の可能性があるからと鉄道を買っ
ていくうちに、エリー鉄道、チェサピーク・アンド・オハイオ鉄道、五大湖周辺
のペレ・マルケット鉄道を含む帝国が出来上がっていたのだ。だが、1929年の
大恐慌でこの帝国は崩壊した。築くのも速かったが、崩壊はそれよりさらに速かっ
た。これをもって、鉄道男爵たちの時代はついに終わりを迎えた。

橋を架ける

鉄道が拡大していくにつれ、最短ルートを確保するために鉄道橋が次々に作られていった。その地方の地理上の障壁を克服するため、技師たちはさまざまな建築・工学戦略を考案した。谷底に架かる煉瓦造りのアーチ型高架橋もあれば、川や渓谷を渡る鉄製の吊橋もある。現代ではコンクリートや鋼鉄が建材として最も一般的だが、デザインの創意工夫に関しては鉄道初期に作られた機能と見た目の美しさを兼ね備えた橋と比較してもまったく遜色はない。

タンギワイの悲劇

ニュージーランド史上最悪の鉄道橋事故が起きたのは1953年のクリスマスイブだった。北島の中央に位置するタンギワイの近く、ファンガエフ川に架かる橋が崩壊し、151人が死亡した。ダムの決壊による泥流が桁橋（右頁参照）の橋脚を破壊したため、橋は急行列車の重みを支えきれなかったのだ。

橋を架ける　169

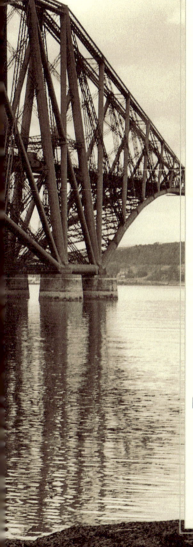

工学のすばらしさ
スコットランドのフォース橋は1890年に完成した時点では世界最長の鋼橋だった。フォースの入江を渡る全長2.5kmの橋で、3ヵ所に設けた高さ100mの菱形カンチレバーが46mの高さで線路を支えている。

橋の種類

地理的・経済的制約のなかで、さまざまな鉄道橋が開発された。バリエーションも組み合わせも数多くあるが、基本形は桁橋、アーチ橋、カンチレバー橋、吊橋の4種に大別できる。

下路式トラス梁

上路式トラス梁

桁橋
最も単純な構造の橋で、橋の両端を橋台で支えたもの。橋桁をトラス〔三角形を組み合わせた構造〕で補強したものが多い。下路式トラスは鉄または鋼の支柱を三角形になるよう組み合わせ、橋の上部構造が重みに耐えられるよう上から支えるタイプだ。上路式トラスは同じ支柱の組み合わせを橋桁の下から支える。

下路アーチ

カンチレバー

アーチ橋
古典的なアーチ橋は線路が走る橋桁を下から支えるタイプだが、より洗練された下路アーチは橋桁より上から支え、垂直のケーブルまたは支柱から橋桁を吊る構造になっている。

カンチレバー橋
カンチレバー(片持ち梁)は梁の一端のみが固定されている構造体で、これを使えば支保工(仮設構造物)の必要がなく、したがって長い橋を建設するのに理想的である。

古典的な吊橋

斜張橋

吊橋
吹きさらしの場所に長い橋を架けるには吊橋が適している。吊橋はケーブルで橋桁を支えるもので、古典的な形は塔の間に渡したケーブルから垂直に垂らした吊りケーブルで橋桁を支える。斜張橋は塔から斜めに張った吊りケーブルで橋桁を直接支える。

プルマン現象

技師ジョージ・プルマンの名は、彼が旅客用に開発した寝台車について語るときは今でも必ず言及される。彼はアメリカの「車輪付きベッドの天才」で、19世紀末までには競合相手をすべて退け、国内では寝台車の製作を独占するにいたる。元々のアイデアは彼が考案したわけではないが、プルマンはそれを自分ならではの形に仕上げた。後世まで語り継がれるような人びとにはよくある話だ。

最初の寝台車がヨーロッパではなくアメリカで開発されたのは当然だった。アメリカのほうが走行時間も長く、急カーブや高い勾配のためスピードも遅かったからだ。最初のうちは、夜になると列車は停車し、乗客はその地のホテルや宿屋に泊っていたのだが、これでは不満が出るのも無理もなく、効率も悪かった。初めて寝台車が導入されたのは1839年、ペンシルベニア州のカンバーランド・バレー鉄道だった。ただ、残念なことに、この寝台車では快適な睡眠が得られなかった。寝台車は2両で、各車両に3段ベッドが4組入っていた。ベッドといってもただの固い板で、マットレスも寝具も何もなく、昼間は折り畳んでいた。

それから数年後、ニューヨーク・アンド・エリー鉄道が新たな寝台車を考案したが、これもまた寝心地の悪いものだった。やはり2両で、窓の形から「ダイヤモンド車」と呼ばれたこの寝台車は、向かい合わせの座席に鉄棒を渡してベッドにするというものだった。クッションには馬の毛を織った生地が使われ、よほど分厚い生地の服を着ていない限り毛が肌に刺さるうえに、ダニなどが湧くのは避けられなかった。しかも、この鉄道

ジョージ・モーティマー・プルマン
1831年ニューヨーク州生まれ。かなり若くして成功を収める。初めて寝台車を開発したとき、まだ30歳を迎えていなかった。

は1本のレールが短く、敷き方も悪かったため、「暴走列車で寝るようなもの」だった、とある初期の乗客は書き残している。

1850年代までには状況が改善し始めていた。ニューヨーク・セントラル鉄道の駅長だったウェブスター・ワグナーがよ

プルマンが取得した特許の価値（1875年）

10 万米ドル

（現在の200万米ドルに相当）

り良い寝台車を考案し、鉄道会社数社がこれをうたい文句に宣伝を展開した。ワグナーはその後、ワグナー・パレス・カー・カンパニーという会社を設立した。プルマンのライバル社だ。ワグナーが開発したのは1段ベッドの寝台車で、車両の両端に寝具用クローゼットがついている。それまでの寝台車と比較すると格段の差があった。他にも商売がたきが数社現れ、さまざまなデザインの寝台車を製作していた。だが、列車での夜の旅を快適なレベルからすばらしいレベルに引き上げたのはプルマンだった。

鉄道関連の起業家には、それまでに別の事業で成功を収めている者が多い。プルマンもそのひとりで、家を動かす事業に携わっていた（引っ越しではなく、家そのものを移動させる事業だ）。エリー運河を拡張するにあたり、ニューヨーク州の低地に建っている数軒をどかさなければならなくなった。そこで、プルマンは父親と共に、家に車輪をつけて高い土地に移動させたのだ。その後シカゴに引っ越した彼は1858年、誕生して間もない鉄道車両ビジネスを開始し、シカゴ・アンド・アルトン鉄道用に2段ベッドを備えた車両を2両製作した。

プルマンのデザインの斬新なところは、上段のベッドが天井からロープと滑車で吊り下げられている点だ。ベッドを使用しないときは天井に引き上げておけるので、広々とした空間を提供できる。それまでの二段ベッドは固定されていたため、乗客は寝ていないときは窮屈な思いをしていた。さらにプルマンはベッドの周囲にカーテンを取りつけ、プライバシーを得られるようにした。だが、明かりはろうそくを、暖房は薪ストーブを使用していたため、ひらひらするカーテンに火が燃え移るリスクは非常に高かった。1車両の定員は20名で、毛布や枕は利用できたがシーツは提供されなかった。この試作品は人気が出て、まもなくイリノイ州ブルーミントンとシカゴを結ぶ鉄道は毎晩満席となった。ただ、問題がひとつあった。靴で寝具が汚れたり傷んだりするのだ。そこで、寝るときにはブーツを脱ぐよう、車掌は男性客を説得しなければならなかった（当時は客のほとん

プルマンのパレス・カー
「パレス・カー」（宮殿のような車両）と呼ばれるこの寝台車は、ジョージ・プルマンが若い頃エリー運河で見かけた定期船をモデルにしている。

どが男性だった）のだが、客の抵抗は大きかった。靴を盗まれると警戒していたのだろう。プルマンの寝台車には「お休みになる時は靴をお脱ぎください」と丁寧な言葉で書かれた注意書きが長年張られていた。

　1861年、プルマンは地方自治体によるシカゴの下水道システム改善に協力し、市内の多くの建物を持ち上げる作業を監督した。当時シカゴで最も高かった4階建てのトレモント・ハウス・ホテルを持ち上げたことは特筆に値する。このホテルは取り壊しの対象になっていたのだが、プルマンは建物全体に5000個のジャッキを取りつけ、彼の号令に合わせて作業員1200人のチームがスクリューを180度回転させるという方法でホテルを1.8m持ち上げたのだ。その間、ホテルのなかではバンドが音楽を奏で、宿泊客はランチを楽しんでいた。

　おそらくプルマンはトレモント・ハウス・ホテルからひらめきを得たのだろう。鉄道利用客のために動くホテルを作ろうと思いついたのだ。1863年、彼は新しい寝台車の製作に取りかかった。世界最高の豪華な寝台車となるだろうと自画自賛していたが、あながち誇張とは言いきれない。裕福で有名な人びとを惹きつける必要がある、とプルマンは察していたのだ。彼の努力は報われた。新しい寝台車はパイオニア号と名づけられた。製作費は2万ドル、当時の他の車両よりおそらく4倍ほどかかったと思われる。1865年初頭にこの豪華な列車を利用したファースト・レディのメアリー・トッド・リンカーンは、その品の良さと優美さに心を奪われた。座席やパネルは手彫りの彫刻がほどこされ、床には分厚いパイルのカーペットが敷きつめられていたのだ。それから数ヶ月後、暗殺された夫

の葬儀の手配をすることになった彼女はパイオニア号を思い出し、これを霊柩列車としてシカゴ・アンド・アルトン鉄道を走らせたのだった。

パイオニア号は全国から注目を集めることとなり、まもなくプルマンは他の鉄道会社用にも寝台車を製作し始めた。やがてミシガン・セントラル、バーリントン、グレート・ウエスタンなどの鉄道会社でも、豪華なプルマン寝台車を使用するようになった。プルマンの会社は寝台用の切符も販売した。鉄道会社が提供する寝台車用の価格より50セント高かったが、質ははるかに上だった。プルマン寝台車はやがてアメリカのほぼ全土で乗客に心地よい旅を提供するようになる。どの車両もすべて同じデザインで、昼の旅にも夜の旅にも使える作りになっていた。客にサービスを提供するのはプルマンの従業員だ。列車の牽引や保線のコストを払う必要がないため、高い利益を上げることができる。プルマンはすばらしいビジネスモデルを作り上げた。

だが、豪華な車両にもかかわらず、プルマン寝台車はある肝心な点でヨーロッパの車両に劣っていた。プルマン寝台車はオープンプランで、可倒式シートと上げ下ろしできるベッドから成っていたため、プライバシーを守るものはカーテンしかなく、車両中に響きわたるいびきをどうすることもできなかった。ヨーロッパでは、オープンプラン方式も三等車、特にシベリア横断鉄道で導入されていたが、コンパートメント方式が依然中心で、一等車から三等車まで最大6台のベッドが入れられる。アメリカでは20世紀後半までオープンプラン方式が生き残っていた。その姿はビリー・ワイルダー監督の古典的コメディ映画でマリリン・モンローが主演した『お熱いのがお好き』で見ることができる。人びとには人気のあるオープンプラン方式だったが、客同士が非常に近い距離で眠る形を批判する評論家もいた。

1867年、プルマンは寝台車と食堂車を合体した車両を開発した。車両の片端にキッチンがあり、食事時には取り外し可能なテーブルが座席の間に置かれるしくみだ。列車内で食事を提供するのはこれが初めてではなかったが、従来のサービスよりはるかに上等なのがセールスポイントとなった。ブラウンシュガー漬けのハムは

「ろくに服を着ていない見知らぬ男性の足が目と鼻の先で揺れていても（女性は）我慢できると考えられていた」

カール・ベーデカー
ガイドブックの著者
プルマン寝台車の説明文より

174 鉄道の拡大

リンカーンの霊柩列車
線路沿いに何十万もの人びとが見守るなか、リンカーンの棺を乗せた霊柩列車が進んでいく。プルマンにとっては最高の宣伝となった。

プルマン現象 175

40セント、ウェルシュレアビット〔チーズソースの一種〕は50セント、ポテトを添えたステーキはわずか60セント —— これは当時でも安かった。プルマンには宣伝の才もあり、最初のホテル車両はアメリカ東部、ニューヨークからシカゴまでの7日間の旅に導入した。次に彼は独立した食堂車を開発し、最初の車両を有名なレストラン経営者の名を取ってデルモニコ号とした。試作品はいつも地元のシカゴ・アンド・アルトン鉄道で試すプルマンは、デルモニコ号もこの鉄道で使ってみた。そして大成功を収めたため、他社の鉄道にも食堂車を製作し、一部の路線では自分で運営した。最高の列車でふるまわれるメニューはじつに豪華だった。1870年代にシカゴ・オマハ間で使われていたホテル車両は、魚介類の料理が15種、肉料理37種もあり、肉の種類もじつにさまざま揃っていた。「申し訳ございませんが、本日はご用意できません」とウェイターは何度言う羽目になったのだろう、などと思いたくなる。

　プルマンの乗客はサービスの質の高さを心ゆくまで楽しんでいたが、旅行中に亡くなる人もいる。その場合、遺体は次の駅で下すようプルマンは指示していた。その町にたとえ葬儀屋がいなくてもだ。亡くなった客の連れがなんとかすればよいと彼は考えていたのだが、列車のほとんどの接客係はプルマンよりも情け深く、葬儀施設のありそうな大きな町に到着するまで遺体を列車に乗せていた。

　のちにプルマンはもっとシンプルな作りで安く、だが清潔さ、快適さ、サービスの良さでは引けをとらない車両を考案した。豪華車両もそうでない車両も、接客係は決まって黒人男性で「ジョージ」と呼ばれていた。最初の頃は給料が払われず、彼らは客のチップで生活費を得ていた。のちに給料制となるが、収入の中心はやはりチップだった。接客係の仕事は大変で、ある歴史家によると「コンシェルジュ、ベルボーイ、客室係、家政婦、修理工、ベビーシッター、警備員すべてをひとりでこなす」ものだったという。しかも、プルマンはこっそり検査官を送りこみ、接客係の仕事ぶりをチェックさせていた。検査官は宝飾品を「置き忘れた」りする。女性検査官の場合は甘い言葉で規則違反行為をさせようとしてくる。罠にかかった接客係はすぐさま解雇される。接客係は侮辱を受けることもしばしばあったが、まずまずの実入りで安定している職業だったため、希望する者は大勢いた。

　ある鉄道史家の言葉を借りると、プルマンは1870年代初頭までに「アメリカ産業界における第一人者」となっていた。それから20年あまり、彼はその地位

粋な旅行
シカゴ・アンド・アルトン鉄道でプルマン・パレス食堂車を体験しようと呼びかける1910年のポスター。プルマンの車両を初めて導入したのがこの鉄道だ。

であり続ける。プルマン寝台車はヨーロッパやアジアでも導入されたが、最も人気を博したのは食堂車だった。国外の鉄道会社は自社の寝台車を使ったり、プルマンのライバル社の製品を使ったりする傾向が見られたが、それでもプルマンの影響力は他の諸国にまで広がっていった。プルマン寝台車のおかげで豪華列車が次々に誕生する。インドのパレス・オン・ホイールズ、アフリカのブルートレイン、そして最も有名なのがオリエント急行だ。

　プルマンは自分の工場で働く人びとを住まわせる町をシカゴ東部に作っていた。工場はとっくに廃棄されたが、きちんと区画された家並みは今も残り、彼の名も生き続けている。だが、この住宅が労使間のあつれきの元となった。1893年恐慌の際、新車両の需要が下がったため、プルマンは余剰人員の解雇を宣告したが、提供していた家の家賃の引き下げには頑として応じなかった。そこで従業員たちはやむなくストライキに出た。アメリカ各地で25万人以上もの鉄道員が同情ストを行い、暴力沙汰にまでなった都市もいくつかあった。ストはやがて消滅したものの、プルマンの名声は従業員の間では地に落ちた。彼が亡くなったとき、家族は亡骸を鉛で裏打ちしたマホガニーの棺に入れ、さらに墓の内部をコンクリートで固めた。恨に持つ労働組合員たちに掘り起こされるのを恐れたのだ。何百万人もの鉄道利用客に安らかな睡眠と暖かい食事を提供してきた男の最期は、けっして安らかなものではなかった。

成熟期を迎えた鉄道
Railways Come of Age

TEE SAPHIR
CLASS VT 11.5
DIESEL (DMU), 1957

19世紀も4分の3まで来ると、鉄道は非常に利益が上がっていたため、多くの鉄道会社がそのお金で新たな路線を作っていた。大胆な時代で、並外れた鉄道も数多く作られた。たとえばモスクワとウラジオストクを結ぶ全長9250kmのシベリア横断鉄道もそのひとつだ。この鉄道は今もなお世界最長を誇っている。

鉄道技術は十分に試され、プロモーターはそれを最大限に利用する。南米ではアンデス山脈を越える路線が何本か作られ、豊かな鉱物の開発に役立てられた。山に切り通しを作り、危険な断崖や絶壁を通るこれらの路線は、高度もスリルも世界一だ。インドでは夏に涼を求める英国人の希望により、狭軌道の登山鉄道が建設された。この鉄道は急斜面をゆっくりと、だが確実に上っていく。ゆっくりといっても、他の交通手段よりは格段に速い。野心的な構想といえば、ケープタウンからカイロまでアフリカ大陸を縦断する案があった。ケープ植民地（現在の南アフリカ共和国）の首相セシル・ローズは、英国の植民地だけを通る鉄道で大陸全体を結びつけたいと望んだが、建設が困難なうえに資金もなく、英国政府の支援も得られずに挫折した。

この時代は、乗客（特に裕福な人びと）に鉄道利用を促すため、サービスがおおいに改善されてもいる。特筆すべきはオリエント急行だ。パリからコンスタンティノープル（イスタンブール）まで、ヨーロッパ全体を横断するこの列車は贅沢なサービスが売り物だった。アメリカではニューヨークとシカゴがサービスの質を競い合い、乗客を手厚くもてなしていた。さらに南のフロリダでは、ヘンリー・フラグラーがキー・ウエストまで通じる「海上急行」を完成させた。これは鉄道史上最も驚くべきもののひとつに数えられる。プランナーにとっても、利用客にとっても、心躍る時代であった。

シベリア横断鉄道

18 27年、マリア・ヴォルコンスカヤ公爵夫人は流刑となった夫を追い、モスクワからシベリアへと急いでいた。シベリア東部の中心都市、イルクーツクの教会が雪景色のなかに浮かび上がったのは、出発から23日後だった。現代でもこれは非常に速い。夫人は昼も夜もシベリア横断道路を飛ばしていた。冬なのが幸いしたのだ。他の季節では道がぬかるみ、イルクーツクまで9ヵ月かかることもあった。シベリア鉄道はモスクワと太平洋に通じる極東の港ウラジオストクを結んでいる。全区間を3分割すると、イルクーツクはモスクワから3分の2弱の辺りに位置している。

　シベリアは流刑の地というイメージが強かった。ウラル山脈の東に延々と広がる極寒の地で、わずかな人口は川や幹線道の周辺に集中し、ほとんどがシベリア横断道路の保全や国境警備に携わっていた。新たな住民となるのは流刑者だ。流刑者には2種類ある。服役や死刑の代わりにシベリア送りとなる犯罪者、そしてマリアの夫セルゲイ・ヴォルコンスキー公爵のような国外追放者だ。公爵は1825年12月、失敗に終わったクーデター〔デカブリストの乱〕に加わっていた。

　シベリアとヨーロッパロシア〔西ロシア〕間の輸送状況はひどく、それがシベリア横断鉄道の建設の引き金となった。鉄道プロジェクトとしてこれほど大がかりなものは類を見ない。17世紀にロシアはすでに太平洋岸に最初の基地を作っていたが、極東とウラル山脈との間に広がるシベリアの支配力は弱かった。1840年代に蒸気船が開発され、1869年にはスエズ運河が完成し、フランス、英国、プロイセンといったヨーロッパのライバル国は太平洋に出やすくなっていた。最初のアメリカ横断鉄道が完成したのも1869年で、1885年にはカナダ横断鉄道が完成し、ロシアのエリートの間では極東から侵略されるのではという不安が高まっていた。

　1850年代、シベリア横断鉄道を建設してはどうかという議論がなされ、さまざまな計画案がロシア政府に提出された。ロシア人のだまされやすさを利用して手っ取り早く儲けようと考え、めちゃくちゃな計画を立てた外国人もなかには何

シベリア横断道路
シベリア横断鉄道ができるまで、シベリアの幹線はトラクトと呼ばれる原始的な道だった。本作品に描かれているのはイルクーツク郊外のシベリア道。

人かいたが、まともで現実的な提言も多々あった。当時のエピソードには正確さに欠けるものもある。よく引き合いに出されるのが、シベリア横断鉄道の建設を初めて提案したのはミスター・ダルという英国の紳士だった、という話だ〔ダルとは退屈の意〕。だが、実際はもっと平凡というか、もっと退屈な話だ。その紳士とはトーマス・ダフ、策士である彼は1857年、中国からの帰りにサンクトペテルブルクに立ち寄り、当時の運輸大臣コンスタンチン・チェフキンを訪ね、モスクワから東に426kmのニジニ・ノヴゴロドからウラル山脈までワゴンウェイを建設するよう提案した。シベリア西部には野生馬が400万頭も生息しているので、これを使うこともできるだろう、と。

大臣は無言のままダフに出口を指し示した。次に訪れたロシア人と外国人の起業家たちにも同じ態度を示した。東シベリア総督ニコライ・ムラヴィヨフ=アムールスキーは、紛争のあったこの地にロシアの支配を確立した人物で、太平洋とシベリア内陸部をつなぐ鉄道を望んでいたのだが、彼もダフと同じようにあしらわれた。また、3人の英国人（スレイ、ホーン、モリソンと呼ばれていたこと以外は知られていない）も、ニューヨークから来た冒険家でシベリアを横断した初めてのアメリカ人と言われるピーター・コリンズも同じだった。コリンズは横断鉄

道の他にも、バイカル湖の東方400kmのチタから太平洋に続くアムール川の航行可能な所までを結ぶ東シベリアの鉄道も提案していた。

　こうした提言をすべてはねつけていたロシア政府だったが、政府内ではシベリア横断鉄道の必要性について、この時期さかんに議論がなされていた。拒絶する理由はたくさんあった。なにしろモスクワ〜ウラジオストク間9256kmという大規模な鉄道だけに、費用もかさみ、技術的な問題も多い。だが、結局は建設派が勝利した。軍事面および国家統一面での理由がものを言ったのだ。軍事面では防衛・攻撃両方に意義があった。ウラジオストクを攻撃された場合、鉄道があればすばやく対処できる。しかも、これはおおっぴらには議論されなかったが、南の中国に対して主導権を握れるという計算もあった。当時の中国は国土こそ広いが国としてはとても弱かったのだ。

　こうして1886年、30年間ものらりくらりと言い逃れしてきた帝政ロシアは、非常に保守的なアレクサンドル3世を皇帝としながらも、ついに大きな一歩を踏み出した。この決断を促した直接の原因は、大勢の中国人がザバイカル（バイカル湖周辺地域）に入りこんでいるという不安だったようだ。実際には根拠のない不安だったのだが、政府がついにシベリア横断鉄道にゴーサインを出すというきわめて重要な決定に踏み切るきっかけとなった。

　当然ながら資金の念出にも、腰の重いロシア政府を動かすのにも時間がかかり、建設開始はそれから5年後となった。1891年5月31日、ついに皇帝は息子（後のニコライ2世）をウラジオストクに行かせた。息子は粘土質の土を掘って手押し車を満たし、後のウスリー線となる予定地に盛土を行った。だが、そこまでしたものの、どうやって鉄道を完成させるのかも、資金をどうするのかも、まだ意見が分かれたままだった。このプロジェクトに必要なのは完成までを見通せることができる気力あふれた人物だった――そして、まさにそういう人物がいたのだ。セルゲイ・ヴィッテ、運輸相を経て1892年8月には財務大臣になっていた。こういう地位に就くのはたいてい視野が狭く、財布の紐を緩めないことしか頭にない人間なのだが、セルゲイ・ヴィッテは違っていた。大学で数学を専攻した彼はその能力を生かし、洞察力をもって財政管理を行い、シベリア横断鉄道のための資金をしっかり確保した。

　ヴィッテはグルジア（現ジョージア）の州都トビリシで生まれた。身分の低い貴族の家に生まれたもののすでに没落していたため、彼は鉄道の事務職員として

働かなければならなかった。彼の家柄、そして大志を抱いていたことを考えると、ずいぶん卑しい仕事だった。だが、彼はじきに能力を認められ、昇進して鉄道会社の経営者となり、やがてはサンクトペテルブルクで政府高官の地位を得た。財務大臣になったとき、ヴォルガ地域の飢饉と資金不足のため、鉄道の建設工事は止まっていた。ヴィッテはシベリア鉄道委員会を創設し、若いロシア皇太子のニコライを委員長として、皇帝がこのプロジェクトを支援し続けることを世に示した。工事の進展には常に関心を注ぎ、資金を確保し、政府内に残る反対の声を抑え、鉄道を使って侵略するのではと神経をとがらせている中国の懐柔に努め、こうしてヴィッテは手腕を発揮し、シベリア横断鉄道の父となった。

　建設作業員たちは筆舌に尽くしがたいほどの困難と直面していた。土地そのものはアルプス山脈やアンデス山脈ほど険しくもなく、アメリカの砂漠地帯ほどの荒れ地でもないが、鉄道は長く、気温は極端に低く、しかも地元で労働力を得られないため、建設工事は未曽有の困難をきわめた。全長9250kmというのは、カナダ横断鉄道より3200kmも長い。アメリカ横断鉄道の場合は全長も短いうえに、東部はすでに鉄道がかなり出来上がっていたため、新たな線路は2800kmだけですんだ。ロシアの鉄道はウラル山脈までしか完成していないため、新たに7240kmも敷設しなければならなかった。

　ウラル山脈もシベリアの山々も比較的楽に通れるのだが、他の問題が山ほどあった。広大なステップにはバラスト用の石も枕木用の木材もないため、資材は遠方から、たいていは川を使って運び込まなければならなかった。レールも、橋に使う鋼材もウラル地方などの工場から運ぶ必要がある。シベリアには大河がいくつか流れており、橋をかけなければならない。そしてさらに、モスクワから3分の2ほど進んだ地に最大の障壁が待っている。バイカル湖、ロシア最大の湖で深さは世界一だ。

セルゲイ・ヴィッテ
ロシアの財務大臣セルゲイ・ヴィッテはロシア帝国の工業化を指揮した。シベリア横断鉄道建設の立役者でもある。

重労働
シベリア中部、オビ川とエニセイ川にはさまれたクラスノヤルスク地域での鉄道建設現場。作業員たちがレールを敷いている。

　北岸経由ではあまりに遠回りになる。南岸は湖畔に絶壁がそそり立っているため、ここにレールを敷くには岩盤を爆破し、棚状の桟道を作らなければならない。
　とにかく時間に迫られていた。皇帝は10年以内にこのプロジェクトを完成させたいと願っている。その結果、シベリアに一度も行ったことのないサンクトペテルブルクの官僚たちが不正確な地図に書き込んだ細い線を頼りに、おざなりな測量をするしかなく、「とにかく形になればいい」方式で建設が進められた。完璧な鉄道を作るとなると時間がかかりすぎるからだ。期限内に仕上げるという意味ではうまくいったが、そうして出来上がったのはごく初歩的な鉄道で、1日にわずか数本の列車しか走れず、初期の頃は技術上のトラブルが絶えなかった。
　この鉄道を建設するにあたり、全体を西部、シベリア中央、極東と約2400kmごとに3分割し、西から順に作っていった。最も大変だったのは極東だった。西部の建設は1891年、既存鉄道の東端チェリャビンスクから始まった。ここでの

主な問題は地元に働き手がいないことだ。西部とシベリア中央部で鉄道を建設するには8万人ほどの労働者が必要と見積もられていたため、西ロシアからだけでなく、ペルシア、トルコ、そしてイタリアからも人を雇い入れた。大変な重労働だったが賃金は良く、農民は畑仕事よりはるかに稼ぐことができた。それでも自分の村が収穫期を迎えると、親戚を助けるからと建設現場から去っていく者が多かった。妙な話だが、この西部区間で最も不足した資材は木材だった。地元の木材は適さないとわかり、西ロシアから運んでこなければならなかった。

シベリア中央区間の建設は1893年から始まった。労働力不足はさらに厳しく、シベリアに送られた受刑者を使わざるをえなくなった。これはみごとな解決法だった。受刑者たちは非常によく働いたのだ。8ヵ月現場で働くごとに刑期が1年減免されるのが魅力だったうえに、作業キャンプではタバコも、ときには酒までも支給されたからだ。

労働者にとって過酷な状況だったが、19世紀の他の鉄道建設よりはましと言えた。労働者が足りないため、雇用者は彼らの機嫌を取らなければならなかったのだ。5月から8月にかけての夏季は作業時間が長く、朝の5時から夜の7時半まで、休憩は1時間半の長い昼休みだけだ。冬は昼が短いため作業時間が短くなるが、かなり南のルートであったため——緯度はだいたいロンドン、ベルリン、プラハと同じ程度——真冬でも1日7時間から8時間は働くことになった。

作業は危険でもあった。死亡率は2%前後、パナマ鉄道や未完のケープ・カイロ鉄道などよりは低いものの、今日の基準から見ればやはりショッキングな数値だ。最も危険なのは大がかりな橋の建設で、特に冬場は命がけだった。なんの安全装置もつけずに川面から高い位置で、吹きさらしの状態で作業をする。寒さのあまり感覚を失い、氷のように冷たい川に落下する者が多かった。

西部とシベリア中央の2区間は1899年までに完成し、イルクーツクまで列車が走るようになったが、そこから東はさらに困難な状況となった。本来はロシアの領土内にアムール鉄道を建設することになっていたのだが、ヴィッテはいたしかたなく中国領の満州を通過するルートに変えるという重大決定を下した（アムール鉄道は1907年から1916年に建設された）。距離

> 「我が国もアメリカ合衆国が手に入れたような、工業化の完成形を手に入れなければならない」
>
> セルゲイ・ヴィッテ

は短縮できるものの、政治的には危険なルートだった。中国政府はこれを黙認したが、いろいろな政治的問題が生じ、このルートが完成して間もない1904年には日露戦争を招くことになる。

1901年11月に東清鉄道が開通したが、線路が敷かれていない区間がまだ1つ残っていた。バイカル湖南岸を通る全長180kmのバイカル湖岸鉄道で、ここが最大の難所だった。建設は1895年になってようやく開始し、断崖に桟道を作らなければならないため、完成したのは1905年だった。そのときまで、乗客は湖を夏はフェリーで、冬はそりで渡っていた。モスクワからハバロフスクまで、ロシア国内だけのルートが完成するのは、アムール鉄道が完成した1916年だった。この鉄道では、シベリア横断鉄道で最も長い橋がハバロフスクに建設された。

どんなに楽観的なプロモーターでも、シベリア横断鉄道がシベリアの —— ひいてはロシアの歴史にもたらした衝撃の大きさは予測できなかっただろう。実際、良いことずくめではなかった。日露戦争のきっかけとなったばかりか、他の紛争でもこの鉄道は重要な役割を果たしている。2度の世界大戦では特にそうだった。さらに、鉄道を作ったロシア帝政は高い代償を支払うことになった。限られた資源を鉄道建設に集中させたため、他の支出がおろそかになり、その不均衡が革命の引き金となったのだ。専制君主制は打倒され、ニコライ2世とその家族はエカテリンブルクで処刑された。シベリア横断鉄道の西部区間の主要駅がこの都市にあることを考えると、なんとも皮肉な話だ。コストは非常に高くつき、初期の乗客はあきれるような状況に耐えることもあったが、それでもこのプロジェクトは成功だったと言わなければならない。シベリア横断鉄道は今日もなお、シベリアと他のロシア地域を結ぶ大動脈であり続けている。現在は複線で電化し、貨車も客車も数多く運行している。世界最長の鉄道であり、おそらくは世界で最も重要な鉄道と言える。

シベリア横断鉄道　187

ロシアの蒸気機関車
ソ連は1950年代に蒸気機関車の製造を中止したが、何両かはシベリア横断鉄道の駅に保存されている。このモデルは1970年代まで使われていた。

188　成熟期を迎えた鉄道

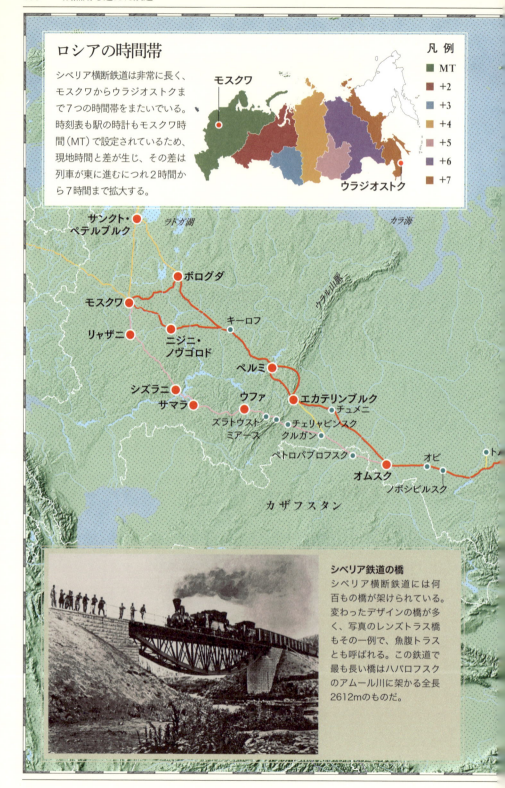

ロシアの時間帯

シベリア横断鉄道は非常に長く、モスクワからウラジオストクまで7つの時間帯をまたいでいる。時刻表も駅の時計もモスクワ時間（MT）で設定されているため、現地時間と差が生じ、その差は列車が東に進むにつれ2時間から7時間まで拡大する。

凡例
- MT
- +2
- +3
- +4
- +5
- +6
- +7

シベリア鉄道の橋

シベリア横断鉄道には何百もの橋が架けられている。変わったデザインの橋が多く、写真のレンズトラス橋もその一例で、魚腹トラスとも呼ばれる。この鉄道で最も長い橋はハバロフスクのアムール川に架かる全長2612mのものだ。

シベリア横断鉄道

世界最長の路線である全長9250kmのシベリア横断鉄道はロシア全土をまたぎ、心臓部である西ロシアから辺境の地である極東までをつないでいる。広軌複線を有し、2002年に電化が完了、広大な国土に工業と商業をもたらし、今日でもロシアの大動脈として活躍している。

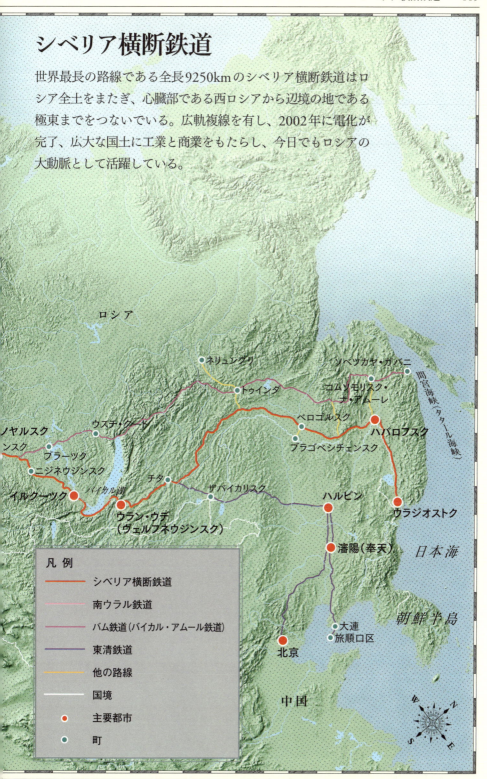

オリエント急行

オリエント急行で殺人事件が起きたことはないと言ったら、がっかりする人もいるだろう。だが、アガサ・クリスティがフーダニット形式のミステリー小説にふさわしい舞台を選んだことに疑いの余地はない。ヨーロッパを横切り、当時の西欧にはほとんど知られていなかった東欧にまで伸びるオリエント急行は、世界で最も異国情緒豊かな胸の躍る鉄道だった。実際、そのサービスたるや驚嘆に値するレベルだった。鉄道のイノベーションはひとりの個人がたゆまぬ努力によって実現したものが多い。オリエント急行の場合はベルギー人の技師ジョルジュ・ナゲルマケールスだった。

　ナゲルマケールスは国際寝台車会社を設立した。この会社はオープンプラン式のプルマン寝台車の代わりにコンパートメント式の寝台車を運行していた。だが、彼の天賦の才が光るのは列車の運行ではなく、そのルートの選び方だった。彼は国境のないヨーロッパを望んでいた。旅客に設備の整った彼の列車で速く、贅沢な旅を楽しんでもらいたかった。そのため1872年、故郷ベルギーの北海沿岸の都市オーステンデと南に1600kmあまり下ったブリンディジ（長靴の形をしたイタリアのかかとの位置にある都市）を結ぶ路線での運行サービスを開始したところ、この事業が成功した。その頃オスマン帝国が衰退し、東欧やバルカン諸国への道が開かれつつあったため、ナゲルマケールスはヨーロッパとアジアを結ぶ運行サービスも儲かるのではないかと考えた。そして誕生したのがパリからコンスタンティノープル（現在のイスタンブール）まで、6ヵ国を超えて東西を結ぶ全長2989kmのオリエン

ジョルジュ・ナゲルマケールス
ベルギーの実業家。国際寝台車会社を設立。この会社はオリエント急行の運行で有名である。

オリエント急行

ト急行だ。

　6ヵ国の鉄道を利用するというのは容易ではなく、ナゲルマケールスは交渉能力をフルに使い、さまざまな問題に取り組んだ。どの国も彼の列車を牽引できる機関車を有していること、線路は標準軌であること。この2点はどうしても譲れない。その他の確認事項としてトンネルの幅や、変わったところではワインロッカーの警備などもあった。彼はまた宣伝の才にも長けていたため、オリエント急行は非常に関心を集めた。バルカン諸国を通過するのが特に魅力だったのだ。この地域はオスマン帝国やオーストリア゠ハンガリー帝国からの独立をめざし、数々の戦争を経て、いまだ復興期にあった。

　報道関係者や要人を乗せた第一号列車がパリ東駅を出発したのは1883年10月4日の晩だった。コンスタンティノープル到着は3日半後の予定だ。英国タイムズ紙の特派員アンリ・オッパー・ド・ブローウィッツは、オリエント急行の「快適さも設備も今までにない」レベルだと表現した。喫煙室、婦人用の寝室、図書室があり、さらに各コンパートメント（または後部特別室）にはルイ14世様式

アルプス冒険の旅
第一次世界大戦の少し前、オーストリア・アルプス山中を通るオリエント急行。ここではオーストリアの機関車が使用されている。オリエント急行は終点コンスタンティノープルまで6両の異なる機関車を使っていた。

の小さな特別室があり、トルコの絨毯、象嵌細工のテーブル、豪華な赤い肘掛椅子が備わっている。コンパートメントの壁は折り畳め、夜には美しい布張りのベッドに早変わりする。トイレの床はモザイクで飾られ、列車後方の特別車両にはシャワールームがあり、お湯も水も使える。たしかにこのような列車は今までになかった。ある旅行記によると（旅行記はたくさん出ていた）、最も目を見張らされるのは食堂車だという。

　　天井は浮き出し模様のあるコルドバ革で、壁には太陽王〔ルイ14世〕が作ったゴブラン織物製作所(アトリエ・デ・ゴブラン)のタペストリーが掛けられ、カーテンの生地はジェノバの極上ベルベットだ。

　テーブルは白いダマスク織りの布で覆われ、凝った畳み方のナプキン、シャンパンのボトルが何本も入ったアイスバケットが置かれている。5品のコース料理でもの足りなければ、各車両の後部にエキゾチックな料理や冷たい飲み物がぎっしり詰まったアイスボックスを利用できる。
　ナゲルマケールスは細かい点にこだわり、高い水準を維持するためにルールをきちんと書き出していた。接客係はいつもあか抜けした身なりをしなければなら

ず、特別の時には青いシルクの半ズボンにバックルシューズというルイ14世の召使のような格好をする。機関室の作業員ですら時にはドレスアップをさせられ、その場合たいていは白の上着を着る。ボイラー室ではおよそ非実用的な服装だ。

第1号列車の旅はまさに長いパーティだった。ストラスブール、ウィーン、ブダペストでは吹奏楽団と地元の要人が列車を出迎え、ハンガリーではジプシーの楽団が乗りこみ、ルーマニアとの国境まで車内でセレナーデを演奏した。この旅の欠点は、ドナウ川に架かる橋がまだ完成していなかったことだ。したがって、ルーマニアから川を渡ってブルガリアに入るときはフェリーを利用せざるをえなかった。しかも、線路はヴァルナ港までしかできていなく、乗客はここからコンスタンティノープルまで船で行かなければならなかった。旅の最後の部分はブローウィッツによると「山賊」が多く、最近もある駅が襲われた。山賊どもは「引き出しからお金を取ろうとして駅長とその部下たちの首を絞めた」が、駅の作業員たちに反撃されて逃げ去ったという。そんなわけでブローウィッツと仲間たちはリボルバーを手にして身構えていたが、銃を使う機会はなかった。パリを発ってからきっかり82時間後、皆はコンスタンティノープルに到着し、スルタンに迎えられた。ブローウィッツはスルタンに初めてインタビューを行った新聞記者となった。

コンスタンティノープルまで乗り継ぎなしで行けるようになるまでに、それから6年かかった。旅は3日足らずで行けるようになり、水曜の夜7時30分にパリを発ち、土曜の夕方5時35分にコンスタンティノープルに到着する。オリエント急行は船よりも速く便利なので、さまざまな旅人が利用し、人気が高まった。その結果、他のルートがいろいろ作られ、「オリエント急行」によく似た名前の列車が運行するように

パリ行きの切符
ある旅客が購入したオリエント急行の切符。1887年4月18日、ブダペストからパリまで、運賃は52.95フラン。

豪華な食堂車
ディナー用の支度を整えたオリエント急行の食堂車。いちばん最初に出されたメニューは牡蠣、ヒラメのグリーンソースがけ、ジビエのショーフロワ（冷製）、チキンソテー狩人風。デザートはセルフサービスのビュッフェ方式だった。

なった。また、ロンドンから列車フェリー経由のルートなど、さまざまな乗り継ぎ列車も導入された。1914年に第一次世界大戦が勃発したとき、オリエント急行は運行中止となったが、終戦の1918年には2番目のルートが開通した。シンプロン・オリエント急行、アガサ・クリスティの作品の舞台となったのはこれだ。スイスとイタリアの間にあるシンプロン・トンネルを使い、ミラノ、ヴェネツィア、トリエステと南を回るこのルートは、パリとコンスタンティノープルを結ぶ最初のルートよりも人気があった。1930年代（オリエント急行の最盛期）には第3のアールベルク・オリエント急行が運行を開始する。チューリッヒとインスブルック経由でブダペストへ、そしてさらにブカレストまたはアテネへというルートだ。第二次世界大戦が勃発した1939年にはまたも運行中止となったが、ドイツのミトロパ社はユーゴスラビアのパルチザン部隊に線路を破壊されるまで、バルカン諸国での運行を続けた。

オリエント急行での殺人事件は記録がないものの、謎の死は少なくとも1度はある。1950年代、冷戦のさなかにアメリカの情報員が列車から転落死したのだ。また、良からぬエピソードには事欠かなかった。寝台車の接客係は売春婦を雇うよう何度も要請を受けていた。要望するのは一般の紳士だけではない。王侯貴族も、司教すらも、列車のほうが売春宿よりプライバシーを保てると考えていた。実際、そういうサービスを目当てに列車を利用する男性客は大勢いた。さらに、東西を結ぶ列車なのでスパイも大勢乗っていた。大戦

東欧の魅力
オリエント急行の時刻表（1888年冬）を掲載したフランスのポスター。7つの主要駅のほか、ロンドンまでの乗り継ぎについても記されている。

間には「外交特使」（実際は英国外務省の密使）がコンパートメントにこもり、大事な書類の入ったバッグを命がけで守っていた——そして、若く美しいスパイが送りこまれてきても、その誘いには乗らなかったと後日主張した。我々には真相を知るすべはない。

> 「6ヵ国の農民は野良仕事の手を止め、きらめく列車とその窓から見える傲慢な顔を呆然と見つめることだろう」
>
> E・H・クックリッジ『オリエント急行』

　オリエント急行は贅の限りを尽くしていたが、いつまでも独占的な立場にはいられなかった。もともとは一等車のみで、運賃は300フラン（当時の平均賃金2週間分に相当）もしたのが、やがて二等車、三等車も登場するようになる。さほど裕福でなく、主に国内での短い旅をする人びとにも門戸を開いたのだ。このような客車は満員で、ある作家は「古きヨーロッパがここには息づいている。まるで中世から抜け出してきたような人びとだ。売春婦、行商人、ジプシーの音楽家……」と書き記している。実際、オリエント急行は鉄のカーテンがヨーロッパを二分してからも運行を続けていたが、共産主義諸国は贅沢な寝台車の代わりに、自国の鉄道網で使用している質素な車両を使うようになっていた。

　オリエント急行とアールベルク・オリエント急行は1962年に廃止となり、残されたシンプロン・オリエント急行はもう少し時間のかかるダイレクト・オリエント急行に代えられた。この急行は、パリ～ベオグラード間は毎日、パリ～イスタンブール／アテネ間は週2回運行した。イスタンブールまでのルートは自動車の普及に押され、1977年ついに終了した。パリ～ウィーン間、ブダペスト～ブカレスト間はその後も細々と続いていたが、フランスでパリとストラスブールを結ぶ高速鉄道が開通したことに伴い、2009年に廃止された（ヴェネツィア・シンプロン・オリエント急行と呼ばれる列車は今でもロンドン～ヴェネツィア間を運行しているが、これはまったくの別物である）。オリエント急行はこの頃にはもう時代遅れとなっていた——2009年までよくぞ続いたと言える過去の遺物となっていたのだ。

最もスリルあふれる鉄道

　ヘンリー・メイグスは立派な鉄道を作った悪党だった。1855年チリにやって来たときは44歳、詐欺の告発を受けてサンフランシスコから逃げてきたのだが、22年後に亡くなるまでに、このハンサムな伝説的人物は非公式ながら「ドン・エンリケ」の称号を得ていた〔ドンは貴人に対する尊称、エンリケはヘンリーのスペイン語版〕。彼は世界で最も鉄道建設の困難な土地——不可能とすら思えるアンデス山脈を征服したのだ。そのため、インカ帝国を征服したスペイン人になぞらえ、「ヤンキー・ピサロ」とも呼ばれていた。

　メイグスは若い頃から創意に富む工夫の才を発揮していたが、根っからの正直者ではけっしてなく、事業が失敗すると平気でうそをつき、他人に責任を負わせていた。ニューヨーク市に製材会社を設立して成功し、ゴールド・ラッシュの時期にサンフランシスコに移転した。その後、ゴールデン・ゲート近くの土地開発に乗り出したが、まもなく債務を負う。破産を免れるため、彼は不法入手した許可証を使ってお金を集めた。詐欺が発覚してチリに逃げたものの、詐欺師という評判はすでにチリにまで伝わっていたため、鉄道建設現場で労働者を監督する仕事しかありつけなかった。だが、そこで有能さを認められ、まもなく鉄道プロジェクト全体を任されるようになる。彼の先任者にはニューイングランド出身のウィリアム・ホイールライトや、あの偉大なリチャード・トレヴィシックがいた。2人とも南米西岸から内陸部へと続く鉄道を建設したいと夢見ていたが、それをついに実現したのはメイグスだった。この偉業により、チリとペルーは莫大な埋蔵量の銅、銀、鉱物を開発して富を築いたのだ。

ヘンリー・メイグス
カリスマ的なアメリカ人実業家。アンデスの高い山々に鉄道を建設し、チリとペルーでパイオニアとなった。

メイグスは建設の協力者を得るため、難攻不落の土地に対して自分と同じように大胆な見方のできる技師を雇い入れた。まずは太平洋岸から〔山岳地帯の〕サン・フェルナンドまで全長145kmの線路を敷き、大成功を収めた。チリを南北に隔てるマイポ川を渡るルートで、鉄道建設にはこの川に橋を架ける作業も含まれていた。契約よりも早く完成させたメイグスは、チリの最も重要なルートの建設に名乗りを上げ、この仕事を手に入れた。西岸のバルパライソから首都サンティアゴまで、直線距離はわずか89kmなのだが、山岳地帯のためルートは185kmにも及ぶ。ホイールライトはすでに建設作業を始めていたが、100万ペソ(数十万ドルに相当)を使って完成したのはわずか6.5kmだった。この路線を完成させるため、チリ政府はロンドンのベアリングス銀行から借り入れた。メイグスは内務相とすみやかに契約を交わした。3年間600万ペソで請け負うという内容だが、期限より早く完成した場合は追加で50万ペソおよび期限までの浮いた期間は1ヵ月につき1万ペソを彼が受け取るという条件がついていた。メイグスは1万人の作業員に支えられ、この路線をわずか2年と3日で完成させた。彼の大勝利だった。建築請負人としても、交渉人としても、メイグスには驚くほどの才能があったのだ。

こうしてチリを「征服」した彼は、ペルーでさらに大きな事業に取り組んだ。ペルーは莫大な量のグアノで儲け始めていたところだった。グアノとは鳥の糞の堆積物で、すばらしい肥料になる。ペルーがグアノで得たお金で鉄道を作り、40年前のベルギーのように国の統一を図りたいと考えるのは無理もなかった。当時はカナダでも、イタリアでも同じことが行われていた。だから、メイグスは両手を広げて温かく迎えられた――いや、支配階級はてのひらを上向きにして彼に手を差し出した。巨額の賄賂をよろしくということだ。

メイグスが大きなチャンスをつかめたのは、ペルーの典型的な政治的事件のせいだった。この国の政治史は劇的な事件に彩られている。1868年、ホセ・バルタ大佐が大統領に選ばれた。相場師のようなタイプで、当時の南米にはこういう軍人がよくいた。大統領選挙が終わって間もなくペルーは大地震に見舞われ、抜け目のないメイグスは5万米ドルを政府に寄付した。というか、バルタ大統領個人に見舞金という名目で渡した。バルタはすでにグアノの独占販売権をフランスの会社に与え、国内の企業組織の思惑を踏みにじっていた。そしてフランスから得たお金を、今度はまた別の外国人――メイグスに渡し、鉄道を作らせること

世界で最も高所にある駅
ペルーのガレラ駅
標高 **4,777**m

にした。こうしてメイグスはバルタが大統領になってから3年の間に6つの契約に署名し、自分にとても有利な条件で1600km以上の鉄道を建設することになった。その結果、1861年には総延長がわずか98km

だったペルーの鉄道は1874年には1524km、1879年には1万3200kmにもなった（メイグスはその2年前に死去している）。

メイグスはペルーで2つの路線を建設している。どちらも鉄道の世界では奇跡のような存在だ。最初の路線は南のモエンド港からペルー第二の都市アレキパへ、さらにチチカカ湖を抜け鉱山地域プノアカまで至る。建設費は1000万ソル（現在の3億米ドルに相当）とメイグスは見積もり、政府には1500万かかると申請し、結局はたとえ期日より早く完成しても1200万ソルとなった。2つめのセントラル・ペルビアン鉄道はリマの港カヤオからアンデス山脈の最も険しく、最も標高の高いルートで（リャマで通る細い道だ）、銅山のあるワンカヨを通り、さらに銀山で名高いセロ・デ・パスコへと至る。

運の悪いことに、この2つの路線の建設時期はペルーの深刻な金融危機と重なっていた。グアノの枯渇により政府からの資金供与は途絶え、メイグスは自分の為替手形を使用せざるをえなくなった――「メイグス紙幣」と言われるものだ。しかも、彼は鉄道が完成しないうちに亡くなった。だが、いちばん険しい坂はすでに征服してあり、建設方法も教えてあった。彼はジグザグに上っていく英国の方法に従ったが、その規模は今までに例がなかった。英国がインドで建設した鉄道は標高760mまでだったが、メイグスが作った鉄道は160km間に25回もジグザグに進みつつ、4250mを超える山を登ったのだ。

メイグスは外国人だったため、経済的苦境に陥ったペルーではスケープゴートにされやすく、「ヘンリー・メイグスにとってペルーの破滅は記念碑のようなものだ」と書いたジャーナリストまでいた。だが、一般的には英雄とみなされ、死後まもなくペルー屈指の高峰のひとつに彼の名がつけられたほどだった。彼が成功したのは、最良の鉄道ルートを見きわめる能力に恵まれていただけではない。組織化するスキルに優れており、作業員たちの能力を引き出す才もあったからだ。あるペルー人ジャーナリストは、彼の「鉄道軍」が自然の要塞に戦いを挑むさま

深淵に架ける橋
ペルーの奥地まで鉄道を通すため、ヘンリー・メイグスは多くの橋を建設した。写真は鉱山地域フリアカの高架橋。見た目は危なっかしそうだ。

メイグス紙幣
1870年代、ヘンリー・メイグスはペルーで請け負った鉄道プロジェクトの資金を調達するため、自分で通貨を発行することにした。メイグス紙幣（ビジェーテ・デ・メイグス）と呼ばれるこの銀行券は、100万ソル相当分が流通した。

を次のように描写している。

　　　　ドン・エンリケの技師と労働者からなる「軍」（線路に沿って11のキャンプに配置されていた）はアンデス山脈を攻撃していた。まず斥候が先に進み、最高かつコストの最もかからないルートを決める。前衛部隊がその後に続き、レールを敷設すべき正確なルートに杭を打っていく。そして主力部隊が登場し、地ならしをし、埋めるべき所は埋め、切り通しを作り、トンネルを掘る。最後に後衛が枕木を置いてレールを敷く。

　メイグスは作業員たちに寛大だと有名だった。特にロトスと呼ばれるチリ人の労働者階級に対して気前が良かった。ロトス〔腐った者たちの意。単数形はロト〕は世間から恐れられ、軽蔑されていた。ジェイムズ・フォーセットは著書『アンデスの鉄道』のなかで、典型的なロトは「ずうずうしさ、部族全員が持っている湾曲した鋭いナイフ（臓物を抜くのに使う）の扱い方、規律の類に対する憎悪、飲み物としてサトウキビを好み、ギャンブルに溺れること」にかけては並外れていると記している。そういう人びとをメイグスが使いこなせたのは、彼らを奴隷ではなく人として扱ったからだ。メイグスは雇い入れた5000人の中国人労働者をもみごとに使いこなした。中国人はたいていロトスよりもひどい扱いを受けてい

たのだ。ある目撃者の話をフォーセットは引用している。「太っている者もいた。太った中国人などこの国で他にいるものか！　メイグスは米と牛肉をたっぷり食わせていたんだ。朝もパンと茶を与え、それから１日の仕事を始めさせていた」

　晩年のメイグスはアメリカに戻りたがっていた。サンフランシスコにはもう借りを返したと主張していたのだが、サンフランシスコ市長は彼を免責とする法案を拒否した。メイグス没後100年目の1977年、カリフォルニア州最高裁は彼に対する起訴を取り下げ、「彼はさらに上級の裁判所に訴えた」と宣言した。だが、メイグスの死で彼の一族の影響力が途絶えたわけではない。甥のマイナー・C・キースは、メイグスがコスタリカで建設し始めていた鉄道を完成させた。コスタリカの主な収入源はバナナで、キースはユナイテッド・フルーツを設立した。この巨大企業はバナナの販売を１世紀もの間支配することになる。

山を登る

ごく初期の鉄道ではできるだけ起伏のないルートが選ばれていたが、まもなく産業（とくに鉱業）で活用するために、山を登れる鉄道が求められるようになった。最初に開発されたのはインクラインだ。2つの軌道を並行させ、山を下る列車と上る列車を、滑車を経由してチェーンで結ぶ。下り列車が進むにつれ上り列車が引き上げられるしくみで、とくに短い区間に効果があり、炭鉱や採石場から原料を運び出すのに使われた。この変化形として馬や固定式蒸気エンジンを利用したものもあった。インクラインを発展させたのが現代の鋼索鉄道（ケーブルカー）である。また、ループ線やスイッチバックといった他の工学的方法も開発された。

ループ線

螺旋状にレールを敷くことで、従来のカーブよりはるかに短い線路で勾配を克服できる。また、スイッチバック（右参照）のように列車が逆方向に進んだり走行が中断されたりすることもない。平地が限られている山岳地帯などでよく使われるループ線は、一定の勾配と曲率でレールを敷設し、山を登っていくにつれ、線路が立体交差するしくみになっている。

1908年に開通したスイスのブルシオにあるループ式高架橋。高低差20m、勾配率70‰。

スイッチバック

エクアドルの海岸と標高2850kmの首都キトを結ぶ鉄道は、悪魔の鼻（ナリス・デル・ディアブロ）と呼ばれる断崖に対処するため、一連のスイッチバックを取り入れている。列車は先が行きどまりの側線に入り、そこから次のスイッチバックまで逆方向に上っていく。短い線路で山を登れる方法である。

ケーブル鉄道

世界初の鋼索鉄道（インクラインと同じ原理のケーブルカー）が開通したのは1862年、場所はフランスのリヨンだ。この鉄道は並行する4本のレールが特徴で、2台のケーブルカーが同時に運行していた。のちに行き違い線（列車交換設備）が開発されると、軌道用スペースも資材も少しですむようになった。行き違い線の両端はレール3本となり（中央のレールは共用）、やがて2本（2本とも共用）となった。

しくみ

レールが2本または3本の鋼索鉄道には途中に行き違い線が作られている。レールの切り替えを防ぐため、各車両の内側の車輪にはフランジがない。

- 下り車両
- 2本レールのケーブルカー
- 2本レールのケーブルカー
- 行き違い線
- 誘導滑車
- フランジのない車輪は内側のレール頭頂面を進む
- 外側のレールは両側にフランジのついた車輪で進む

1905年に開通したウクライナのキエフ・ケーブル鉄道。高低差238m、勾配率360‰。

ヘンリー・フラグラーと海上鉄道

彼はアメリカ史のなかで異彩を放っている。ジョン・D・ロックフェラーと同じように裕福に、有名になれただろうに、ヘンリー・フラグラーは人生最後の30年間をフロリダで鉄道建設と観光業の確立に費やした。最後の功績は、世界で最も大胆な「海上鉄道」の建設だった。これは本土からフロリダ・キーズ〔列島〕をまたぎ、アメリカ最南端のキー・ウエストまで続くもので、完成したのは1912年、フラグラーが亡くなるわずか1年前だった。

フロリダで大活躍する前、フラグラーはロックフェラーの主要なパートナーだった。フラグラーの伝記作家デイヴィッド・チャンドラーによると、ロックフェラーは創造的なフラグラーから刺激を受けたとすなおに認めたという。実際、巨大なスタンダードオイル社の組織作りにおいて、フラグラーはロックフェラーよりも大きく貢献している。独占禁止法に抵触しないよう、巧妙な法律的基盤を築いたのはひとえにフラグラーの努力による。だが、彼は創造的なエネルギーに満ち溢れ、そのはけ口を激しく求めていた。そして見つけたのがフロリダだった。1883年、2番目の妻アイダとハネムーンで訪れたとき、彼はこの地を見て回っていたのだ。

当時フロリダはアメリカ合衆国の州となってまだそれほど年月が経っていなく、土地の権利が売りに出されていた。アメリカで最も古いヨーロッパ人の入植地であるセントオーガスティンは開発が進んでいなかったが、裕福な観光客が大勢押し寄せていた。絶好のチャンスと察したフラグラーは、スタンダードオイルで過ごす日々に別れを告げ、フロリダ東海岸でホテルチェーンの設立に乗り出した。最初に作ったホテルは540室のポンセ・デ・レオン、1888年にセントオーガスティンでオープンした。

メトロポリタン歌劇場やニューヨーク公立図書館を手がけた建築家たちが設計したポンセ・デ・レオンはまさに贅沢の極みであり、すぐに客を魅了した。だが、客足を引っ張ったのが地元の鉄道だった。軌間のサイズがまちまちで、客は何度も列車を乗り換えなければならなかったのだ。セントオーガスティンとニュー

フロリダ東海岸鉄道

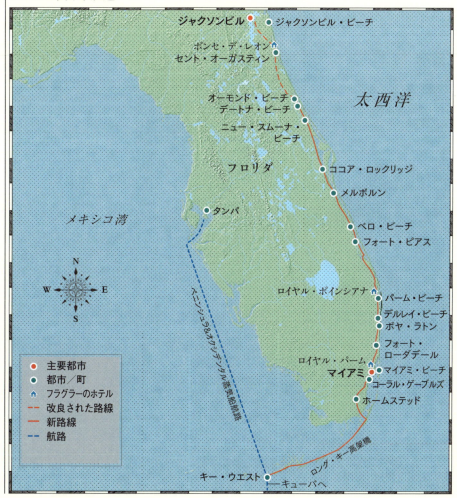

ヨークを直接結ぶしっかりした鉄道が必要だった。そこでフラグラーは既存路線をすべて買収して標準軌に変えた。「平均的な旅客は100回のうち95回は乗り換えするよりも1本の列車で旅をしようと思うものだ」と彼は書いている。だが、鉄道はフロリダ東海岸を3分の1ほど南に下ったデイトナまでしか通じていないため、その先はフラグラーが自分で建設するしかない。

セントオーガスティンの次に彼が立ち寄ったのは自然港のパームビーチで、1893年にここを調査した。いつものようにお忍びで、目立たないように調べ上げたうえで、手に入れたい土地を堂々と買った。そして数ヵ月後に1100室のロ

ポンセ・デ・レオン・ホテル
1888年に完成。フロリダ東海岸を開発したヘンリー・フラグラーの業績を伝える歴史的建造物。現在は1968年に設立されたフラグラー・カレッジの中心にある。

イヤル・ポインシアナ・ホテルをオープンした。チャンドラーによると「世界最大のリゾートホテルで……設備からスタッフにいたるまで、考えうる限りの贅を凝らしたホテル」であり、ここに行けるよう鉄道も延長された。ホテルの利用客は心ゆくまで豪華なひとときを楽しんだ。毎年冬にはこのホテルでジョージ・ワシントン生誕記念舞踏会が開かれ、百両分の専用車両でアメリカの最も影響力ある人びとがやって来る。フラグラーもそのひとりだ。誰もが凝った衣装をまとい、網タイツ、髪粉をつけたかつら、ダイヤモンドを連ねたネックレスを身につける。また、ブレイカーズという名の別館も非常に人気があったため、フラグラーはここをカジノにした。

　彼はまた、地域産業を育むためにモデル・ランド・カンパニーを設立した。チャンドラーによると、この会社は「彼が手がけた他のいかなる事業よりも、フロリダ東海岸の発展に寄与したと言えるだろう」。フラグラーは住民に野菜や柑橘類、パイナップルを育てるよう奨励した。1884年の冬、この地域が前例のない吹雪に見舞われ、芽生えたばかりの農業が壊滅的な被害を受けたとき、彼は打撃を受けた農家にこっそり自分のお金で援助した。さらに彼は天気予報士と手を組んだ。気温が下がりそうなとき、彼の列車はオレンジの木立の間を走る際に長い汽笛を6回鳴らす。これを聞きつけた農民は「いぶしつぼ」を持って果樹園に飛んでいく。いぶしつぼとは、果実を霜害から守る石油ストーブのようなものだ。

　この冬の吹雪がきっかけとなり、フラグラーはさらにもうひとつ決断を下した。

自分の鉄道をさらに南に延長することにしたのだ。わずか100kmほど南では気候も暖かく、農業により適している。鉄道を延長するとなれば、土地の払い下げを受けられる。こうして彼が手に入れた土地は2000万エーカーを超え、そこにはビスケーン湾も含まれていた。この美しい湾は防波島によって大西洋から守られ、小さなマイアミ川の水が流れこんでいる。当時この地域は「ほとんどが湿地帯で、蚊や蛇、マングローブの密林、葉先が鋭く尖ったユッカに満ちていた」が、フラグラーは人が住める土地にして町を作り、水道と電気を引いた。住民たちは町の名を「フラグラー」にしようとしたが彼は辞退し、代わりに川の名をつけようと提案した。こうしてマイアミが誕生した。翌年、彼はここに豪華なホテル、ロイヤル・パームを建設した。このホテルもロイヤル・ポインシアナに劣らぬ人気が出た。1896年にはマイアミまで線路が延長され、隣のジョージア州からジャクソンビルを経由し、フラグラーが建設したリゾート地をつなぐ鉄道が完成した。誰でも地図を見れば、マイアミが終点地だとわかる。だが、フラグラーはさらにそこから海に出て、フロリダキーズと呼ばれる列島を通り、メキシコ湾に浮かぶキー・ウエストまで達する鉄道をめざしていた。彼は友人にこう語っている。「私はやむにやまれぬ力に突き動かされているんだ。この計画はどうしても実現しなければ気が済まない」。その結果が206kmの「海上鉄道」となった。

　ある意味、フラグラーはついていた。建設計画が出来上がった頃、セオドア・ルーズベルト大統領がパナマ運河建設を認可し、キー・ウエストは資材輸送の拠点となる可能性が生じたのだ。フラグラーは鉄道建設の適任者を見つけただけで、あとはすべてその人物に任せた。払い下げてもらえるような土地はなかったが、彼にとって費用は問題ではなかった。

選ばれたのは技師ジョセフ・キャロル・メレディス、メキシコ湾に面するタンピコに巨大な桟橋を建設した経験があった。だが、海上に出る前に、まずエバグレーズ湿地に146kmの線路を敷かなければならない。この大湿地帯には底なし沼もあれば、地図に載っていない湖もある。蛇もワニも蚊もうようよいる。アメリカ最大の浚渫機を

「だが、こんな荒れ地に利用価値を見い出し、さらには鉄道を敷設しようなどとふてぶてしいことを思いつく人間は天才に他ならない……」

ジョージ・W・パーキンス（JPモルガン）
フラグラーの功績について

使わなければ対処できなかった。そして海に出たものの、60kmの「海上」鉄道を作るには合計で27kmに及ぶ複数の橋と32kmの堤防を築く必要がある。前例のない偉業を成し遂げられたのは工学技術のおかげだった。ロング・キー高架橋だけで4kmもある。これを上回るのは11kmのナイツ・キー高架橋で、366本のコンクリート橋脚に支えられており、船を通すために旋回橋が作られている。宿泊地がないため、4000人の作業員は巨大なはしけで寝泊まりしていた。はしけには大量の飲み水をはじめ、生きるために欠かせないものすべてが積みこまれていた。それでも事故や疾病による死亡率は高く、作業員を治療するためマイアミに病院が作られた。また、天候による被害もあった。特に1906年には作業員用のはしけがハリケーンで沈没して少なくとも70人が死亡し、作業が1年遅れた。

　フロリダ東海岸鉄道プロジェクトにかかった費用は2000万ドル（現在の5億ドルに相当）、完成まで7年足らずだった。これほど早く完成したのは、フラグラーの部下たちの忠誠心によるところが大きい。部下のひとりは記者に「人生の1年分を差し出してでも、完成した鉄道をミスター・フラグラーに見せたいと誰もが思っていた」と語っている。そしてフラグラーは完成を見ることができた。キー・

ウエストまで開通した1912年1月22日、彼は涙ぐみながら言った。「夢がかなった。これで幸せに死ねる」。生きてこの日を迎えることはないだろうと思っていたのだ。20年前にフラグラーは、このプロジェクトが完成するには30年かかると予測し、「私はあと20年しか生きられない」と予言していた。完成に伴い、ハバナ急行が導入された。ニューヨークからわずか52時間後にキー・ウエストに到着する便で、旅客はわずか45km先のキューバまで船で行ける。ライフワークを成し遂げたフラグラーは翌年、幸せな人生に幕を下ろした。

　残念ながら、この海上鉄道はうまくいかなかった。大勢の客を惹きつけることができず、しかも天候に左右されるため、安定した運行ができなかった。1932年に鉄道は破産し、1935年9月には20世紀最大のハリケーンで海上部の線路が破壊された。だが、技師メレディスの腕は確かだった。鉄道はのちに国道1号線に作り替えられたが、路盤をそのまま利用できたのだ。実際、陽光の州（サンシャイン・ステート）と呼ばれるフロリダが今の姿となったのは、フラグラーの尽力によるところが大きい。彼がやって来たとき、フロリダは合衆国のなかで最低の部類に入るほど貧しい州だった。それが今日では世界屈指の好調な経済を享受している。

海上急行
フロリダキースの2つの島を結ぶ4kmのロング・キー高架橋を進む急行列車。のちにフラグラーの鉄道ルート上に海上道路（国道1号線）が作られ、今日この高架橋はハイウェイを支えている。

貨車を牽引する

鉄道に大きく貢献している貨物用の機関車には、速度よりも出力の大きさが求められる。貨物用の機関車の需要が増えたのはコンテナ輸送が始まってからだ。現在でも石炭、穀物、液体などかさばる荷物を運ぶには鉄道輸送が好まれている。

ユニオン・パシフィック No.25408 緩急車（1959年）
アメリカとカナダの鉄道で使われた緩急車は貨物列車の最後尾にあり、車掌が乗っていた。アメリカやカナダではカブースと呼ばれていた。語源はオランダ語のkabuis（船の調理室）だ〔英国などではブレーキ・バンと呼ばれた〕。自動信号機の導入により車掌が必要なくなったのを受け、緩急車は役目を終えた。写真のモデルには貨物を見張るために窓のついたキューポラ（突出し部分）が作られている。

B&O No.3684（1966年）
ゼネラル・モータース社が製作したGP40クラスの電気式ディーゼル機関車。汎用機関車で、重たい貨物も含めさまざまなユニットを一度に牽引できた。2240kwの出力が可能となった初の機関車で、ボルティモア・アンド・オハイオ鉄道で使用された。

前方に窓がある機関士室

16.8mの台枠に取りつけられている

B&O No.7402（1964年）
ボルティモア・アンド・オハイオ鉄道に24台あったSD35クラスの電気式ディーゼル機関車のひとつ。No.7402は16シリンダーのエンジンを搭載し、出力は1900kwだった。三軸ボギー台車が2つあるタイプは、速度が遅く重量がある貨物列車の典型である。

貨車を牽引する 213

ノーフォーク＆ウエスタン No.522（1962年）
No.522はゼネラル・モータース社がノーフォーク＆ウエスタン鉄道用に導入したGP30クラスの最初のモデルだった。電気式ディーゼルエンジンを搭載し、出力1680kwに達していた。

サンタフェ・サザン No.92（1953年）
電気式ディーゼル機関車「スイッチャー」は車両基地で列車を別の軌道に入れ替える（＝スイッチ）するのに使われた。No.92はGP7クラスで、ゼネラル・モータース社が製作した。幅の狭い車体の外側を足場で囲む「フード・ユニット」を使った初期の機関車のひとつだ。

ノーフォーク＆ウエスタン No.1776（1970年）
ゼネラル・モータース社がノーフォーク＆ウエスタン鉄道用に製作した115台のSD45電気式ディーゼル機関車のひとつ。1976年、アメリカの独立宣言200年を記念して星条旗が描かれた。

121cm径 ラジエータ ファン3個

機関車の重量141トン

走行時速104kmに調整してある

外部通路

SBBカーゴTRAXX F140 AC（2003年）
ボンバルディア社が製作したスイス連邦鉄道（SBB）用の交流電気機関車TRAXXクラスは、さまざまな用途に汎用できるよう搭載機器をモジュール化したことにより、経済的に最も成功を収めている。写真のモデルはスイス連邦鉄道（SBB）の貨物輸送部門（SBBカーゴ）が操業する電気式ディーゼル車。

ケープからカイロへ
未完の鉄道

　それは鉄道作りの夢というにはあまりに荒唐無稽な、大それたものだった。カイロから喜望峰まで、英国のアフリカ植民地（当時の政治地図でピンクに彩られた部分）を結ぶ1本の鉄道は完成しなかった。このアフリカ縦断鉄道の建設が始まったのは1880年代のことで、40年後にようやく形になるのだが、途中にある湖や川は別の輸送機関で渡らなければならず、そういう区間が何百マイルもあった。だが、このプロジェクトの賛成者のなかで最も楽観的な人びとでさえ、途中に海上ルートをはさむ必要があると考えていた。実際、この鉄道を発案したセシル・ローズも、プロジェクトは始点から終点まで鉄道だけで結ぶものではなく、「ルートを進みながらあちこちで取引をする」のが目的であり、大英帝国の領土全体を通過できることがきわめて重要だとしていた。

　彼の考えはヴィクトリア時代末期の大英帝国のさまざまな欲望を凝縮したものだった。個人の権力欲、商業・財政上の欲、そして軍事的必要性。ただ、ロンドンからの資金援助は期待できなかった。このプロジェクトを失敗とみなすにせよ、部分的成功とみなすにせよ、帝国主義者、請負業者、技師が集まり、何千マイルもの鉄道を建設し、それが今もなおアフリカ大陸にとって重要なものとなっているのは事実だ。大西洋に至る路線、インド洋に至る路線いずれも組み込んだこのルートは、副産物として数々の新しい町や都市を生み出した。鉄道史家ジョージ・テ

セシル・ローズ
ケープからカイロまで、英国の植民地をつなぐ鉄道を建設するという夢を実現させようとしたのは、英国の帝国主義者セシル・ローズだった。

イバーの著書『ケープからカイロに至る鉄道』によると、ザンビアの首都ルサカは「ライオンが出没する引込線」にすぎず、やがてボツワナの首都となるハボローネは「カラハリ砂漠の端にぽつんとできた水たまり」だったそうだ。

アフリカ全土の英国領を通る鉄道をという発想は1876年、探検家H・M・スタンリーがデイリー・テレグラフ紙宛ての手紙にしたた

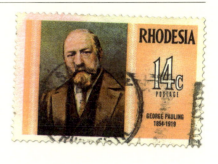

ジョージ・ポーリング
型破りな技師ジョージ・ポーリングは、驚くべきスタミナとスピードでアフリカ南部にローズの鉄道を建設していった。

めたものが最初だ。のちにスタンリーは説明している。「アフリカの緊急課題を解決するには鉄道しかない。牛疫やツェツェバエで荷車を引かせる家畜が全滅しているのだから。また、この大陸に商業や通信網をもたらすことで、奴隷制度の廃止にもつながるだろう」。スタンリーのアイデアは、とどまるところを知らない野心を抱くセシル・ローズによって現実のものとなった。アフリカ南部でダイヤモンド取引によって財産を築いたローズは、植民地支配者として、政治家として、権力欲に取りつかれていた。ローズのプロジェクトを終始支援したのはチャールズ・メトカーフ（後のチャールズ卿）、貴族でありながら顧問技師でもあるという変わった人物で、ローズとはオックスフォード大で学んでいたときからの友人だった。

ローズが野望を果たすためには、通り抜けがほぼ不可能な大陸に何千マイルもの鉄道を建設する工学スキルに恵まれた人物が必要だった。運のいいことに、格好の人物が見つかった。英国の鉄道技師ジョージ・ポーリング、家族経営の土木建築請負会社ポーリング・アンド・カンパニーの社長だ。海外での鉄道建設に10年携わったのち、1894年にこの会社を設立した。ジョージの弟ハリー、4人のいとこ、そして義理兄弟のアルフレッド・ローリーも会社のメンバーだった。

ジョージはあらゆる面で目立つ男だった。体格も非常に大きく、「どうしても体重を100kg以下に落とせない」と言ってはばからない。彼のすさまじい食欲を考えれば、無理もないだろう。列車が48時間立ち往生したとき、その間に彼は友人2人とドイツビールを300本空けた。また、別の場ではひとりで牡蠣を1000個平らげたこともある。ジョージが取引していた銀行家エミール・デルランジェに言わせると、ジョージは「どんな力仕事でも楽々とこなせる体に恵ま

れ、おかげで疲れも病気も知らなかった」そうだ（セシル・ローズがロスチャイルド一家に財政支援を仰いでいたように、ジョージはデルランジェを頼っていた）。それほどのスタミナの持ち主が、間に合わせの鉄道を作ってくれ、橋などはあとで架ければよいからと打診されて快諾した。頑丈な鉄道を作れるという自信があったからこそ、どう考えても不可能に思えるスピードで建設すると約束したのだ。彼が金銭的な成功を収めたのは、土地を一目見た程度で最も安く最短のルートを見極める才能があったからだ。彼は外部の者が行った測量を基に見積もり、線路１マイルごとの定額料金で請求していたが、大いに稼げたのは近道を見つけられたからだった。

最初に開通したのは1863年、アフリカ南端のケープ植民地内だった。コスト削減のため1076mmの狭軌道で、これは「ケープ軌道」と呼ばれるようになる。資金に制約があったために路線の開発は限られ、狭軌道だったために平均時速は

ケープからカイロまでつなぐ鉄道の建設
作業は1859年、南アフリカのケープタウンから始まった。1918年、鉄道がコンゴ川に達したとき、アフリカ縦断鉄道の夢は捨て去られた。

56kmが精一杯だった。1872年、ここか
ら北に965kmのキンバリーでダイヤモン
ドが発見され、人びとが殺到した。植民
地支配に燃える若き日のセシル・ローズ
は、確かな経済的理由を見つけ、さらに
野心的な鉄道建設計画に乗り出した。

**ケープからカイロまで
直線距離
6,750 km**

　1885年には鉄道がキンバリーまで延長された。その頃、ローズは自分の会社デ
ビアスを通じてせっせとダイヤモンドの独占に励んでいた。ここまでの鉄道建設は
けっして容易なものではなかった。乾燥し荒涼としたカルーの高原まで1000m以
上も上らなければならない。ケープタウンからウースターまで、最初の650kmを
建設するのに8年かかったが、ジョージ・ポーリングはそれよりはるかに速いペー
スでキンバリーまで建設すると約束した。カルー高原での建設は楽で、ポーリング
の部下たちは1日に1kmものペースで進んでいった。現地のアフリカーナ人〔南ア
フリカのヨーロッパ系（特にオランダ系）白人〕たちは鉄道を英国の帝国主義の象徴とみ
なし、「悪魔の発明品」とも考え、建設に反対したが、ポーリングは強引に推し進
めた。そんな彼に思いがけない切り札が転がりこんだ。2人のアフリカーナ人が英
国人ホテル経営者から門前払いをくらい、途方に暮れていたところをポーリング一
味が温かく迎え入れた。これにより、隣のトランスバール共和国〔現在の南アフリカ
共和国北部〕のクルーガー大統領から感謝と支援を得ることができたのだ。

　1890年、政治家でもあり実業家でもあったセシル・ローズは、ケープ植民地
の首相になった。その1年前には、2つの国を支配する目的でイギリス南アフリ
カ会社を設立している。2つの国には後にローズの名がつけられ、北ローデシ
ア〔現在のザンビア共和国〕と南ローデシア〔現在のジンバブエ〕となった。ローズは
ザンベジ川の北にも鉄道を敷設し、いつかはナイル河谷まで達する計画を立て
た。まずは現在の終点フライバーグから北に160kmのマフェキングまで鉄道を
延長する〔いずれも現在の南アフリカ共和国〕。開通したのは1894年10月だった。次
は850km先のブラワヨ〔ジンバブエ〕だ。ジョージ・ポーリングは1日1.5km以
上もの驚くべき速さで建設するという約束を守った。1897年、ブラワヨに到着
した作業員たちを迎えたのは「我々の進歩の道は2つ、鉄道とセシル・ローズだ」
と書かれた横断幕だった。

　次はブラワヨから南ローデシアの首都ソールズベリー〔現在はジンバブエの首都ハラ

レ〕をめざす。ここは2本の支線が必要だ。ひとつはソールズベリーからポルトガル領モザンビークのインド洋に面したベイラまで、もうひとつはソールズベリーからブラワヨまで。だが、すぐには建設に取りかかれなかった。英国とポルトガルの当局間に緊張が走り、ついには英国軍とオランダの砲艦を巻きこむ外交上の事件にまで発展したのだ。両国間に条約が交わされ、1892年に鉄道の建設が許可された。このルートは湿地も森も通過し、19世紀の基準で見ても非常に危険なプロジェクトだった。建設開始から最初の2年間に白人の半数以上、そしてインドからの移民労働者500人ほぼ全員が高熱で死亡した。この地方の病気に対する免疫がなかったのだ。それでもポーリング・アンド・カンパニーのプロジェクト・マネジャー、アルフレッド・ローリーは建設し続けた。彼はすばらしい技師で、鉄道史家テイバーによると「60cm軌道のミニチュア路線を……雑に盛土した上にありあわせのもので〝でっちあげた〟」。ときには「移動遊園地のジグザグ鉄道のような動きをすることもあったが、驚くほどすばらしいできばえだった」そうだ。この路線は1年後の1899年に「ケープ軌道」に作り替えられた。1898年2月、一番列車は「カイロまでもう遠くはない」というスローガンを掲げてローデシア国境に到着した。1902年にはブラワヨから〔東に〕延びる路線がベイラに達し、大西洋（ケープタウン）とインド洋が全長3200kmの1本の路線で結ばれた。

　その間にアフリカ大陸北部では鉄道建設がかなり進んでいた。エジプトの地中海沿岸から南下する鉄道だ。エジプトには1850年代半ばから鉄道が存在していたが、財政的・政治的問題のため、南隣のスーダンまでは延びていなかった。ところが、思いがけない突破口が開けた。英国が支配するエジプト軍総司令官、ハーバート・キッチナーが軍を率いてエジプトからスーダンの首都ハルツームに向かうことになったのだ。ハルツームでは15年前にマフディーの反乱により英国のチャールズ・ゴードン将軍と英国人居住者全員が殺害され、以来マフディスト〔植民地支配からの「救世主」ムハンマド・アリーとその支持者〕に占領されたままだった。キッチナーはエジプトからハルツームに行くために鉄道を作るよう命じた。ナイル川沿岸のワーディー・ハルファ〔スーダン北部、エジプトとの国境付近〕から何百マイルも続く航行不能の川を迂回し、南のハルツームに軍隊を送る必要があったのだが、専門家たちは不可能だとはねつけた。だが、キッチナーはポーリングに匹敵するような人物を見つけた。若いフランス系カナダ人のパーシー・ジルアード、ポーリングほど型破りではないが才能があり、経験も積んだ鉄道技師だ。

アブー・ハメド〔ワーディー・ハルファとハルツームの中間地点〕まで南下するのに、蛇行するナイル川沿いに進むと1000km近くかかるが、ジルアードは砂漠を横切る400kmのルートを見つけた。楽に進める土地ではなかった。若きウィンストン・チャーチル（キッチナー軍の部外広報係と将校を兼務していた）は「その地の荒涼たるさまは言葉の力では言い尽くせないほどだったが、鉄道作業員たちは臆せず進んでいった」と述べている。キッチナーは、いずれはセシル・ローズの鉄道と接続する可能性も視野に入れ、「ケープ軌道」と同じ軌間（1076mm）で建設すると決めた。ジルアードはワーディー・ハルファを起点とし、駅も店も食堂もある正真正銘の「鉄道町」を建設した。そしてわずか6ヵ月後に鉄道はアブー・ハメドに達した。くしくもその日はポーリングがブラワヨに達した日だった。

それから9ヵ月後、鉄道はハルツームに近いアトバラに達し、ここからキッチナーはオムドゥルマンの戦い（1898年9月）にてゴードンの仇を取った。戦いは事実上の虐殺であり、犠牲者数はマフディスト軍数千人に対し、英国軍はわずか50人であった。チャーチルが指摘しているように、「主に輸送力の勝利と言えた。カリ

オムドゥルマンの戦い（1898年）
キッチナー総司令官はオムドゥルマンの戦いにてマフディスト軍を破り、殺害されたゴードン将軍の仇を討った。キッチナー軍は専用の鉄道で戦場に向かった。

> 「ザンベジ川に橋を架ける。
> 通過する列車に滝のしぶきが
> かかる位置にだ」
>
> セシル・ローズ

フ（マフディーの正式な称号）は鉄道に敗れたのだ」。この遠征は大英帝国に大きな政治的影響を与えた。帝国主義者の植民地大臣ジョセフ・チェンバレンはのちに記者に語っている。「いいか、アフリカにはやがて大湖沼〔タンガニーカ湖、ヴィクトリア湖等〕にも、トランスバールにも、ケープにも鉄道が敷かれるときがやって来る」。アフリカ大陸南部に話を戻そう。1899年、ボーア戦争が勃発する直前に、ポーリングはローズの夢をかなえるため、さらに野心的な路線を建設すると約束した。ブラワヨから線路を延長し、ヴィクトリアの滝のある地点でザンベジ川を渡り、さらに北上してコンゴ国境を越えたリカシまで、1600km以上にも及ぶ路線だ。このプロジェクト期間は14年だったが、ボーア戦争により計画は3年遅れた。

　この戦争中、ジルアードは沿線のあちこちに出没しては指揮をとっていた。鉄道は英国にとって欠かせない通信手段と判明したが、攻撃から線路を守るために大勢の兵士を割かなければならなかった。新たな路線建設は、サバンナ平野を通り抜ける最初の480kmは比較的単純作業ですみ、1904年ザンベジ川に到着した。まもなくケープタウンから北上するザンベジ急行が定期運転されるようになった。ヴィクトリア滝の付近で200mの川を渡るのは不可能に思われたが、この偉業を成し遂げたのは英国北東部ダーリントンのクリーブランド・ブリッジ＆エンジニアリング・カンパニーだった。英国人技師ジョージ・ホブソンの設計明細に従い、橋を作ったのだ。製作には5ヵ月かかり、それを分解してアフリカ中心部に輸送し、現場で再び組み立てた。

　その後の鉄道延長には確固たる経済的目的があった。ワンキー〔現在のフワンゲ（ジンバブエ）〕は莫大量の石炭埋蔵地で、ブロークン・ヒル〔現在のカブウェ（ザンビア）〕もカッパー・ベルトと言われるほど大量の銅の産地だ。いずれの地域も北ローデシアにあり、到達するにはヴィクトリア滝の橋よりさらに長い橋をカフエ川に架ける必要があった。今回もホブソンが設計したこの橋は鋼鉄製で13の支間を有し、わずか5ヵ月で完成した（1906年）。ポーリングたちはすでにこのような巨大建設プロジェクトに慣れ、ザンベジ川から北に80kmのカロモからブロークン・ヒルまでの450km区間を277労働日で仕上げた。だが、1902年にセシル・ローズが48歳の若さで亡くなり、その後はプロジェクトを進めようという勢いが著

ザンベジ橋梁
ヴィクトリア滝の所に架けた吊橋は工学技術の驚くべき偉業だ。英国で製作して分解し、現場で再び組み立てた。橋の完成は1905年で、セシル・ローズは完成した姿を見られなかった（1902年没）。

しく低下していた。ローズの後任はスコットランド人鉱山技師のロバート・ウィリアムズで、ローズのような大英帝国主義的視点に欠けていた。それでも彼はコンゴを植民地としたばかりのベルギー当局と3年かけて交渉し、ベルギー領内での鉄道建設を許可すると譲歩を引き出した。1909年、鉄道はついに英国領から離れ、東のタンガニーカ〔現在のタンザニア大陸部〕ではなく、北ローデシアよりさらに豊富な銅その他の鉱物の埋蔵地であるカタンガ地域〔コンゴ南部〕へと向かった。当時タンガニーカはドイツ領東アフリカの一部だった。鉄道はコンゴ川に沿って北上し、1918年には725km先のブカマまで達した。ドイツが第一次世界大戦で東アフリカ領をすべて失ったのはこの年だった。

　第一次世界大戦の終戦とともに、アフリカ大陸縦断鉄道という帝国主義的な考えは破棄され、コンゴの鉱物をヨーロッパに輸出するための最短ルートの建設が中心となった。コンゴからアンゴラの太平洋岸のロビトまで通じるベンゲラ鉄道が建設されたのも、この目的のためだったのだが、全長1200kmを超えるこのルートは建設がきわめて困難で、完成したのは1929年だった。その時までケープからカイロまで通じる鉄道はかろうじて存在していた。やや遠回りなルートで、途中で湖やナイル川をフェリーで渡らなければならなかったが、全ルートを旅したタフな者も何人かいた。だから、アフリカ大陸縦断という途方もない大事業だったことを考えると、セシル・ローズの構想は実現したと言ってもいいのではないだろうか。

ケープからカイロまで

アフリカ大陸を開放して貿易を行うというヴィクトリア時代の帝国主義の理想に燃えるセシル・ローズは、英国植民地を通って南北を結ぶ鉄道を建設しようとした。だが、彼の野心的な計画は完全には実現されなかった。山も砂漠もジャングルもあり、地元住民の反対もあり、膨大な資材をまかなう資金も不足していたため、第一次世界大戦が終わったときには実用主義が理想主義に打ち勝っていた。アフリカにはダイヤモンド、金、銅などが豊富にあり、その後は天然資源開発が鉄道建設の目的となっていった。本地図は1880年代から1920年代にかけて完成された区間とその接続路線を示したものだ。

凡 例
- 都市
- 町
- 主要路線
- 地方路線
- 河川ルート
- 植民地境界線

大西洋

路線の開通
ケープ・カイロ路線の支線で、モザンビーク沿岸のベイラとソールズベリー（現在のハラレ）を結ぶ路線が1899年6月19日に開通した。ソールズベリーに到着した一番列車を出迎えたのは、この路線の技師ジョージ・ポーリングとアルフレッド・ローリーだ。英国の国旗も華を添えている。

ケープからカイロまで 223

鉄道の電化

1830年代末、馬はすでに列車牽引の役を退き、蒸気機関車がほぼすべての鉄道で使われていた。電力が蒸気機関車に挑戦をしかけるのは19世紀末になってからだ。電気はクリーンで効率も良く、最終的には安くつき、利点は数々あるのだが、電気をなんらかの形で列車に供給するには相当な資本投資が必要だった。外部から取り入れるとなれば、列車の上の空間を通る架線(架空電車線)方式または第三軌条方式〔走行用レールとはべつに設けられた給電用レール〕が最も一般的で、車両内部で発電するとなれば、発電機を搭載するなどのシステムを開発しなければならず、いずれにしても初期支出が莫大な額になる。だが、電気の良さが知れ渡ると、電化の動きは避けられなくなった。

　真っ先に蒸気機関車を導入した英国は、電車の導入でもいちばん早かった——もっとも電車が広く普及してくると、技術競争で他国に後れをとることになった。初めて電気機関車を作ったのはスコットランドのアバディーン出身の化学者ロバート・デイビッドソンで、1837年とじつに早かった。電池で動くタイプで、1841年には王立スコットランド芸術協会主催の展覧会に2代目のガルバ

ニ号が展示された（使用しているガルバニ電池から名をつけた）。重量7.7トンの大きな機関車で、2.5kmの距離を6.7トンの荷を牽引して時速6.5kmで走ることができ、翌年エジンバラ・アンド・グラスゴー鉄道で試運転が行われた。だが、電池切れの問題があり、ガルバニ号はあまり実用的ではなかった（この問題があるため、今日でも輸送用としての電池使用は限られている）。また、鉄道作業員たちからの反対もあった。電車になれば生活の糧が失われると考えた彼らは、怒りに駆られて電気機関車を破壊したのだ（ラッダイト運動）。

1879年、ドイツの実業家ヴェルナー・フォン・ジーメンスは初の電車を開発し、ベルリンで300mの円形線路に走らせた。第三軌条から電気を取り入れるタイプで時速13kmに達し、数ヵ月間稼動した。英国初の電車は1883年に完成した狭軌のボルク電気鉄道で、今日でもブライトン海岸線を2kmにわたり運行している。もともとは低電圧の発電機が2本のレールを経由して50ボルトの電流を小型エンジンに供給するしくみだった。のちに電圧が上がり、軌道も60cmから80cmと広くなった。

初期には電気を使った興味深い実験があちこちで行われていた。アイルランド

ジーメンスが初めて製作した電気旅客列車
ヴェルナー・フォン・ジーメンスの列車は1879年のベルリン見本市に展示され、訪問者をおおいに喜ばせた。4ヵ月あまりの展示期間中に8万6000人もが試乗した。

英国初の電気旅客鉄道
高波が打ち寄せるなか、ブライトンの海岸沿いを走るボルクの電気鉄道。1883年に開通したこの鉄道は最初の6ヵ月で3万人もの乗客を運び、今日もなお営業している。

ではウィリアム・トレイルが地元の滝で水力発電を行い、これをジャイアンツ・コーズウェー〔石柱群。世界遺産に登録〕を見に来る観光客用の鉄道に利用した。トレイルはジャイアンツ・コーズウェー、ポートラッシュ、ブッシュ・バレーを結ぶ全長15km、軌間90cmの鉄道を作り、タービンとダイナモを取りつけ電力を供給することにした。だが、鉄道が開通した1887年の時点ではまだ電力供給が不安定で、不足分を蒸気機関車が補っていた。第三軌条方式から架線方式に切り替えると、供給の安定性が改善された。第三軌条は線路を渡る人には危険でもあった。1895年には、自転車に乗っていた人が電流の通っているレールに接触してショック死している。蒸気機関車と併用とはいえ、トレイルの鉄道は環境面では時代に先駆けており、その後は多くの路線、特に山間部の路線がより洗練された形の水力エネルギーを動力源とするようになる。

　蒸気機関車はほぼすべての鉄道に使われていたが、例外がある。路面軌道だ。町の中に敷かれたレールを使うため、ぬかるみで立ち往生することがない。蒸気機関車が町を走り回るのは危険なうえに、実用的とは言えない。何度も止まっては発車を繰り返すとなるとスピードが出せず、うまく運転できないため、路面電車(トラムウェイ)が登場するまでは馬が牽引するのが一般的だった。馬から電車へと技術

的に一段階飛び越えたのだ。営利的な路面電車が初めて登場したのは1881年、ベルリン郊外のリヒターフェルデだった。建設したのはヴェルナー・フォン・ジーメンス、この2年前に世界初の電車を披露していた。1883年にはオーストリアのウィーン近郊でメードリンク・ヒンターブリュール電気軌道が開業した。架線から電気を取りこむ形で常時運転を行う路面電車は、これが世界で初めてだった。

　アメリカで初めて路面電車（アメリカではトラムウェイではなくトロリーと言う）が登場したのは1888年、バージニア州のリッチモンド・ユニオン旅客鉄道だった。新しいテクノロジーのおかげで路面電車は急速に拡大し、わずか10年あまりのうちにほぼ全国で見られるようになった。電化以前の、馬が牽引していた時代は総延長がわずか4800kmだったのが、電化後の1905年には3万3000kmを超え、路面電車は都市交通の最も一般的な手段となっていた。架線方式には潜在的な危険性がつきまとい、感電事故が起こることもあったが、実際にはめったに生じなかったようだ。

　世界各地、特に都市部や山間部ではトンネルが増えており、電気機関車を求める声が高まった。1863年に開通したロンドンの地下鉄、メトロポリタン鉄道は成功だったものの、煙がトンネル内では危険なレベルに達することがじきに判明し、ロンドン市当局は市内での蒸気機関車の使用を禁止した。世界に先駆けて地下鉄を開発した英国は、鉄道に電力を使うというまたも画期的な方法を見い出した。1890年に開通した全長5.1kmのシティ・アンド・サウス・ロンドン鉄道は世界初のチューブ線で、ロンドンの地下深くに作られているため鉄道全体が地下に潜っている。通気の悪いトンネル内では蒸気機関車が使えない。最初はケーブルで牽引してはどうかと提案されたが、結局は電気が使われることになった。この地下鉄は開通後まもなく成功を収めたのだが、小型エンジンによる発電だったため、乗客が大勢乗っていると牽引力不足になるときがあった。そうなると終点のキング・ウィリアム・ストリートの傾斜を登りきれず、いったん後退して再度挑戦することになる。こうしたトラブルはあったが、電力を使用する地下鉄は急速に広まり、まもなく客車自体に動力装置が取りつけられるようになった。これなら機関車は必要ない。蒸気機関車を使っていた初期のロンドン地下鉄は、20世紀の最初の10年間ですべて電化された。

　山もトンネルも多いスイスで電車が発達したのは当然だった。1896年、最初の営利用電車がルガーノ軌道線を走った。1899年にはブルクドルフとトゥーン

アメリカの路面電車
1895年、ワシントンDCの路面電車。導入から10年で、路面電車はアメリカで最も人気のある都市交通となった。

を結ぶ全長40kmの主要路線が電化された。だが、スイスが世界で先駆けて電化したのは山岳ルートだった。シンプロン・トンネル線は1906年の開業時から電気を動力源としていた。また、ゴッタルド峠線は1920年に導入された電気牽引の良さを世に知らしめた。険しい勾配を登るのに、蒸気機関車2両使っても224トンの客車を時速32kmで進むのが精一杯だったが、電気機関車は1両で336トンの客車を時速48kmで牽引できたのだ。その後、スイスでは電化が標準となり、ヨーロッパ全域に急速に広まっていった。スイスが電化に成功した背景には、第一次世界大戦後の石炭不足と、安価な水力発電で電力を豊富に使えたことが挙げられる。すでに登山鉄道で2路線を電化していたイタリア、そしてフランスの両国は、主要路線の多くの電化計画を打ち立てた。フランスの場合は技術的な問題だけでなく、蒸気機関を好む鉄道経営者の抵抗もあり、計画はなかなか進まなかったが、イタリアではムッソリーニの肝いりで急速に電化が進んだ。1925年に独裁者となった彼は、電気鉄道こそが近代性を表すものだと考えていたのだ。

　世界で初めて幹線の電化を達成し、スイスの牙城を崩したのはアメリカだった。1895年、ボルティモア・アンド・オハイオ鉄道が建設した全長6.5kmのボルティモア・ベルトラインは主要路線をニューヨークと結ぶもので、ボルティモアの都市周辺部を通り、いくつものトンネルを有していた。1903年、ニューヨーク州議会はマンハッタンおよびハドソン川の下を通るトンネルで煙を吐く機関車の使用を禁止すると決定し、これが国内鉄道の電化に拍車をかけた。1906年にはニューヨーク・セントラル鉄道に電気機関車が登場し、1930年代にはこの法

規制を受け、ペンシルベニア鉄道はペンシルベニア州都ハリスバーグ東部の路線をすべて電化した。

だが、電化の利点は明らかだったにもかかわらず、鉄道の電化は部分的なものにとどまった。鉄道経営者が変化を嫌ったせいもあるが、どの電気システムを採用すればいいのか判断しづらかったという理由もある。鉄道にはさまざまな電気技術が使われていた。電圧もいろいろあり、電気回路の位相もひとつではなく（単相、2相、3相）、電流も直流と交流がある。今日でも数多くのシステムが存在し、特に国境をまたぐ路線ではシステムの統一の妨げとなっている。

電化推進論者にとって最も難しいのは、第三軌条方式にするか架線方式にするかの選択だ。主要幹線は架線方式がほとんどなのに対し、通勤用路線や郊外の路線ではたいてい第三軌条が設置されていた。英国のサザン鉄道で1923年から1937年まで総支配人を務めたハーバート・ウォーカー卿は、英国の鉄道電化を推し進めた偉大なパイオニアだった。彼は架線ではなく第三軌条方式を使うと決め、すでに架線システムができあがっていたブライトン線を第三軌条方式に改めさせた。この方式は低電圧に頼らざるを得ないため、現在では非効率的で時代遅れとみなされているのだが、総延長1600kmを超える第三軌条方式の郊外路線網をこれから架線方式に切り替えるとなったら費用がかさみすぎる。ロンドン地下鉄は四軌条方式という変わったシステムを採用している。世界に1つしかないもののひとつだ（レールを1本増やすことで総電圧を上げられる）。

新たに建設される鉄道がほぼ例外なく電気を動力とするようになるのは、第二次世界大戦後になってからだ。ヨーロッパの既存幹線がほぼすべて電化したのも大戦後である。ただ妙なことに、電気鉄道を早い時期に採用したアメリカでは、電化した鉄道網が非常に少なく、北東部の旅客用路線何本かと、一部の通勤用路線ぐらいしかない。主要路線の大半はディーゼル機関車が牽引している。インドでもまだディーゼル機関車が多くの路線で使われているが、近代化しているアジア諸国のほとんどは、利用客の多い路線は電化するのが標準となっている。また、世界の高速鉄道はすべて電気を動力としている。

電気機関車の登場

19世紀には、電車は煙と煤を吐き出す蒸気機関車よりもクリーンな代替手段として考えられるようになっていた。最初の電車が登場したのは1880年代で、それ以降20世紀へと続いていった。より安価な電気式ディーゼル機関車が登場するのは1930年代からだ。

NER No.1（1904年）
ノース・イースタン鉄道（英）が導入したES 1クラスの電気機関車2両のうちのひとつ。No.1の特徴は凸型の機関車で、架空線または送電用第三軌条から動力を得ていた。

イングリッシュ・エレクトリック No.788（1930年）
再充電可能なバッテリーを使い、イングリッシュ・エレクトリック社の製作現場で車両を別の線に入れる際に使用された。このクラスは英国でさまざまな軽工業用途に用いられた。

ペンシルベニア鉄道 No.4465（1963年）
ゼネラル・エレクトリック社（米）が製造したE44クラスの貨物用電気機関車。主電動機を6台搭載した頼もしい汎用機関車で、最高時速112kmを出せた。

双方向運転用に凸型デザインとなっている

車体（車体外殻）は流線型にするためボルトではなく溶接してある

ペンシルベニア鉄道 No.1935（1943年）
通称ブラックジャック。GG1クラスの客車用電気機関車で、のちには貨物用としても使われた。工業デザイナーのレイモンド・ローウェイによる独特な流線型のため、機関車の力強さが見た目にはわからない。コンクリートのバラストを使用することで、牽引力はさらに高められた。

ウィスカ塗装　　　三軸ボギー台車

231

SNCF BB9004（1954年）
フランス国鉄（SNCF）のために製作された高速電気機関車。1955年に時速331kmの世界記録を出したが、同じ日にSNCFの別の電気機関車CC7107も同じ記録を打ち立てた。この記録は2006年まで破られなかった。

DBクラス160「ビューゲルアイゼン」（1927年）
ドイツ鉄道（国鉄／ドイチェ・バーン）は1927年から1983年まで、機関車を別の軌道に入れるためにクラス160の電気機関車14両を使っていた。エンジンの後方に機関室があり、その独特な形から「ビューゲルアイゼン〔アイロン〕」と呼ばれていた。

コンレール No.2233（1963年）
1970年代、経営破たんしたアメリカの鉄道会社6社を統合する形で統合鉄道公社（コンレール）が誕生した。この汎用GP-30電気式ディーゼル機関車はディーゼル機関車の「第二世代」のひとつで、初めて公開したのはゼネラル・モータース社の機関車部門だった。

日本貨物鉄道　EH200DC（2001年）
EH200クラスは東芝が日本貨物鉄道のために製作した電気機関車で、日本の貨物輸送の主軸となっている。最高時速110km、出力4520kw。主に石油タンクの牽引と急勾配での牽引に使われている。

パンタグラフで架空線から電気(交流)を得る

GG1クラスは全長24m、高さ4.5m

カーブに対処する関節式フレーム

鉄道を運営する人びと

鉄道を運営していくには非常に多くの人員が必要だった。線路が敷かれ、ナヴィなど建設作業員が立ち去ってから、まったく異なるタイプの従業員が登場する。機関士、火夫、ポーター、車掌、技師、保線作業員、信号手（初期の頃はポリスメンと呼ばれていた）、そして踏切警守。多くの鉄道会社は、誕生したときからその国最大の従業員を抱えていた。初期の時代、そして多くの国では20世紀になってからも、従業員はほぼ例外なく男性だった。女性が採用されるようになるのは2度の世界大戦時、またはそれ以降だ。

英国のリヴァプール・アンド・マンチェスター鉄道は1830年に開通した時点で、世界初の商業用旅客鉄道路線となっただけではない。この鉄道が導入した数々の基準や業務は、その後世界中の鉄道会社が踏襲していくことになった。細かい点に至るまで厳しい規律を課し、見落としを防ぐのは、列車を時間通りに運行し、安全を確保するためには欠かせない。したがって従業員は軍隊式のルールに従い、粋な制服をあてがわれた。この時代、鉄道に匹敵する規模の組織といえば軍隊だけで、必然的に元軍人が主な人材となった。訓練され、規律を守れる人物が求められたからだ。実際、ごく初期のポーター、機関士、火夫、保線作業員は元兵士または元水夫が多かった。

19世紀半ばの鉄道ブームになると組織はますます大きくなり、運営に新たなスキルや専門職——専門技術者、会計士、弁護士、管理者などが必要となった。このような職種もやはり軍関係者が従事したが、今回は将校クラスとなった。こうして初期の時代、鉄道は軍隊的色彩が強く、その日に取り組むべき「課題項目」を発表するのが一般的だった。だが、鉄道で勤務していたのは元軍人だけではない。切符の販売などの事務職は、多少なりとも教育を受けた者なら誰でも採用された。急速に拡大していく鉄道業は他の企業とは非常に異なっていたため、研修といっても現場で仕事を学んでいくことがほとんどだった。

多くの国では、鉄道会社の組織構造はその国の社会的または政治的階級を反映したものだった。インドは英国支配下にあったとき（1947年以前）、作業員や単

駅長（1904年）
駅長はホワイトカラーの職として非常に人気があった。写真の人物は英国オックスフォードシャー州フィンミア駅の駅長。地元では非常に尊敬される重要人物だったのだろう。

　純労働者は現地人だったが、管理職は白人のヨーロッパ人またはインド人の母とヨーロッパ人の父の間に生まれたユーラシア人がほとんどだった。人口が少なく荒涼とした土地を渡る鉄道の場合、人材確保は難しかった。1916年に完成したシベリア横断鉄道では、シベリア送りとなった囚人が鉄道業務にあたっていた地域もあった。会社はえり好みしていられない状況だったのだ。したがって、強盗犯が夜間警備員となり、凶悪犯が車掌や切符販売などの顧客サービスを、殺人犯や強姦犯が保線作業を行っていた。
　鉄道会社の規則は厳しく、勤務中に居眠りするなど重大な過失の場合は即刻解雇で、お茶を飲みに席を外すなど些細な過失の場合は給料を差し引かれた。だが、居眠りするのは無理もない状況だった。従業員たちは1日最長で16時間、週6日働かされていたのだ。運行に遅れの出た列車の機関士は、たとえ超過分が数時間に及んでも、その分の手当または休みをもらえない。従業員はなんの予告もなしに解雇されるが、自ら退職する場合は3ヵ月前に雇用者に通知する義務があった。ロンドン・アンド・サウス・ウエスタン鉄道会社の従業員がこの通知を怠り、告訴された。3ヵ月の重労働という判決が下され、他の従業員への見せしめとなった。
　規律を守らせるのは、主に個々の鉄道会社に雇われた特殊警察の任務だった。その守備範囲は駅、鉄道、鉄道周辺地域に及び、鉄道従業員が会社のルールに違反しないよう常に見張っていた。不法侵入者がいれば撃退するのも警察の役目だった。ほとんどの警官は武器として警棒を携えていたが、時計、旗、ランプ、スコップ、手押し車などの支給品で対処を迫られることもしばしばあった。

ペンシルベニア駅の手荷物 （1910年）
初期の鉄道ではポーターが欠かせなかった。乗客の手荷物を運ぶなど、さまざまな仕事をこなしていた。

鉄道を運営する人びと　235

鉄道会社への就職は、特に初期の時代にはほとんどの国で高く評価されていた。熟練を要しない作業に就いていても給料は比較的高く、農場労働者の2倍は稼げた。給料が比較的良く、ルールは厳格で、制服が粋だというのは評判が高く、したがって従業員もある程度は尊敬されるようになった。また、鉄道会社なら職業として安定しているため、会社に対する忠誠も厚かった。当時、特に農村地帯では永続雇用が望める会社はほとんどなかったのだ。仕事人生をずっと鉄道業で過ごす人は多く、一族のなかで数世代にわたり仕事を受け継ぐこともしばしばあった。鉄道会社としても、そのほうが忠誠心をはぐくめるため、たいていは同じ家系から何人も雇うことに積極的だった。また、鉄道会社は従業員を満足させる他の方法も編み出した。遠隔地での勤務が多いため、従業員のために手頃な家賃で宿泊設備を提供し、町でも仕事が早朝に始まるので、駅の近くに住宅を提供することが多かった。安くて便利な住宅が手に入るとなれば、従業員は仕事を辞めたくなくなる。会社を去れば家族共々宿無しとなるからだ。しかも、最も有能で最も忠実な従業員には、褒美として最良の家が与えられた。フランク・マッケンナも鉄道職員の歴史に関する著書に書いているように、「鉄道会社は誕生まもない頃から住宅政策によって従業員を支配し、会社への忠誠心を失わせないようにしていた」。さらに、従業員とその家族は鉄道を無料または割引価格で利用できるという恩恵は、今もなお多くの鉄道会社が提供している。

こうして鉄道会社は従業員の手綱を締めると同時に、気前がよいと思われそうなものも提供し、従業員に対して家父長的な存在となっていた。だが、従業員はあまり口にしたがらないが、鉄道の仕事は非常に危険なのだ（死亡率がこれより高いのは鉱業と漁業だけだ）。最も危険なのは、車両を別の軌道に入れて連結ま

鉄道の秩序を守る
鉄道警察はたしかに鉄道の秩序を守っているように見えた。粋な制服に身を包み、軍隊式の階級があり、地位の低い巡査でも凝った装飾の警棒を持っていた。警棒にはその鉄道会社の紋章が描かれていた。写真はミッドランド・カウンティーズ鉄道会社（英国）のもの。警部補など上級職の警棒は真鍮または象牙製で、先端に王冠がついていた。

たは切り離しを行うときだ。線路の上で、しかも動いている車両のすぐそばで作業しなければならず、車両に轢かれる危険は高かった。しかも初期の時代には各車両にブレーキがついていなく、機関士が機関車を止めると客車同士はぶつかりあって止まる。鉄道職員の死亡数は、列車事故で乗客が死亡する数より平均して5倍以上も多かった。英国では1870年代前半、年間の鉄道従業員の平均死亡数は782人だった。アメリカではさらに多く、1888年だけで2000人以上が死亡している。この高い死亡率から、遅ればせながら鉄道安全装置法を支援する動きが生じて1893年に成立し、その後は徐々に事故件数が減り始めた。

結局のところ、鉄道会社は従業員の忠誠心を高めることばかりに力を注ぎ過ぎたのだ。安全性や賃金については他の業界と足並みをそろえず、独裁的な経営スタイルを貫いたため、従業員は結束して労働組合を結成し、賃上げや労働条件の改善を求め、協力して組織運動を行った。鉄道会社に対し今まで抱いていた忠誠心が薄らぎ始めたのだ。英国では1860年代に労働組合が組織され始め、1867年にはノース・イースタン鉄道の従業員が労働時間の短縮を求めてストライキを行った。彼らが会社に要求したのは1日最長で10時間、または週60時間で、今日の基準から見てもさほど法外な要求とは思えない。だが、会社がスト破りを雇い、ストの参加者を解雇するという強硬手段に出たため、ストは失敗に終わった。

だが、労働組合主義をいつまでも抑えつけておくことはできず、その後20年の間に組織化された労働運動は徐々に足場を固めていた。組合員数は急増し、もはや雇用者も無視するわけにはいかなくなった。労働組合は主に長時間労働や無給の残業については会社から譲歩を勝ち取ったとはいえこれを会社が快く思うわけがない。英国では、南ウェールズの炭鉱を結ぶ小規模なタフ・ヴェイル鉄道で労使が激突した。鉄道従業員組合連合は1890年、短期のストライキを経て週60時間労働を勝ち取ったものの、タフ・ヴェイル鉄道会社は正式にはこの組合を認めず、そのため1900年に従業員による2度目のストライキとなった。会社は組合を告訴し、翌年ストライキは違法との判決が下され、組合は賠償金として4万2000ポンド（20万

「その偉大なる目的とは……資本家と労働者という敵対する2つの勢力を対等の立場に据え、両者の争いが避けられないとなれば、せめて公平を期するものである」

ヘンリー・キャンベル＝バナマン英国首相
1906年の労働争議法について

労働災害への注意喚起
20世紀後半は職場の健康と安全が重要課題となった。労働組合が成長し、ついに労働者の福祉が大きな関心事となった。

5000米ドル）を会社に支払うよう命じられた。この判決により、英国では労働者による示威行動が不可能となった。世間はこれに反発し、1906年の総選挙で保守政権は大敗を喫した。リベラル派が率いる新政権は1906年に労働争議法を制定し、争議行為に訴えても組合は告訴を免れることになった。この結果、労働組合は急速に力を強めていった。

　他の国々も同じパターンをたどった。アメリカでは1860年代に鉄道従業員が労働組合を作り始めたが、鉄道会社は強く反発した。19世紀最後の25年間に大規模な鉄道ストライキが3回あり、いずれも組合側の敗北に終わったものの、組合員数は増え続け、鉄道会社もその存在を認めざるをえなくなった。基本的権利を求める労働者を国民はおおいに支援し、労働組合は20世紀初頭に鉄道業界全体に広がっていった。今世紀に入っても、アメリカの労働組合は比較的強いままだ。オランダでも、鉄道会社は最初のうち、従業員の労働時間を制限する法案には反対していた。そこで1890年代末に鉄道労働組合が次々に結成され始め、1901年には合併して鉄道労働組合連合という1つの組合となった。この組合が初めて行ったストライキは1903年1月の港湾労働者を支援するもので、すぐに譲歩を勝ち取ったが、4月に労働条件に関して2度目のストライキを行ったところ、大勢が解雇されることとなった。だが、やがて労働時間の短縮と従業員の賃上げが実現した。

　今日の鉄道ははるかに少ない人員で運営できる。信号所は広域をカバーする中央指令室に代わり、電車やディーゼル機関車は機関士ひとりで運転でき、火夫はもはや必要なくなった（ただし、アメリカなど一部の国々では現在でも運転室に必ず2人が常駐することとされている）。駅はもはやポーターを雇わず、切符の販売や改札は多くが自動化され、線路の安全点検や保線作業の一部は機械が行う

ようになった。一部の地下鉄では列車の運行がコンピューターで制御され、無人
運転となっている。インド鉄道は今でも従業員の多さで世界9位だが、鉄道会社
が世界で最も大きく、最も名誉ある企業であった時代はほぼ過ぎ去った。だが、
鉄道は世界全体で100万km以上にも及ぶ線路を抱えている。これを維持・運営
していくためにも、また新たな路線を作るにも、多くの熟練労働者が欠かせない。

鉄道の悪しき側面

　1830年代から鉄道は巨額の利益をもたらす可能性を秘めていた。人も物もより遠くまで、より速く、より安く運べる。リヴァプール・アンド・マンチェスター線のようなごく初期の鉄道に投資した地元の商人たちは、経済的報酬を得ている。鉄道はもっと拡大させる必要があり、大金を得るまたとないチャンスと多くの人びとが考えていた。1840年代、急速に拡大していく鉄道は、新たに多くのビジネスマン、実業家、投資家を惹きつけた。誰もが投資による大きな見返りを期待していた──まっとうな手段でというわけではなかったにしても。

　1859年、調査ジャーナリストの草分けであるD・モーリア・エヴァンスは著書『事実、失敗、詐欺』で当時の状況を描いている。「現代の投機の形は1845年の鉄道ブームと共に始まったと言えるかもしれない。たやすく大金が懐に転がりこみ、世界はいまだにその興奮から覚めていない」。投機の形とは最も原始的な金融資本主義で、その典型がジョージ・ハドソンだった。彼のような人びとは、エヴァンスによると「あらゆる困難を乗り越えて新しい路線を建設」し、自分や後任者が大衆からだまし取るさまざまな方法を確立した。ハドソンは大金を着服し、その間に多くの投資家を破滅に追いこんだ。被害者には英国文学の有名なブロンテ一家も含まれている。

　現代のコーポレート・ガバナンスの基準から見れば、世界の鉄道プロモーターの多くは不正行為を働いていたことになる。だが、中南米で活躍したヘンリー・メイグスのように、その多くが鉄道の発達に革新的な貢献もしている。鉄道プロモーターに属していたジョージ・ハドソンですら、私腹も肥やしたが、鉄道に情熱を注いでいたのも事実だ。なので、鉄道の発達になんの貢献もしなかった者が最大

> 「学校に行っていない者は貨車から何か盗むかもしれないが、大学教育を受けた者は鉄道そのものを盗むかもしれない」
>
> セオドア・ルーズベルト

の悪党と言えるかもしれない。アイルランド人投資家で、英国の大蔵大臣になり、15万ポンド（約75万米ドル）相当のスウェーデン王立鉄道会社の偽造株を発行したジョン・サドラーは、まちがいなく後者に属するだろう。

　結局ジョン・サドラーは身を滅ぼしたが、彼の鉄道詐欺のせいでスウェーデン政府はその後150年間にわたり自国の鉄道に責任を負うこととなった。この対応からもわかるように、ヨーロッパの多くの国々の政府は英国政府よりはるかにしっかりと、そして英国よりも誠実に自国の鉄道を管理していた。たとえばフランス政府は、地方鉄道の独占について管理システムを運用していた。もっとも、大金を稼ごうという人びとが入りこむチャンスは残っており、一部の政治家は（倫理にまったく反する方法も含め）鉄道からかなりの利益を得ていた。プロイセン（のちのドイツの一部）のオットー・フォン・ビスマルク首相は、国有化を提案している鉄道の株を買うよう自分の取引銀行に命じていた。おかげで彼は相当の利益を得るのだが、今日なら不正なインサイダー取引と断じられるだろう。

　世界最大の鉄道網を有していた当時のアメリカで詐欺師が最大のチャンスをつかんだのは、おそらくは避けようがなかった。1860年代末、エリー鉄道の支配権をめぐる争いは、鉄道投機の実態をさらけ出した──さまざまな人間模様も、複雑な法律上の取引も、政治的関与のレベルもだ。この争いについてはチャールズ・フランシス・アダムスが著書『エリー鉄道史』に詳しく記している。アダムスは父も祖父も合衆国大統領だった人物だ。この本によると、エリー鉄道は儲かっていなかったのだが、実業家コーネリアス・「准将」・ヴァンダービルトはエリー湖に通じる鉄道を独占したらいくらか稼げるだろうと考えた。だが、彼の行く手に3人の手ごわい投機家が立ちはだかった。最も腹黒く腐りきった鉄道男爵と評判のジェイ・グールド、仲間のダニエル・ドリューとジム・フィスクだ。グールドたちはヴァンダービルトが所有する株を希薄化させる

ジョン・サドラー
ジョン・サドラーの名は数人の作家によって不滅のものとなった。チャールズ・ディケンズの『リトル・ドリット』のミスター・マードルや、アンソニー・トロロープの『The Way We Live Now』のメルモットはサドラーを下敷きにしていると考えられている。

ため、大量の株式(株式に変換できる債券も含む)を発行した。両者の戦いはニューヨーク州の司法・行政機関をも巻きこみ、オールバニーの州議会にまで及んだ。ヴァンダービルトは議員たちの心も財布もしっかりつかんだかに見えたが、機先を制したのはグールドだった——そのコストは推定100万米ドル。結局、ヴァンダービルトは断念した。

　ロシアでも汚職が横行していた。19世紀後半の鉄道ブームの間に多くの路線が私企業によって建設された。政府は高い投資運用率を保証し、実際これは非常に利益が出た。大物の鉄道男爵のひとり、サミュエル・ポリャコフは自社株すべてを自分で所有できるよう操作したため、配当金はすべて自分のものとなった。彼はまた、他の鉄道会社の株もかき集め、外国の銀行家から融資を受けるための

エリー鉄道の風刺
アメリカの大衆誌『パック』より。自ら水増しした株の洪水に溺れているジェイ・グールドを楽しげに見つめるヴァンダービルト。エリー鉄道の支配権をめぐる争いを描いた風刺画だ。

担保とし、予想される株価の上昇に賭けていた。このような行為は法の適用範囲内と言えるかもしれないが、ポリャコフは鉄道建設費を人為的に膨らませ、たいていは鉄道株の形で政府高官へ賄賂を贈ってもいた。腹黒いことをしていたのはポリャコフだけではない。『ロシア鉄道史』の著者J・N・ウエストウッドによると「他の多くの上級公務員も、皇帝一族までもが（ニコライ1世の孫ニコライ・ニコラエヴィチ大公も含む）鉄道プロモーターから株の形で賄賂を受け取っていた」そうだ。この汚職はあらゆる階層にまではびこり、給料の少ない車掌ですら「心づけ」と称し、正規運賃の半額程度で客を列車に乗せていた。

　ドイツの慈善家モーリス・フォン・ヒルシュは人びとから尊敬され、有徳の人として亡くなったが、鉄道成金でもあった。彼は財産のほとんどをコンスタンティノープル・ウィーン鉄道で稼ぎ、その額は現代の金額に換算すると何十億にもなった。彼はオスマン帝国のスルタンから広々とした土地に鉄道を敷く権利を与えられた。土地はどの町にも接していなく、この空白部分を埋めなければならなかった。ヒルシュは高い料金で請け負った —— 建設契約だけで数百万ポンド手に入れたと言われている。ところが、出来上がった鉄道はとても雑な作りで、大々的に作り直さなければならなかった。さらに、ヒルシュは自分自身に低い金利で「債権」を発行し、それに利潤を上乗せして銀行に売るという方法で収入を増やしていた（銀行はさらに高い価格でそれを一般人に売りつけた）。

　鉄道の推進、建設、経営、運行いずれにおいても、それぞれ固有の犯罪や犯罪者を惹きつけた。人が集まる駅はスリなど便乗型の詐欺師にとってかっこうの稼ぎ場だった。英国最大の鉄道会社ロンドン・アンド・ノース・ウエスタンの歴史家によると、この会社の幹部たちは「悪党の多さにお手上げ状態だった。ワインを入れたかご、シルクの小包、生地屋の箱、食品類などが盗まれない夜がない。中身が高価な品物でなければ駅に散らかしたままだった」という。アメリカでは列車内でトランプ詐欺が急増した。なかでも悪名高い「ポーカー・アリス」ことアリス・アイヴァースは小柄で青い瞳の美しい女性で、トランプの技術と女の武器を使いこなし、賭博師として大成功を収めた。

　鉄道会社の書類を扱う立場にある者は、偽造や詐欺でおおいに儲けた。その最たる人物は英国のグレート・ノーザン鉄道（ロンドン〜ヨーク間の鉄道を所有）の事務員、レオポルド・レッドパスだ。会社は配当率の異なるさまざまな株式を所有していたため、株主に払う金額を決めるのにややこしい計算をしなければな

らなかった。レッドパスは株券を偽造し、自分が買い手でも売り手でもあるようにした。また、自分が購入した本物の株券に数字の「1」を書き加えるという悪辣なこともした。たとえば250ポンドなら1250ポンドにするといった具合だ。レッドパスが会社の株式の偽造や投機（いずれも違法行為だ）により着服した金額は合計でなんと22万ポンド（現在の1800万ポンド/2900万米ドルに相当）にのぼると考えられている。興味深いことに、不正に得たお金で快適かつ贅沢な暮らしをしていながら、彼は慈善家にもなっている。エヴァンスは『事実、失敗、詐欺』でレッドパスについて次のようにまとめている。

> これほど巧妙に得られたお金もなければ、これほど惜しみなく人に施されたお金もない。横領という点では、彼ほどの悪党はなかなか見つからないだろう。だが、貧しくよるべのない人びとに救いの手をさしのべた人物として、彼ほど親しみのあるすばらしい慈善家もなかなか見つからない。

レッドパスの悪事はついに発覚した。別の企業、クリスタル・パレス社で矛盾が見つかり、それが契機となってグレート・ノーザン鉄道でも同様の調査が行われたのだ。1857年、彼に流罪判決が下された。だが、この鉄道会社で悪事を働いていたのはレッドパスだけではなかったのだ。彼の弁護人によると、レッドパスが入社したとき「株の投機や取引を他人名義で――まったく架空の名前を使うこともしばしばあった――行うシステムが社内に広まっていた」そうだ。レッドパスと同様の詐欺行為がこの時期どのくらい行われ、発覚しないままになっていたのか、今となっては知る由もない。

この時代の鉄道にまつわる犯罪で、悪賢さにかけてとびぬけているものがある。1855年、ロンドンからケント州フォークストンに向かうサウス・イースタン鉄道の列車内で1万2000ポンド（現在の約1600万米ドル）相当の金塊が盗まれたのだ。犯行に関わったのは主に鉄道会社内部の者で、車掌のバージェス、事務員のテスター、切符を印刷している詐欺師のピアース、そして長年プロの泥棒としてやってきたエドワード・アガーの4人だった。計画

ウィリアム・ロブソンの横領額

27,000ポンド

（132,000米ドル）1855年、クリスタル・パレス社から着服

を練ったのはピアースとアガーだ。金塊はフランスに送られることになっていて、フォークストンまで列車で運ばれる。金塊を入れた金庫には2つの異なる鍵があり、金庫は車掌車に置かれる。フォークストンの埠頭で金庫の重さを測り、中身が盗まれていないか確認することになっている。4人は2つの鍵穴の型を取って合鍵を作り、金塊と同じ重さの鉛を手に入れた。そして輸送列車に乗りこみ、フォークストンに到着するまでに金庫を開けて金塊を取り出し、代わりに鉛を入れた。じつに単純な作業だった。事件解決の手がかりとなったのは、アガーの別件逮捕だった。彼は自分の子の母親、ファニー・ケイを養ってくれとピアースに頼んだのだが、ピアースが応じなかったため、ケイは強盗計画を鉄道会社に暴露し、アガーは自分の刑期を短くしようと他の3人の名を明かしたのだった。

このように、初期の商用鉄道は社会のありとあらゆる階層からぺてん師、いかさま師、偽造者、詐欺師、投機家、謀略家を惹きつけた。誰もが他人の財布の中身を空にして自分の財布を満たそうと考えていた。1857年に「鉄道の父」ジョージ・スティーブンソンの伝記を上梓したサミュエル・スマイルズは、自著のなかで次のように語っている。「愚行や不正行為はしばらくの間増え続けていた。詐欺師はやりたい放題で、汚職官吏や謀略家は増える一方だった。彼らは不用心なカモを捕えようと、鉄道計画を餌としてちらつかせていたのだ」。

鉄道の悪しき側面　247

鉄道を切り分ける！
1882年、アメリカの鉄道を切り分けている4人の実業家、コーネリアス・ヴァンダービルト、ジェイ・グールド、ラッセル・セイジ、サイラス・W・フィールド。それを大西洋の向こうから見つめるヨーロッパの王族たち。

インドの山岳鉄道群
暑さを逃れて

 鉄道を建設する理由はいろいろあった。人や貨物を運ぶ。町、村、国を結びつける。お金を稼ぐ。他社の鉄道建設を阻止するためという理由もあった。だが、有名なインドの山岳鉄道群が作られた理由は非常に変わっていた。植民地で暮らす英国人たちがインドの暑い夏を嫌ったからというものだ。

 インドの鉄道は1853年に初めて開通してから、急速に生活に欠かせないものとなっていった。インド人も英国人も鉄道を利用した——ほとんどの場合、両者はそれぞれ別の客車または列車に分かれていたが。鉄道網が拡大していくと、鉄道は夏の強烈な暑さを避けるというやっかいな問題の解決策となるかもしれないと英国人は考え始めた。彼らははるか以前から夏の間は町を離れ、涼しい山岳地帯で過ごしていたが、旅は長くつらいものだった。インドに山岳鉄道を作り、険しい山のなかにある町と低地の平野部を結ぶというのは、大変かもしれないが当然の結論だった。だが、山といっても相手はヒマラヤ山脈のふもとの丘陵地帯だ。鉄道を建設できるような傾斜ではないだろう。最初のうちは不可能と思われていたが、19世紀も年が経つにつれ、鉄道工学がますます洗練されていき、どんな山、谷、川でも鉄道は克服できるという考えが広まっていった。

 インドで最初に作られ、最も有名な山岳鉄道はダージリン・ヒマラヤ鉄道(DHR)だ。ヒマラヤのふもとに広がる平野の町シリグリ（標高122m）と小ヒマラヤのダージリン地方（標高2045m）を結ぶ鉄道で、2kmほどの山を88kmの線路で上っていく。建設が始まったのは1879年5月、主要路線がシリグリまで届いてからわずか数ヶ月後だった。1880年3月、インド総督のリットン卿が最初に完成した区間を利用し、多くの人びとから喝采を浴びた。DHRは2年で完成した。技師たちが直面した困難の数々を考えると、みごととしか言いようがない。最初の11kmはなだらかな上り坂だが、その後は傾斜がはるかに急になり、勾配は40‰にまでなる。これほどの勾配だと、ラックまたはケーブルなどの補助がないと問題が生じる場合もあるのだが、DHRの技師は軽量レールを使った

チュンバッティのループ(1914年)
ダージリン・ヒマラヤ鉄道のループのひとつ。元々は3番目のループだったが、最初と2番目のループが1942年と1991年に除去されたため、今ではチュンバッティが最初でいちばん低い位置のループとなっている。

　狭軌鉄道を採用し、さらに線路が交差するループや、進行方向を逆にするスイッチバックを加えて急勾配に対処した。DHRに4つあるループのひとつは崖っぷちにあり、カーブが急なため「アゴニー・ポイント〔苦しみの地点〕」と名づけられている。

　DHRは運行開始すぐに大きな利益が出たと言ったら驚かれるかもしれない。利用客は夏の暑さから逃げ出したい英国人や、すばらしい景色を見ようと押し寄せた観光客ばかりではなかった。地元で生産される大量の茶葉の輸送にも使われたのだ。実際、DHRは地元の製茶業の発展に役立った。運行速度はとても遅く、時速24kmを超えることはめったになかったが、それでも牛に引かせる荷車よりはるかに速かった。また、インドでは主要路線と同じように、山岳鉄道にも軍事的な意味合いがあった。ヒマラヤ山中まで鉄道を建設することで、英国は支配力を強め、軍を配置できる町を作り、インド亜大陸の最も辺鄙な地方を守ることができるというわけだ。

アゴニー・ポイント（1910年）
ダージリン・ヒマラヤ鉄道の4番目のループ。最も急なカーブを描く。ティンダリア駅のすぐ北にあり、この路線で最も険しい傾斜の区間だ。

インドの山岳鉄道群——暑さを逃れて　251

DHRは建設されてまもない頃、郵便列車が朝8時25分にシリグリを発っていた。列車は朝霧や雲のかかる険しい山を着々と登っていき、やがてダージリン地方の青い空が見えてくる。それは乗客にとって比類のない体験だった。1897年の雑誌『レールロード』には、ヒマラヤ山麓を列車で上った体験記が掲載されている。

> そして今、この列車のすばらしさを我々は目の当たりにしている。窓から見下ろすと、通ってきたばかりの所に線路が3本見え、見上げるとやはり3本見える。つまり、(列車が今通っているこの線路も含めて)全部で7本の線路が並行に近い形で山腹を走り、その高さが徐々に高くなっているのだ。だが、カーブは次々に訪れ、車輪が側圧にきしむ音が聞こえてくる。「アゴニー・ポイント」を通過するとき、ほんの一瞬だが、列車が本物の蛇になったように感じられた。ここを通るとき列車は完全に2回、信じられないほど小さな円をぐるりと回る。停車したら円周の半分以上を列車が占めそうな、それほど小さな円だ。

今日、DHRはその工夫と社会・経済的影響を評価され、ユネスコの世界遺産リストに登録されている。今もなお活躍中で、地元民も──町の学校に通う子どもたちを運ぶ特別の通学列車まである──大勢の観光客も運んでいる。山中のダージリンのどこにいても汽笛の音が聞こえる。トラックやバスの音をかき消すほど大きな音で、しかも何度も鳴らすのだ。乗客は運が良ければ遠くにエベレストを見ることができるが、しばしば霧や雲がかかっているため、幸運はめったに訪れない(著者は1週間滞在したがエベレストをちらとも見られなかった)。信じられないことに、英国のシャープ・スチュアート・アンド・カンパニーが提

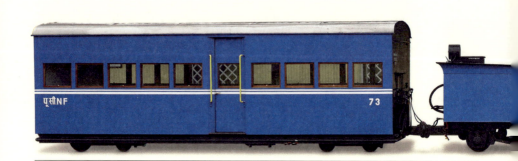

供した初期の蒸気機関車が今でも使われているのだ。もっとも、路線を3分の1ほど登ったティンダリアの作業所に置かれていることがほとんどだが。DHRは長年の間に地盤沈下や地滑りに見舞われ、2010年には大規模な地滑りにより低い区間が閉鎖された。この地滑りでは線路の隣を走る道路も押し流された。現在はクセオンからダージリンまで、標高の高い区間のみ運行している。

　インドで次に計画された山岳鉄道は軌間1mのニルギリ山岳鉄道（NMR）で、タミル・ナードゥ州（南インド）のメットゥパラヤムとウダガマンダラム（ウーティのほうが一般的）を結ぶ。1854年、インドで鉄道の時代が始まったとき、この路線は軍用列車としてすでに提案されていたのだが、建設が始まったのは1894年になってからだ。NMRはDHRよりさらに急勾配で、平野から山頂まで1.6kmあまりの距離を42kmの線路で登っていく。しかも108のカーブ、16のトンネル、そして250もの橋を要し、建設日数はDHRをはるかに上回り、完全に開通したのは1908年だった。勾配が80‰にもなる箇所がいくつかあり、機関車だけでは登っていけないため、メットゥパラヤムからクーノアまでの最初の27kmはラック・アンド・ピニオン方式が採用された。2本のレールの間にもう1本ギアのような歯のついたレールを敷き、機関車にも歯のついた特殊な車輪を取りつけ、レールの歯と噛み合わせて列車を支え、登りやすくするしくみだ。傾斜もカーブも急なため、運行速度は非常に遅く、頂上のウーティまで5時間かかる。DHRと同じく、NMRも昔の蒸気機関車が今も使われている。この点を評価され、2005年にはNMRもユネスコ世界遺産リストに登録され、インドの山岳鉄道群とまとめて称されるようになった。

　3つめの有名な山岳鉄道はカルカとシムラを結ぶもので、1906年に開通した。シムラは英国にとってダージリンやウーティよりはるかに重要な地だった。1830年代には英国人用の避暑地として整備され、将校や上級行政官が集う舞踏

DHRの列車
狭軌道で独特の青い列車は世界の人気者「機関車トーマス」を思わせる。実際、ダージリン・ヒマラヤ鉄道は「トイ・トレイン（おもちゃの列車）」とも呼ばれている。

会など社交上の催しが開かれていた。1850年にヒンドゥスタン・チベット・ハイウェイが建設され、駅までの道は広くなり改善されたものの、平野からシムラまで4日がかりの旅だった。1863年にはシムラが正式に夏の首都となり、それからは政府も軍も年に2回カルカッタとシムラを往復するようになった。

　シムラは植民地住民にとって重要な町であり、鉄道は欠かせないものだったのだが、DHRやNMRよりはるかに複雑な問題があった。カルカ＝シムラ鉄道も軽便化と建設時間の節約のため、軌間は非常に狭く762mmとされたが、橋は806脚以上も必要だったのだ。その多くは小川に架かる非常に短い橋（カルバー

ラック・アンド・ピニオン
ニルギリ山岳鉄道はスイスで考案されたラック・アンド・ピニオン方式を採用している。急勾配に対処すべく、2本のレールの間に第3のレールが敷かれている。

ト）のたぐいだったが、なかには深い谷底から立つ数段のアーチ橋もいくつかあった。

この路線で最も長いトンネル（33番）は約1.2kmで、これには悲しいエピソー

カシミール鉄道の全長
345km
（完成時）

ドがある。技師のバログ大佐はトンネルの両端から掘り始めるよう命じたが、両者は出会わず、1本のトンネルとしてつながらなかった。バログは1ルピーという名ばかりの罰金を科せられただけだったが、失敗から立ち直れずに自殺した。トンネルは別の技師が完成させたが、最初の技師を追悼してバログ・トンネルと名づけられた。このような不幸な出来事はあったが、97kmの路線は技術工学の偉業と言えるもので、英国の「東洋の宝石」として知られるようになる。数々の作品を残した鉄道作家O・S・ノックは1970年代にこの鉄道に乗り、この地に鉄道を敷設する難しさを目の当たりにして、次のように記した。

> この地域の地形は常軌を逸している。大量の巨礫、砂や岩屑が少量混ざった粘土など異なる地層から成り、固い岩の塊でできている場所もある。モンスーン季には断層のずれや地盤沈下による問題が多発し、しかもなんの前触れもなく生じることがある。この地域独特の地質と予測不能な水文のためである。

地元の地質学者たちが「常軌を逸している」という表現を使うのをノックは奇異に感じていたが、実際に列車に乗り、この地域ならではの特徴を見て、ここに鉄道を建設するのは特に難しいと納得した。カルカ＝シムラ鉄道はヒマラヤ山麓のすばらしい景色を堪能できる世界屈指の印象的な路線で、2008年にユネスコ世界遺産リストのインドの山岳鉄道群に加えられた。

この時期、インドでは他にもいくつか山岳鉄道が建設され、現在もなお活躍している。ヒマラヤ山麓地帯のカングラ・バレー鉄道（1929年に旅客営業開始）、南部の西ガーツ山脈を登るマテラン登山鉄道（1907年建設）、アッサム州の奥地、バラク川が流れるカチャール・ヒルズの谷を行くルムディング・シルチャル線（20世紀初頭に建設）など、いずれも壮大な景観を楽しめる、低地と高地の町を結ぶ生活に欠かせない鉄道だ。だが、インドにおける山岳鉄道の建設は過去のものだ

けではない。外ヒマラヤとインドの他の地域を結ぶカシミール鉄道が現在建設中だ。最初に提案されたのは1898年だったが、このルートには地震多発地帯、過酷な気候、人を寄せつけない地形が含まれ、しかもカシミールの領有権をめぐりインドとパキスタンの間で紛争が続いている。こうした地理的・政治的困難のため、20世紀末になるまで建設開始が遅れていた。完成は2017年の予定で、最初の提案からじつに1世紀以上もかかっている。

カルカ＝シムラ鉄道
大きさも複雑さもさまざまな橋が800以上あり、トンネルも107あったが、一部のトンネルは廃止され、現在は102となっている。

戦時中の鉄道

War and Uncertainty

MALLARD, NO.4468
LNER Class A4 PACIFIC
STEAM, 1938

鉄道は第一次世界大戦が勃発する直前に絶頂期を迎えた。列車はかつてよりも安全になり、運賃も安く、速度も増し、先進国ではかなりの大きさの町や村のほぼすべてを通っていた。世界の筆頭に立ったのはアメリカで、総延長は40万kmを越えていた。したがって、鉄道が戦時中に莫大な量の輸送を受け持つのは避けられなかった。鉄道は実質上すべての戦争物資を港まで、そして戦線まで輸送した。何百人もの兵士を戦場に送りこんだのも、死傷者を祖国へと運んだのも鉄道だった。軍部は供給物資や兵士を全線まで運ぶため、狭軌道の路線網を建設した。当然ながら、鉄道は敵から狙われることになった。特に中東では、アラビアのロレンスがオスマン帝国の支配下にあるヒジャーズ鉄道に一連の攻撃をしかけた。

第一次世界大戦後、鉄道会社は蒸気に代わる動力を使う機関車を開発する必要に迫られた。一部の機関車は戦前から電化されていたが、いまやディーゼルが選択肢に加わり、ドイツとアメリカでは走行速度を上げるため、新たにディーゼル機関車を使ったサービスを提供し始めた。だが、蒸気機関車の近代化も引き続き試みられ、1938年には英国のマラード号が蒸気機関車として最速記録を打ち立てた。

第二次世界大戦中も鉄道はおおいに活躍したが、戦争の深い闇とも関わることになる。何百万人ものユダヤ人や他の少数民族が列車でドイツの収容所に送られ、また泰緬鉄道の建設中に何千人もの捕虜が死亡した。連合軍がドイツと日本に勝利したこの戦争で、鉄道は非常に重要な役割を果たしたのだが、戦後は見放されることになる。車や飛行機との競争が激しくなり、鉄道サービスは多くの国で戦後まもなく廃止された。

鉄道の黄金時代

鉄道の「黄金時代」を定義するのはいろいろな意味で難しい。鉄道がすばらしく栄えていた時期はひとつに特定できず、比較的長い間繁栄し続けていた鉄道会社はたしかに何社かあるものの、必ずと言ってもよいほど問題が生じてくる。問題はさまざまな形で訪れた。安全性の問題、労働者の不満と騒動、サービスを向上させ新技術に対処するために必要な投資、鉄道に対し厳しい姿勢を見せる政府。最も深刻な打撃となったのは自動車やトラック、そしてのちには飛行機という新たな輸送手段が登場したことだろう。

　だが、最初のうちは鉄道が圧倒的に有利だった。1830年にリヴァプールとマンチェスターを結ぶ路線が開通してから100年近くもの間、さまざまなタイプの旅に適した輸送形態は鉄道しかなかった。鉄道のおかげで乗客は大陸全体を横断でき、国内の主要都市を行き来し、郊外から町の中心部へと通勤し、辺鄙な村にも足を伸ばせた。貨物も長距離をすみやかに輸送することができた。20世紀に入った頃、鉄道は洗練された産業となっていた。当時は鉄道ほど巨大で影響力のある産業は他になかった。そして1914年の第一次世界大戦勃発まで、鉄道はかつてない権力を握るに至っていた。自動車はまだ裕福な人しか持てず、トラックは性能が劣り、道路はでこぼこで舗装されていなかった。まさに鉄道の天下だった。全盛期こそ短かったものの、鉄道の影響は非常に深く、消えてなくなることはなかった。

　1914年までに、世界のほぼすべての国が鉄道の時代を迎えていた。鉄道が拡大していくのに国境はなく、ジャングル、山、川、砂漠といった最も手ごわい自然の障壁ですら、賢い技師たちによって克服された。欧米諸国では鉄道国家が出来上がり、コスタリカ（1890年開業）、香港（1910年開業）など遅れて参入した国々も含め、地球上のほとんどに鉄道が拡大した。アメリカ、ヨーロッパ、アジアそれぞれが大陸横断鉄道を誇っていた。小さな島々ですら鉄道システムを有していた。地中海最大のシチリア島では鉄道最盛期には総延長が2400kmを越え、グレートブリテン島の南にある面積わずか380km^{2}のワイト島ですら20世紀を迎える頃

には89kmの鉄道が完成していた。また、カリブ海のキューバでは1849年までに103.5kmが建設され、ほぼ全線が砂糖の輸送に使われていた。

　ほとんどの国が鉄道を有していた。鉄道の拡大は避けられなかった。だが、例外もある。中国は大国のなかで鉄道を受け入れた時期が最も遅かった。1876年に中国初の路線が上海〜呉淞鎮間に作られたものの、海外からの出資であったことも関係し、1年後には廃止された。中国の官僚たちは鉄道を受け入れざるを得ないと徐々に認め始めたものの、1895年までにはわずか30kmしか完成していなかった。だが、今日の中国はどの国よりも大きな高速鉄道網を有している。

　19世紀から20世紀初頭にかけて、鉄道は世界を結びつけるのに重要な役割を果たしていた。乗客も貨物も大量に運ぶことができるため、グローバリゼーションの先駆けとなったのだ。20世紀後半から21世紀初頭にかけて、グローバル化は航空機と情報技術によってさらに推し進められることになる。19世紀後半から20世紀初頭にかけて、鉄道は世界全体で年平均1万6000kmの割合で建設され、おかげで多くの町や村が初めて外の世界と接することになった。

過酷な土地を渡る
1890年に完成したコスタリカ鉄道は密林を越え、山岳地帯も越え、流れの急な川も越えるものだった。この鉄道は国の主要輸出品であるコーヒーをより効率よく輸出するために建設された。

鉄道を制する
メキシコ革命（1910-20）では鉄道が戦略的に非常に重要な意味を持ち、鉄道を制する者が国を制した。

鉄道が与えた影響は国によって異なるが、非常に大きな影響を与えたことに変わりはない。道路は毎日点検する必要がないが、鉄道はレールを良い状態に保つために絶えず見て回らなければならない。また、レールや信号設備の交換など投資も必要だ。したがって、鉄道が通るとその地域の経済が変貌するだけでなく、地域の特徴も必然的に変わってくる。実際、鉄道は予測できる形でも、予測できない形でも大変革をもたらした。最も明らかな強みは運輸コストの削減だ。鉄道が通ったおかげで、その土地の産物——農作物、鉱物、製品など——をより安く国内市場に、または海外市場に輸送できるようになった。この時期、通信販売業が飛躍的に成長している。新たに外の世界に組み込まれた人びとのために、鉄道がありとあらゆる製品を輸送できるようになったからだ。また、鉄道は国際的な人口移動をも刺激した。アメリカへの移民は船を使うが、アメリカ大陸に到着後は鉄道によって各地に運ばれた。実際、工業や農業の中心地には労働者を運ぶために数々の路線が建設されている。さらに国内でも、鉄道は大規模な人口移動を促すことになった。田舎から町への引っ越しが格段と楽になったためだ。

英国の経済学者アルフレッド・マーシャルは1890年、鉄道の影響とそれにより促進された産業好況について、「現代の最大の経済的要因は、製造業ではなく輸送業の発達である」とまとめている。鉄道ブームがもたらした重要な結果はもうひとつある。鉄道を支える労働者や産業に関するものだ。鉄道というとてつもなく巨大な事業を運営していくためには、あらゆる側面で今までにないスキルが必要だった。鉄道史家テリー・グールヴィッシュは次のように記している。「専門化した労働に基づく、いわゆる専門職が発達した背景には、〔鉄道〕産業が重要な役割を果たしていたと言っても過言ではない。工学、法律、会計、測量、いずれもおおいに刺激を受けている」。銀行は投資資本を提供するために、新たな融資制度を開発した。大学は有能な技師や測量士の育成に力を注いだ。また、鉄道には機関車用のボイラーや車輪など巨大な鋼鉄製の部品から、座席など布地製品、列車の屋根板といったものまで、じつにさまざまな備品が必要であるため、それらを製造するためにあらゆる種類の工場が建設された。

さらに、鉄道は他の産業にも影響を与えた。モノをより安く運べるようになったため、同じ種類の工場が一地域に集中し、技術移転や経験を積んだ労働者の移動が容易になった。また、鉄道は「小さな資本主義」をも刺激し、かつては地理的に孤立していた多くの人びとに活気をもたらした。メキシコでは、鉄道によ

1914年までの世界の鉄道総延長

120 万km

り辺鄙な地域での地域競争が生じるようになった。『メキシコの鉄道の社会史』を著したテレサ・ミリアム・ファン・ホイは次のように書いている。

〔鉄道により〕さまざまなサプライヤーが訪れるようになったため、独占や市場の完全支配が崩壊し、小農でも地元社会の枠を超えた市場を利用できるようになった。

ロシアでは、村の高利貸しが供給過多となった。村の農民たちが列車で町の市場に出かけ、作物を売って現金に換えることができるようになったからだ。当時の記録によると、

〔新駅は〕小商人、輸出業者、委託販売人などでごったがえし、誰もが穀物、麻、獣皮、羊皮、羽毛、ブラシ用剛毛を買っている。ここで取引されるすべてが国内市場または海外市場に送られるのだ。

多くの路線、特にブーム後半に建設されたものは採算が取れなかったが、それでも通っている地域に深い影響を残した。セネガルで1885年に建設された鉄道は、フランスの植民地支配を確立させることが目的だったが、国内経済にとって不可欠の生命線となった。あるアフリカの鉄道歴史家によると「内陸部で生産されるゴム、穀物、ピーナッツがセネガル川に運ばれ、沿岸地域で生産される生地、食品、機械類が内陸部へと運ばれる」のに鉄道が役立ったのだ。こうした経済機会は世界各地で見られた。

鉄道は既存産業に大変革をもたらしただけでなく、新たな産業を生み出す契機ともなった。アラバマ州バーミングハムは、かつては活気のない田舎町だったのだが、ルイビル・アンド・ナッシュビル鉄道によって工業中心地へと変貌を遂げた。この鉄道が貨物に良心的な運賃を設定したため、近郊のレッドマウンテンで鉄鉱石の採掘が可能となったのだ。ワイン産業が発達した例もある。より安く輸送できるからというだけではない。アルゼンチンでは内陸部の町メンドーサがワイン生産の中心地となった。ヨーロッパ移民が列車でこの町に到着し、元からあった小さなブドウ園を近代化してワイン生産を大幅に伸ばし、鉄道を使って輸出し

た。イタリアの人気ワイン「キャンティ」はより広い市場に速く、容易に出せるようになったおかげで、フランスや英国のレストランでよく見かけるようになった。また、鉄道を利用することでワインの味が格段とよくなった地域もある。鉄道史家でワインについての著作もあるニコラス・フェイスはこう書き記している。「鉄道がなかった時代には松脂臭のするワインが多かった。松脂を塗った豚革にワインを入れ、ラバの背に乗せて運んでいたからだ」

　鉄道の影響を受けたのは産業や経済だけではなかった。列車の運賃を払えない人びとですら、鉄道のおかげで生活しやすくなった。多くの国々、特に南米、アジア、アフリカでは、徒歩で旅する者にとって安全な主要道路は線路だけだった——もちろん、走ってくる列車をよけなければならなかったが。線路は川も谷も越え、山をも越える。ラバ用の道は迂回が多く、道とも言えないような代物だったため、線路を歩くほうがはるかに効率が良かったのだ。また、多くの線路に沿って水道管が作られ、多くの町や村が初めて水道を利用できるようになった。駅の建物は地元のいちばん立派な建物である場合が多く、唯一の恒久的な建物となっ

小麦の輸送（ダカール）
鉄道は通商の形を大きく変えた。セネガルのダカール駅は小麦その他の産物を輸出するための貿易センターとしておおいに栄えた。

た地方もあり、地元民の集会場として使われることもしばしばあった。また、どの駅にも電信システムがあったため、かつてよりはるかに速い通信が可能となった。そして最後に、鉄道のおかげで人びとは自由に旅することができ、考えを広め、情報も新聞も楽に広められるようになった。したがって民主主義の広まりも、他の政治的、社会的思想の普及も、少なくともある程度は鉄道のおかげと言える。

多くの国々では1914年までに鉄道網はほぼ完成していた。そのため、鉄道会社はより速い機関車の開発や、より直線的な線路の敷設など、改良に投資するゆとりが生じた。乗客、特に富裕層のために旅を快適にする点にも相当な資金を注ぎ込むことができた。こうして優雅な食堂車、寝心地の良い寝台車、駅の豪華な待合室などが誕生した。だが、そのいっぽうでひどい列車もまだたくさん走っていた。列車が1日に2往復しかしない支線もあり、スピードが遅いばかりか頻繁に遅れが生じていた。客車が貨車に連結されている場合もあり、停車のたびに貨

氷の列車
鉄道のおかげで変わった産業がアメリカで誕生した。氷の輸送だ。冷蔵庫が登場するまでは、涼しい北部から天然氷を切り出し、鉄道を使って暑い南部に輸送していた。

車の入れ換えが行われ、なかなか先に進めない。本線の町と町の間を行き来している「邪魔者」には最も古い列車が使われることが多く、待避線があるたびに入っては急行の通過を辛抱強く待っている。列車の時刻表も気まぐれで、乗客ではなく鉄道会社の都合に合わせて作られる場合がよくあった。鉄道には敵がいないため、鉄道会社は高い料金を設定して大儲けし、小規模の鉄道会社を脅しては自社の立場を強めていた。煤の問題もあった。蒸気機関車は行く先々で煙や塵を吐き散らす厄介な怪物だったのだ。

　こんなわけで、鉄道は王座についていたものの、支配力は長続きしなかった。1914年までに、鉄道は近代世界の創造を促すという役目を終えていた。近代化した世界はもう過去には戻れない。それは鉄道も同じだった。第一次世界大戦が終結した1918年、トラックはすでに改良されており、じきに鉄道に代わる貨物輸送手段となった。しかも何年かのちには自動車が普及し、旅客輸送に君臨していた鉄道は支配力を失っていった。

機関庫での作業
英国マンチェスターのロングサイト地方の蒸気機関庫にて、乗客の多い聖霊降誕祭を迎える準備をしている作業員（1936年）。当時、鉄道はまだ長距離の旅行手段としては最も人気があった。

第一次世界大戦とフェルトバーン

　鉄道は第一次世界大戦中に戦略兵器としての時代を迎えた。開戦当時は部隊をできるだけ前線に近い地点まで運ぶのが主な役割だった。列車から降りた兵士たちは、たいていは供給物資や装備など重い荷物を背負って自分の持ち場まで長い道のりを歩かなければならない。だが、西部戦線が膠着状態になると、本線と塹壕を結ぶ狭軌鉄道が数多く作られていった。ドイツ軍は膠着状態になると予想していたのか、連合国よりもしっかり準備をしていた。60cm軌間の鉄道を大量に備蓄していたのだ。戦場で狭軌鉄道を使うという作戦は、南西アフリカ（現在のナミビア）を植民地とするための軍事行動（1904-07、虐殺行為の末にドイツは目的を果たす）の際に考案された。このような軽便鉄道はフェルトバーン〔野戦軌道〕と呼ばれ、融通性に優れるうえに迅速に敷設でき、広大なナミビアの平野を越えて部隊を運ぶのに役立った。

　フェルトバーンは部隊も供給物資も運び、牽引用に小型の蒸気機関車（ガソリンを使用するものもあった）を使用した。機関車は8輪で、先輪の2つと従輪の2つは回転するだけでなく左右に動くこともできるため、線路の曲線半径が小さいカーブに対応できた。また、各歩兵隊は多くの馬を有しており、牽引に馬を使うこともできた。ドイツ軍はベルギーとフランスに侵略する際に60cm軌間の鉄道用資材を十分に用意し、数百キロの線路を敷設した。いっぽう、フランス軍も準備にぬかりはなかった。1911年のモロッコ侵略時に野戦軌道をおおいに活用していた彼らは、ミニ鉄道を発明したのは自分たちだと自負していた。1914年に塹壕掘りが始まってまもなく、フランス軍は保管場所から狭軌道用線路（ドコービル社製）を約645km分運んできた。フランスの狭軌道で一般的に使われていたのはペショと呼ばれる8輪の機関車で、ボギー台車もボイラーも2つずつあった。だが、じきにアメリカのエンジン製造会社ボールドウィンから小型のサドルタンク機関車が大量に補充された。

　ロシア軍は軍隊にも、その準備にも不備が多く見られたが、鉄道は必要になるとやはり見越していた。1904～05年の日露戦争で、馬が牽引する全長48kmの

東部戦線へ
列車で東部戦線に向かうドイツ軍（1914年）。この写真のような大型列車は兵士を終端駅まで運び、そこから先は軽便鉄道が前線まで運んだ。

狭軌道を奉天（現在の瀋陽）の近くに建設し、派兵に大いに役立てていたのだ。1914年、ロシア軍は9個の鉄道大隊を有し、そのうち3個が狭軌道を使用した。西部戦線よりも距離が長く流動的な東部戦線ができあがると、膨大な数の路線が建設された。すでに存在していた約900kmの線路に加え、さらに4000kmが敷設され、その半分ほどは馬が、残りのほとんどは蒸気機関車が牽引した。範囲の広い東部戦線でドイツ軍とオーストリア軍と戦っていたロシア軍にとって、融通の利くこの鉄道システムはどの国よりも必要だった。オーストリア軍もまた充実した野戦鉄道システムを有し、特に南部でイタリアと戦う際に活用していた。ドロミーティ山脈では既存の狭軌道を拡大し、山中にいる部隊に供給物資を送り届けた。オーストリア軍の狭軌道は標準の60cmよりわずかに広く軌間75cmだった。歴史家ジョン・ウェストウッドは著書『戦時中の鉄道』で次のように記している。

　　ドロミーティ山脈での戦闘を予測していたオーストリア軍は、イタリア軍との前線に標準軌道を建設するのは難しいだろうと考え、狭軌道を酷使することにした。狭軌道は非常に長くなるはずだった。実際、1915年から1917年までイタリアとはほとんど動きのない状況が続き、その間にオーストリ

ア軍はかなりの距離の狭軌道を3本建設していた。そのうちの1本はオエアからプレダッツォまでの30マイルで、トンネル6つと大きな橋14本が含まれていた。

いっぽう、英国軍はこうした国々とはまったく異なる態度を取っていた。英国軍の戦略家たちは広域で互いに応戦を繰り返すような戦いになると考えていたため、西部戦線が膠着状態になったときは準備不足に陥った。大戦中の英国軍の輸送に関する報告書によると、軍〔の上層部〕は膠着状態が続くとは信じられずにいた。

開戦から2年間の英国軍の輸送体制に関しては、じきに戦闘となるのだから、完成させたところで使用しないまま、はるか後方で朽ち果てる可能性のある大がかりな計画に取り組むのは無駄だという意見が中心となっていた。

大事な兵站線
同盟軍は西部戦線に軽便鉄道を敷設した（1918年）。物資を前線まで運ぶのにも、兵士を塹壕から塹壕へと迅速に運ぶのにもこの鉄道が使われた。

その結果、英国軍は他の連合国よりも、敵国よりも、道路を使う輸送にエネルギーを注ぐことになった。だが、それは絶望的な努力だった——フランスの田舎では道らしきものがあっても、じきに通行できなくなる。しかも前線に通じる道はまったくないことがしばしばだ。当時の状況を驚くほど雄弁に描写した英国の公式報告書がある。

> ……道の先には悪夢のような湿地帯、朽ち果てた水路、水のたまった漏斗孔〔砲弾が炸裂してできた穴〕などが待ち受け、その間を縫うように一時しのぎの踏み板を並べた通路や、前線に通じる通路用の堀が作られている。このぬかるんだ荒れ地を、軍隊に必要なありとあらゆる物を持って通らなければならない——食糧、水、服、医薬品、道具、材木、有刺鉄線、迫撃砲、機関銃、ライフル銃、弾薬、大量の弾薬を持って。

これでは士気が上がるはずもなく、しかも危険と隣り合わせだった。暗闇のなかを進んでいるうちに踏み板の通路から外れて漏斗孔に落ち、背負っている荷物の重みが災いして溺れ死んだ兵士が大勢いた。

狭軌鉄道があれば、この兵站上の問題はみごとに解決する。狭軌鉄道の主な利点は、前線の危険をはらむ状況下で他のどんな輸送形態よりも融通がきき、効率よく輸送できることだ。最小限のバラストと枕木さえあれば容易に敷設でき、砲弾を受けても酷使のしすぎで損傷しても修理が非常に楽にできる。「野戦軌道」の名の通り、前線が移動した場合でも簡単に外して別の場所で使用できる。軽便鉄道を使いこなしているフランス軍を見て、英国軍は遅ればせながら同様の鉄道の開発に取り組み始めた。1915年夏のことだった。

英国軍が作った軽便鉄道は、最初のうちは粗末な代物で、牽引はほとんど人力に頼っていた。ラバが使われることもあったが、この動物は時々仕事を拒む。特に夜間はそうなのだが、ほとんどの軍事活動は夜に行われる。やがて、はるかに洗練された鉄道網が出来上がった。狭軌道は徐々に2種類に分かれていった。終端駅から前線近くの物資集積所までを結ぶものは、たいていガソリン機関車かガソリン電気機関車が牽引した。蒸気機関車が使われる場合もあった。物資集積所と塹壕を結ぶ狭軌道はこれより粗末な作りで、軌間は60cmよりさらに狭い場合

もあり、おもちゃの列車用の線路のようだった。「路面軌道」と呼ばれることの多いこの軌道で牽引するのは、ほとんど人またはラバだった。敵の陣地に近いため、機関車の音で砲撃を受ける危険があったからという理由もある。2種類の狭軌道ははっきり区別されていた。前線に近い方は、終端駅から始まる軌道ほど頑丈な作りではなく、運べる荷が限られていたからだ。いずれも長さは必然的に短く、8㎞から24㎞程度で、絶えず保守を行う必要があった。脱線は日常茶飯事だった。戦車や大砲などを運搬しているときは特に脱線しやすく、機関車や貨車を線路に戻す際には数人が駆り出され、人力のみで作業するのが普通だった。

　列車を走らせるのは夜間に限られ、照明は小型の懐中電灯ほどの大きさの明かりがひとつだけだった——前線近くではそれすらも不可能だった。狭軌道はほぼすべて単線で、信号システムなどはないため、列車の運行は路面軌道のように「目視」に頼っていた。したがって、機関士は常に注意を怠らず、前方に立ち往生または故障している列車がないか確認しなければならない。管理者に連絡する電信システムはあったが、問題がある場合にのみ使用できた。蒸気機関車の場合、近くの漏斗孔にたまっている水を使用するしかないことも多く、こうした事実は狭軌道システムの未熟さを端的に示していた。鉄道車両不足から、T型フォード車を鉄道用に改造するという突飛な計画が立てられた。レールの幅に合うよう改造したものの、車体が軽すぎて粘着力が足りず、レールの上でスリップしてしまい、結局この計画は打ち捨てられた。

　線路は悲惨な状態で、しばしば人やラバに牽引させていたため、スピードは非常に遅かったのだが、おもちゃの町に使われるような鉄道であっても、前線への輸送は他のどんな方法よりもはるかに役に立った。もっとも、狭軌道用列車の最大積載量は33.5トンしかないため、本線の終端駅に届いた物資を運ぶためには最低でも列車10本必要だった。それでも狭軌道は莫大量の物資を運んだ。鉄道部隊のある将校によると、1つの路線で列車を一晩に最高150本走らせ（機関士は2人）、最大1340トンもの物資を運ぶことができたという。大砲など巨大な火器でも、貨車を2つかそれ以上使って運んでいた。終戦近くには、狭軌道の新たな使用法が誕生していた。貨車に野戦砲を取りつけ、

「このような路線を最も必要としていたのはおそらくロシア軍だろう……前線がきわめて長かったからだ」
ジョン・ウェストウッド『戦時中の鉄道』

ラバの列車
1917年、フランスのソワソン近郊に60cm軌道を完成させた砲兵第11連隊のフランス人兵士たち。貨車を牽引するラバが待機している。

何発か発砲してから移動させるというものだ。これなら攻撃しても敵に見つからずにすむ。狭軌道が運搬したのは火器や供給物資だけではなく、人を乗せられるときは兵士も運んでいた。鉄道がなければ、兵士たちは漏斗孔に落ちる危険を冒しても夜にぬかるみの中を何時間も歩いて進むしかなかったのだ。

「どの交戦国も、ドイツですらも、予想をはるかに上回るほど狭軌道を活用していた」とジョン・ウェストウッドは結論づけている。西部戦線で3年半も膠着状態が続いていたせいもあるのだが、当時の輸送技術のせいもある。ぬかるんだ戦場で兵站上の問題を解決するのに、当時は野戦軌道が最良の策であったため、至る所に軌道が建設された。軌道が目的を失ったのは1918年の春、ドイツ軍がついに戦線を突破し、同盟国側が反撃に出たときだった。一時的なものとして作られた野戦軌道は、今日ではほとんど残っていない。フランス北部にごく一部の区間が保存されていて、「小さな列車」（フランス人はこう呼んでいる）が忌まわしい戦いで示した働きを窺い知ることができる。

アメリカの豪華列車

アメリカで旅客サービスが始まったのは1830年代で、1869年にはアメリカ大陸全体で列車の旅が始まっていた。やがて長距離旅行が可能となり、プルマン寝台車など新機軸が打ち出されていった。

WM No.203（1914年）
ウエスタン・メリーランド鉄道の社長が使った豪華なプルマン寝台車であるNo.203は鋼鉄製車体に木材をあしらった外観だった。展望ラウンジ、ダイニングエリア、寝台4個を備えていた。

RDG No.800（1931年）
No.800はペンシルベニアの通勤客用にレディング鉄道が導入した初の電車。

NW No.512 ポワンタン・アロー（1949年）
No.512はプルマン製のクラス51軽量鋼客車。ノーフォーク・アンド・ウエスタン鉄道の流線型旅客列車ポワンタン・アローを構成していたユニットのひとつ。ポワンタン・アローはヴァージニア州ノーフォークからオハイオ州シンシナティまで、1088kmの路線を運行した。

客車は66席

空気力学により、側面はなめらかな作りになっていた。

双車軸のボギー台車

1950年初頭に金色の装飾がほどこされた

NW No.1489 サイオト・カウンティ（1949年）
オハイオ州の郡の名をつけたサイオト・カウンティはバッド社がノーフォーク・アンド・ウエスタン鉄道用に製造した。寝台車でルーメット〔トイレ付寝台車個室〕10室とダブルベッド室6室を備えていた。何度か改装をした後、軽食と酒を提供する客車のついた通勤用列車となった。2001年に引退したが保存鉄道としてその後再び運行している。

アメリカの豪華列車 277

BOMX No.130　ハーシー・ウェア（1949年）
復元後にボルティモア・アンド・オハイオ鉄道博物館からハーシー・ウェアと命名されたNo.130は、バッド社がフィラデルフィアで製造した客車だった。もともとはペンシルベニア鉄道が寝台21個の寝台車として使用していた。その後ニューヨーク万国博覧会のために1963年、通勤用として改装された。

RDG　オブザーベーション　No.1（1937年）
バッド社製のこの展望車はレディング鉄道の看板列車クルセイダーの最後尾車両だった。クルセイダーは流線型列車でジャージーシティ～フィラデルフィア間を運行していた。超モダンさが売り物で、空調・防音設備や可動式の肘掛けつきシートなどといった特徴を備えていた。

タスカンレッドと黒のカラーリング

NW J クラスJ機関車が牽引した。

ポワンタン・アローは客車、食堂車、展望車で構成されていた。

ボルティモア・アンド・オハイオ　No.1961（1956年）
バッド社製の自走式食堂車No.1961は床下にディーゼルエンジン2つを搭載していた。この車両には設備の整ったキッチン、食事用テーブル8個があるほか、後方は客車として24人分の座席があった。1963年、ごく普通の客車に改造され、1984年に引退した。

戦時中の鉄道事故

　世界で最も悲惨な鉄道事故が戦時中に多発しているのは偶然ではない。英国、フランス、イタリア、いずれも2つの大戦中に死者数で最悪の列車事故が起きている。だが興味深い点が2つある。どの事故も敵から攻撃を受けたためではないこと、そしてヨーロッパ最大の死者を出した事故は第一次世界大戦中のルーマニアだったことだ。いずれの事故の原因も、少なくとも部分的には戦時中ゆえに鉄道を酷使していたため、安全面への配慮が二の次にされがちだったことも挙げられる。戦時中は検閲が行われていたので、当時の事故に関する情報は公開されず、今日でも詳細まではよくわかっていない。したがって、戦時中の事故の多くはほぼ忘れ去られている。

最初の悲劇が起きたのは第一次世界大戦中で、場所はイングランドとスコットランドの境近くのキンティンスヒルだ。死者数では英国史における鉄道事故で群を抜いている。直接の原因は信号手による一連のミスだが、戦争のため鉄道が非常に無理を強いられていたことも一因である。カレドニアン本線は北のスコットランドからイングランドのカーライルまでを結んでいた。イングランドとスコットランドを結ぶ2本の幹線のうちのひとつで、第一次世界大戦中は英国で最も運行本数の多い路線の部類に入っていた。ジェリコ提督率いる英国海軍のために石炭を運ぶ貨物列車は「ジェリコ・スペシャルズ」と呼ばれ、空の列車がスコットランドからイングランドに戻る際にカレドニアン本線を利用していた。その運行本数は非常に多く、他にローカル列車や特急列車もこの路線を使っていた。

1915年5月22日の朝、ロンドン発の夜行寝台特急が2本遅れた。戦時中は列車の本数が多くなるため、遅れはよくあることだった。カーライルから北に16 kmのキンティンスヒルに小さな信号所があり、カレドニアン本線とその両側の側線の列車の運行を制御していた。側線は速度の遅い貨物列車やローカル列車が一

前線へ向かう
第一次世界大戦中、鉄道は部隊を移動させ、物資・装備を戦場に運び、今までにない規模で利用された。写真は1914年、西部戦線に向かうフランスの兵士たち。

280　戦時中の鉄道

キンティンスヒルでの三重衝突
1915年、英国のキンティンスヒルにてローカル列車に軍用列車が追突し、そこに特急列車が突っこんだ。写真左は線路から放り出された軍用列車の貨車。

時的に入り、より速い列車の通過を待つために使われていた。その朝、側線は2本ともジェリコ・スペシャルズが入っていた。これから炭鉱に戻り、さらに石炭を運ぶ予定だった。したがって、信号手は北に向かって本線を走ってきた速度の遅いローカル列車を逆方向の本線に移動させ、寝台特急の通過を待たせることにした。

　不幸なことに信号手はその後、南方面行き本線にローカル列車を入れたことを、交替する次の信号手に連絡するのを忘れた。その列車は信号所から見える位置に停車していたにもかかわらず、だ。朝の6時を回ったところで、信号手のジョージ・ミーキンはジェームズ・ティンズリーと交替しようとしていた。だが2人は規則を破り、交替時間をもう少し遅くしようと取り決めていた。そうすれば、ティンズリーはローカル列車に乗って信号所に来ることができる。そこでティンズリーは記録簿に事実とは異なる記入をし――6時から仕事を開始したことにして――戦争についてお喋りしながら「進行」の信号を南に向かう軍用列車に出した。彼はつい今しがた自分が乗ってきたローカル列車が南方面行き本線で待機していることを忘れていたのだ。

　その軍用列車にはロイヤル・スコッツの兵士485人が乗っていた。訓練を終え、これからトルコのガリポリに向かうところだった。時速110km以上でわずかな下り勾配を進んできた軍用列車の機関士には、列車を止められなかった。列車はローカル列車に追突し、その勢いで軍用列車の車両はアコーディオンのようになり、全長は元の3分の1のわずか64mに縮んでしまった。だが、悲劇はこれだけで終わらなかった。軍用列車として接収されていた古い車両は木製で、追突の衝撃で火打石と同じ原理が働いたのだ――しかもガソリン着火式のシリンダーと機関車からの石炭が燃料となった。さらに、ローカル列車が待っていた北に向かう寝台特急も止まることができず、先の2台の残骸に突っこんだ。残骸は北方面行き本線にまで飛び散っていたのだ。この事故で227人が死亡した。英国の鉄道事故でこれほど多くの死者を出したものは他になく、2番目に最悪となったハーロウでの事故（1952年）の死者の2倍に近い。だが、2台の旅客列車の乗客の死者数は少なかった。もっとも、戦時中の当局によって数値が操作された可能性もある。2人の信号手は過失致死罪を問われ、ティンズリーは懲役3年、ミーキンは懲役1年半の判決が下った。事故の大きさを考えると比較的軽い判決だった。

　1917年1月13日にルーマニアで起きた事故はいまだ謎に包まれている。場所

チュレアの悲劇（1917年）
悲惨な衝突事故が起きたのは、超満員の客車で兵士たちがはからずもブレーキ管を壊したのも原因のひとつと考えられている。

のせいもあり、ルーマニアとロシアの当局による検閲が厳しかったせいもある。この事故は後に述べるフランスのサン・ミシェル・ド・モーリエンヌでの事故との共通点がいくつかある──過積載の軍用列車が制御できなくなり、火災が生じて多くの犠牲者が出たことだ。ルーマニアの事故はチュレア（ルーマニア東部、現在のベラルーシとの国境に近い）で生じ、ドイツの進軍から逃げてきたルーマニアの一般市民とロシア軍の負傷兵が巻きこまれた。ルーマニアは遅い時期に参戦した。連合国側につき、最初のうちは勝利していたものの、まもなくドイツ軍に侵略された。敵から逃れようとする人びとを大勢乗せたその列車は26両編成という大がかりなもので、ブルノバという小さな町を出てチュレアに向かっていた。生き残ったニコラエ・ドゥナンレアヌは、人びとが先を争って列車に乗ろうとしたときの様子を次のように描写している。

　……どこも人だらけだ。特に兵士が多い。屋根にも、ステップにも、緩衝器にもよじ登り、皆必死に体を支え合っている。ほんのわずかな隙間もなく、ステップや緩衝器に両足を乗せることすらかなわない。誰もが親戚を探そうと、またはこの国を半分以上占領した敵から逃れようと必死だった。悲惨な運命が待ち受けているなどと夢にも思っていなかった。

アルプス山中の惨事
サン・ミシェル・ド・モーリエンヌ村（仏）そばの谷底に落下した客車の残骸。列車は19両編成で900人以上のフランス兵を乗せていた。

　ブルノバ駅からチュレア駅まで下り坂が続いている。平均すると1/40勾配だが、一部の区間は1/15勾配の急坂だ。列車が坂を下り始めて間もなく、ブレーキが正常に作動しなくなった。客車間に接続されているブレーキ管に客が乗っていたため損傷した、とのちに判明した。機関車は2両編成だったが、列車を制御できるほどの力はなく、列車は下り坂をどんどん加速していった。乗務員は非常手段として機関車を後進させる措置を取り、線路に砂を撒いて粘着力を増加させようとしたが努力は実らず、チュレア駅に入ったところで客車が脱線し、大惨事を招いた。最終的な死者数は1000人を超えたと考えられているが、戦時中ゆえ公にされず、場所が片田舎だったこともあり、正確な人数は確認されていない。だが、ヨーロッパ全体における最悪の鉄道事故だったことは間違いない。
　その年の末にフランスでも鉄道事故が生じ、西ヨーロッパで最悪の事故となった。原因は駅員の初歩的なミスだった。戦時中は駅員の負担が増し、過労となっていたせいもあるが、きわめて重要な点は軍の命令に逆らえなかったことだ。軍は駅員の警告に耳を貸さなかった。客車19両という非常に長い列車が1917年

12月12日の夜にアルプス山脈を越えていた。乗車していた900人あまりのフランス軍兵士はイタリアで戦い、クリスマス休暇で家路を目指していた。イタリアとフランスの国境にあるモン・スニ・トンネルを抜けた列車は、フランス側のモダーヌで1時間以上も待たされた。同じ路線に他の列車も入っていたからだ。また、この列車は機関車が1両しかなかったため、遅れていた。上り坂を進むにも、下り坂でブレーキをかけるにも、機関車1両だけでは力不足だった。しかも空気ブレーキがついている客車は3両しかなく、残りの客車は粗末な手動ブレーキがあるか、またはブレーキがまったくないかのどちらかだった。

待ち時間が長引き、ポワル（フランスの歩兵）たちが騒ぎ始め、機関士のジラールは坂を下るよう圧力をかけられた。第二の機関車が見つからない限り無理だと彼は拒絶したが、使える機関車はひとつしかなく、銃弾補給列車用に割り当てられていた。地元の交通を取りしきる軍将校フェイヨール大尉はジラールを制し、命令に従わなければ投獄すると告げた。軍人が鉄道の限界や安全性を理解していないのはよく知られている。結局、事故は起きるべくして起きたのだ。乗客を大勢乗せ、しかもブレーキの力が不十分のまま坂を下れば、列車は加速し制御できなくなる。ブレーキをかけたとき、摩擦があまりに大きいため過熱し燃え上がった。乗客はパニックに陥り、加速する列車から飛び降りた者もいた。制限時速40kmの約3倍の速度に達した列車は、サン・ミシェル・ド・モーリエンヌ村近くのカーブで線路から飛び出した。客車のうち数両は峡谷へと落下し、残りはまたたくまに炎に包まれた。重たい客車から解放された機関車は脱線せず──ジラールは生き残った。最初は客車が失われたことに気づかなかった。

死者は424人と発表されたが、今日では457人と考えられている。675人という推定値もある。死者の多くは火災で灰と化し（消火には丸1日かかった）、搬送先の病院で亡くなった者もいたからだ。だが、この事故はひとつ間違えばさらなる惨事を招くところだった。駅長がすばやく対処しなければ、スコットランド軍を乗せてイタリアに向かっていた列車は燃えている列車に突っこんでいただろう。事故現場に慰霊碑ができたのは、じつに79年後の1996年12月12日だった。戦時中の事故にいかに神経を使っていた

サン・ミシェル・ド・モーリエンヌ鉄道事故で身元が判明しなかった死者数

135人

かが窺われる。

　スペインは第二次世界大戦で中立を守っていたにもかかわらず、最悪の列車事故がこの大戦中に生じた。1944年1月3日、レオン州トーレ・デル・ビエルソ村の近くで3本の列車がトンネル内で衝突した。ルーマニアとフランスの事故と同様に、下り坂で列車が暴走したのが原因だった。やはり火災が発生し、乗客ほぼ全員が死亡した。夜を徹して走行していたガリシアの郵便急行列車がブレーキ系統の故障によりアルバレス駅で停車できなかった。次の停車予定となっているトーレ・デル・ビエルソ駅では、駅長が線路に枕木を置くよう命じ、列車を減速させようとしたが、効果はなかった。列車はそのままトンネルへと突進し、入換作業中だった別の列車に追突した。そのとき、反対方向から荷を積んだ27両編成の石炭列車が事故に気づかず、現場に突っこんだ。衝突により発生した火災は2日間燃え続け、負傷者の救出もできず、犠牲者の身元確認も不可能だった。

　フランコ将軍の政権下では厳しい検閲が行われていたため、当時はこの事故についてほとんど発表がなされず、RENFE（スペインの鉄道運営会社）の事故に関する公式ファイルも失われた。クリスマス後で、列車には市場に向かう不正乗客が大勢乗っていた。死者は78人ということになっているが、実際は500人近いと示す調査結果がある。

　イタリアでも死者数が国内最悪となった列車事故が起きたが、第二次世界大戦の影響はここにも及んでいた。事故はナポリ湾に面したサレルノから内陸部に向かう小さな町バルヴァーノで生じた。この地域はシチリアから北上してきた英米軍の占領下にあり、食糧など生活必需品が不足していた。町の住民の多くが貨物列車に不正に飛び乗り、物資を求めて田舎に行っていた。物資は自分で消費する場合もあれば、闇市で売る場合もあった。1944年3月2日の夕方サレルノを発った列車にもそのような人びとが大勢乗りこんでいた。その日は雨降りで寒かった。駅で停車するたびに何百人もが長物車に飛び乗り、タールを塗った防水布か何か手近にあるもので雨を避けていた。向かう先はアペニン山中の農場だった。列車はバルヴァーノ近くのトンネル内で止まった。山から下りてくる別の列車を待っていたのだ。それが不正乗車していた650人ほどの人びとにとって命とりとなった。戦時中は物資が不足し、蒸気機関車用の石炭は質の悪いものしか手に入らなかったため、高濃度の一酸化炭素が発生したのだ。トンネル内には勾配があったため、煙は下方へと流れていった。死者数はじつに450人から500人と推定され

た。生き残った人びとはほとんどがトンネルから外にはみ出ていた後方の貨車に乗っていた。急を告げたのは制動手で、もよりの駅まで走って戻り、「みんな死んだ」と叫んで倒れた。やはり煙にやられていたのだ。事故処理を手伝った米軍の大佐はのちにこう書き記している。「犠牲者のほとんどが安らかな顔をしていた。苦しんだ形跡はまったく見られなかった。きちんと座っているか、普段眠っているときのような姿勢でいる者が多かった」死は静かに、すみやかに訪れたのだ。

　幸い、現代ではこれほどの大惨事が繰り返すことはないと思われる。ブレーキ効率の向上など列車の技術が進歩し、規則が義務づけられたおかげで、列車の旅ははるかに安全となった。たいていの場合、昔ほど列車が混み合うこともなく、蒸気機関車が使われなくなったため火災もめったに生じなくなった。しかも、客車はもはや木製ではなく、衝突の力に耐えられるような設計と作りになっているため、たとえ事故が起きても生き残れる確率は上がる傾向にある。だが、現代では時速320kmの近くの高速列車が毎日ヨーロッパを走っており、大規模な事故が起きる可能性は残っている。2013年7月にはスペインのサンティアゴ・デ・コンポステーラで高速鉄道が脱線し、79人が死亡した例もある。

ヒジャーズ鉄道

中東に鉄道が敷かれたのは遅い時期だった。19世紀末には崩壊間際のオスマン帝国にほんの2、3路線しか存在しなかった。だが、鉄道の軍事的・政治的価値は先見の明のある統治者たちの認めるところで、だからこそヒジャーズ地域、現在のサウジアラビアの砂漠のど真ん中に鉄道を建設しようということになった。アラビアのロレンスによって西欧で有名になる路線だ。

初期の鉄道の多くがそうであるように、この路線も建設の是非についての議論が長引き、なかなか工事が始まらなかった。ドイツ系アメリカ人の土木技師チャールズ・ツィンペルは、ダマスカスから紅海までの路線を1864年に提言した。その後、19世紀末までの間に同様の提案が数多く寄せられた。だが、オスマン帝国のスルタン、アブデュルハミト2世が注目したのは1897年にインド人のイスラム教教師でジャーナリストでもあるムハンマド・インシャ・アラーが提出した案だった。

アブデュルハミト2世はオスマン帝国末期の保守的な指導者で、コンスタンティノープル（現在のイスタンブール）から統治を行っていた。1876年に即位して間もなく、オスマン帝国は領土の5分の2を失った。そこにはブルガリアやギリシアなどヨーロッパ内の領土も含まれており、帝国はヨーロッパにおける影響力を事実上失った。そこでスルタンは残っているアジアの領土（アラビア半島を含む）の支配を堅固なものにしようと決意した。オスマン帝国の政治的影響力は弱まりつつあったが、アブデュ

アラビアのロレンス
英国軍将校T. E. ロレンスは考古学者として中東で任務に就いている間に有名になった。1916-18年にアラブ反乱を率い、ヒジャーズ鉄道のほとんどを破壊した。

ヒジャーズ鉄道

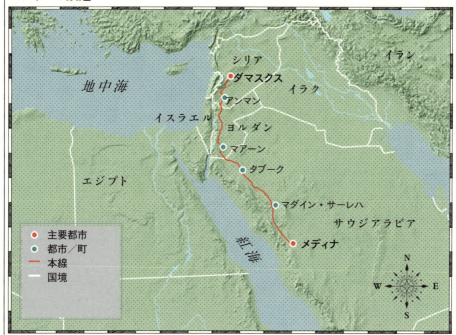

ルハミトは宗教上の重要性に期待した。1897年の鉄道案なら、カリフ（全ムスリムの指導者）としての彼の立場を強化するのに役立てることができる。その案とは聖地メッカをめざす巡礼者に安くて速い旅を提供するものだった。宗教的な意義があったため、鉄道建設資金は主にムスリムからの支援でまかなわれた。

　1900年末、ドイツ人技師ハインリヒ・マイスナーの援助を得て、1500mm軌道の建設工事が始まった。マイスナーは8年間プロジェクトを指揮した。最初のうちは問題が山積しており、工事ははかどらなかった。測量が不出来だったため、やり直さなければならなかった。また、作業員はほとんどが徴集兵で、呆れるほど劣悪な労働環境に置かれていたため、反乱が生じた。進展が見られないと気づいたスルタンは懐柔作戦に切り替え、マイスナーは作業員にとってなんとか受け入れられる体制を打ち出した。彼は外国、特にベルギー、フランス、ドイツから鉄道建設の経験者をも募集した。路線は南の聖地に向かって延びていった。宗教が絡んでいるため、工事が後期に入るとキリスト教徒は作業を禁じられたが、その頃には訓練を受けたトルコ人ムスリムの技師たちを使うことができた。

　建設作業用に偵察、測量、建設の3チームが作られた。偵察チームがいちばん

> 「技師たちは『悪魔の腹』とも言うべきこの危険な状況での鉄道建設を余儀なくされた」
>
> ドミニコ会修道士
> 『ヒジャーズ鉄道の旅』1909年

大変だった。ルートの事前評価を行うのだが、ラクダや馬に乗って砂漠に入り、地図のない土地を進み、敵意を示す部族から襲撃を受けて騎馬隊が孤立することもあった。2番目の測量チームは偵察チームが作成した地図を使い、正確なルートを設定していく。建設は4師団からなる特別の鉄道建設用大隊によって行われた。師団ごとに作業内容が決まっていた。先発隊は線路を敷く場所に線を引き、土盛りを行う。第二師団はバラストを敷き、第三師団は枕木を並べ、第四師団がレールを固定していく。

規律のとれた組織的なプロセスのおかげで、さまざまな障害に見舞われながらも工事は急速に進んだ。日中は気温が50℃にも達し（冬の夜は逆に気温が極端に下がる）、人里から遠く離れた土地で1600kmも線路を敷設しなければならない。目的地は最初、イスラムの聖なる都市メッカに定められていた。

昔の巡礼用小道をたどりつつ線路を建設していた作業員たちにとって、水不足が最大の問題だった。こうした小道にはところどころに雨水をためた井戸や水たまりがあるが、ほとんどの場合は線路に沿って設置したタンクに大事な水を入れ、線路が完成した所まで貨車で水を運びタンクに補充していた。飲み水不足の問題はずっとつきまとったが、皮肉なことに雨季には鉄砲水で一部の線路が流される。被害を防ぐため、多くの区間で堤防が築かれた。

線路上に砂が積もるのも問題だった。工事がアラビア半島南部の砂漠にさしかかったとき、砂を防ぐ植物がほとんど生えていないことが判明し、風で運ばれてくる砂の対策として粘土と石で防砂堤を作らなければならなかった。

最大の皮肉は燃料不足だった。トルコで産出される石炭は煙が多すぎるため、多大な出費となるがウェールズから石炭を輸入し、地元産と混ぜて使用していた。蒸気機関車は石油でも走るのだから、解決策は足元にあったのだ。ヒジャーズ鉄道史を著したジェームズ・ニコルソンが書いているように、「当時オスマン帝国は現在のサウジアラビアである東部地方も支配していたのであるから、砂漠の下に眠っているもので燃料を容易にまかなえると知ったら彼らは驚いただろう」

建設作業員は最も多い時で7000人だった。小型のテントで寝泊まりし、線路が出来あがっていくにつれ移動していく。食事はパン、ビスケット、米で、たまに肉

が添えられる。新鮮な野菜や果物がまったくないため、壊血症などビタミン欠乏症が広まっていた。コレラの発生も珍しくなく、発生すると現場はパニックに陥り作業員たちがキャンプから逃げ出すため、工事に遅れが生じることとなった。

　鉄道がメディナに近づいた頃はまだ、終着駅をメッカとする予定に変わりはなかった。だが、地元の諸部族は「鉄のロバ」がメッカまで延長されることに激しく反対した。宗教的な理由もあったが、そればかりではない。多くの部族民は巡礼者を運ぶ隊商を運営して生計を立てていたのだ。ついに1908年1月、彼らは暴動を起こした。当時すでにアブデュルハミトの政治的地位は危うくなっていた。結局メッカまでの延長計画は反故となり、代わりにイスラム第二の聖なる都市メディナが終着駅と決まった。

　アルーラからメディナまでの最後の区間は、地理的には最も建設に困難をきわめたが、作業員がさらに補充され、作業ははかどった。早く完成したのは、1908年9月1日のスルタン皇位継承記念日に間に合わせたいという理由もあった。この日までに工事は終わり、メディナで開通記念の祝祭が催されたが、スルタンは出席しなかった。この頃にはもうアブデュルハミト2世の人気は地に落ち

メディナに向かう一番列車
ダマスカスからメディナへ。巡礼者たちを乗せたヒジャーズ鉄道の一番列車の出発を見送りに集まった人びと。1909年

ていたため、コンスタンティノープルを留守にしている間にクーデターが起きる
かもしれないと彼は心配だったのだ。

スルタンは政治面での難題を山ほど抱えていたが、ヒジャーズ鉄道は開通から
8年間、何千人もの巡礼者を乗せてメディナと往復していた。だが、この鉄道に
は地域の、そして世界の政治的思惑が常につきまとい、第一次世界大戦では戦場
となってしまった。

オスマン帝国は1914年、ドイツ側について大戦に参加した。英国はトルコ軍
を自国内にとどめておこうと腐心し、アラビア半島でオスマン帝国に反旗を翻し
たアラブ人たちを支援した。ヒジャーズ鉄道は格好の標的となり、1916年6月、
アラブ人諸部族が攻撃を開始した。だが、彼らには爆薬もより良い装備も必要だっ
た。そこに登場したのがT.E.ロレンス——アラビアのロレンスだ。軍の階級は
大尉でしかなく、カイロで事務職をしていたのだが、彼はスエズ運河を越えてファ
イサル王子率いる反乱軍を支援したいと上官を説得した。ファイサル王子はメッ
カのシャリーフであるフサインの息子のひとりだ。

ロレンスが1917年初頭に合流したとき、ファイサルの不正規軍はすでにヒ
ジャーズ鉄道を何度か攻撃して成功を収めていた。ロレンスは列車の急襲と線路
の破壊工作により、さらに数回鉄道の襲撃を指揮した。ゲリラ戦法を早くから取
り入れたこの作戦の目的は、鉄道の閉鎖ではなく、トルコ軍勢力を鉄道の守備に
回させ足止めさせておくことだった。こうした襲撃でロレンスの部隊は死者がほ
とんど出なかったが、トルコ軍は何千人もの兵士が命を失った。成功を収めたロ
レンスの作戦は、デヴィッド・リーン監督の映画『アラビアのロレンス』に力強
く描かれている。ロレンスとファイサルは徐々に鉄道を制覇していき、トルコ軍
が北に敗走すると鉄道を手中に収めた。そしてメディナを守るトルコ軍はオスマ
ン軍勢から切り離された。

ロレンスとファイサルはついにアレンビー大将率いる英国軍と合流し、ダマス
カスに最終攻撃を行った。ロレンスを含むファイサル軍はシリアの都市ダルアー
から地中海の港ハイファ（現在のイスラエル）に通じる道を遮断する任務を与え
られた。1918年9月、最後の攻撃によりダマスカスのトルコ軍の敗北は決定的
となった。だが、メディナの占領を続けるトルコ軍は1919年1月まで降伏しな
かった。その時の戦闘が第一次世界大戦最後の戦闘と言ってほぼ間違いない。

のちにロレンスは自著『知恵の七柱』でヒジャーズ鉄道をめぐる戦いを回想し、

アラビアのロレンスとアラブ反乱
映画『アラビアのロレンス』の1シーンより。ヒジャーズ鉄道を襲撃するアラブ兵。功績を上げたばかりに悪くも言われたロレンスだが、これはアラブ人の戦争だと彼は主張した。

トルコの兵士たちは勇敢で、線路の修理に熟練していったと記している。第一次世界大戦後、オスマン帝国は英国またはフランスが支配する諸州に分割され、ヒジャーズ鉄道もこの2国が分割して運営することになった。連合国側も退却するトルコ軍も鉄道の南部区間の大半を破壊していたが、それでも数区間は輸送に使えた。

ヒジャーズ鉄道で最も頻繁に使われたのはダマスカスとハイファを結ぶ支線で、貨物輸送に利用された。また、シリアで紛争が生じるまでは、ダマスカスからアンマン（ヨルダンの首都）まで客車が走っていた。現在、サウジアラビアはハッジ〔聖地巡礼〕のために乗客および必要な物資を運ぶ新たな路線網を建設中である。ヒジャーズ鉄道の全線復旧の話も出ているが、費用がかかりすぎるうえに、今日では多くの巡礼者が飛行機でメッカに向かうため、必要ないだろう。

ヒジャーズ鉄道全線が常時運転を行っていたのは、1908年から1916年までのわずか8年間だった。走行速度は遅く、車両は混雑し、巡礼者にとってけっして快適な旅ではなかったが、今まで陸路で40日かかっていたのがわずか1日あまりですむようになったのは著しい進歩だった。世界で最も大がかりな鉄道建設プロジェクトのひとつに数えられるヒジャーズ鉄道にとって、それは短いながらも輝かしい絶頂期だった。

流線型列車

航空機と自動車の時代、機関車の設計者は乗客を鉄道に呼び戻そうと、高速で近代的なデザインの新世代型列車を開発した。まずはアメリカの看板的な急行旅客列車に使われた。やがて、スピードを売り物とした流線型のディーゼル／電気機関車に「ストリームライナー」という言葉が使われるようになった。

空気力学を応用したスタイルは著名な蒸気機関車技師ナイジェル・グレズリーが考案した。

LNER No.4668 マラード号（1937年）
ロンドン・アンド・ノース・イースタン鉄道が製造したクラスA4パシフィック、No.4668マラード号は蒸気機関車の世界最高記録を保持している。1938年7月3日、客車7両を牽引し時速202kmを記録。空気力学を応用した車体と効率の高い蒸気回路のおかげだ。

ランボードの流線型の垂れ板は駆動装置を隠している。

ETAT ZZY 24408（1934年）
フランスの自動車会社ブガッティが製造したZZY 24408は、フランスで数種使用されていたレールカーのひとつ。ドラムブレーキ、4つのガソリンエンジン、オイルダンプ型懸架装置、展望室（キューポラ）など数々の工夫がなされたが、燃料が高くつくため1953年に撤退。

PPL No.4094D（1939年）
No.4094Dはペンシルベニア・パワー・アンド・ライト社が運営していた火を使わない入換用機関車。火室とボイラーの代わりに外部源からの蒸気を貯蔵する場所がある。ガス発電所、化学工場など、火事や環境汚染のリスクを抑える必要がある場所で使われた。

流線型列車　295

NW No.611（1950年）
固定車軸と軽量の駆動ロッドを使用することで比較的小型の動輪で時速177kmを出せるようになったNo.611は、ノーフォーク・アンド・ウエスタン鉄道のJクラス蒸気機関車だ。NWのフラグシップモデルであるこのクラスは旅客列車も貨物列車も牽引した。

「キルシャップ」煙突は4本のノズルを内蔵し、機関効率を高めている。

動輪は直径2m

DB CLASS 602（1970年）
ヨーロッパ特急用旅客列車として1957年に作られた液体式ディーゼルVT 11.5が元型である。旧西ドイツ鉄道のクラス602はこれを1970年に改装したもので、2200馬力（1600kw）出力のガスタービン・エンジンを搭載した。新しいクラスは時速200kmを出せたが、燃料コストが高くつき、1979年に撤退。

北陸新幹線（2013年）
新幹線のこのモデルは2013年11月、宮城県利府町で初公開された。時速320km前後で走行する。

軌間で失敗したオーストラリア

　オーストラリアの波乱に富んだ鉄道史は多くの点で、鉄道網をこのように管理してはいけないという格好の事例である。他の多くの国々では鉄道が国内統一に大きな力を発揮し、鉄道網を拡大しやすいよう画一化された規格で建設されていたが、オーストラリアの国有鉄道を運営する諸会社は貨物輸送にしても、長距離旅行客の輸送にしても、どうも不便を強いて喜んでいたとしか思えないのだ。世界全体を見回してみても、国内の鉄道史において軌道の違いがオーストラリアほど大きな問題となり、したがって鉄道網の発達の著しい妨げとなった国はひとつもない。

　オーストラリアがもともと19世紀に国外追放となった英国の囚人の送り先だったことを考えると、最初の鉄道が囚人によって運営されていたことは驚くような話ではないかもしれない。1836年、全長8kmの狭軌道がタスマニアのタスマン半島を横切る形でポート・アーサーの流刑植民地まで作られた。嵐で荒れる海を渡らずに訪問者を運ぶのが目的だった。鉄道建設を強制的にやらされた囚人は、鉄道の完成後は無蓋貨車を引くことになった。下り坂では貨車に飛び乗り、束の間の休憩ができる。乗客が支払う運賃は1シリング、当時ではけっこうな値段だった。だが、人力によるこの輸送は鉄道と呼べるようなものではなく、最初のきちんとした路線が開通するのは1854年になってからだ。

　オーストラリアの初期の鉄道は互いに連結することもなくばらばらに、ほぼ同時に建設され、これがのちにこの国の鉄道システムの悩みの種となる。南オーストラリア州では1854年5月にマレー川下流のグールワとポート・エリオットを結ぶ11kmの馬が牽引する路線が開通し、その4ヵ月後にヴィクトリア州でメルボルンのフリンダース・ストリート駅とサンドブリッジ(現在のポート・メルボルン)間で蒸気機関車を使った初の路線が開通した。この2つの路線は共にアイルランドと同じ1600mmの広軌道だったが、翌年ニューサウスウェールズ州で開通した路線

オーストラリアで
使われていた軌間
22種類

オーストラリアの幹線

は1435mmの標準軌を採用した。これが失敗の始まりだった。オーストラリアの元副首相で鉄道愛好家でもあるティム・フィッシャーによると、国内にはじつに22種類もの異なる軌間が使われていたという。こうした初期の路線の開通後に軌間を統一する最初の試みがなされたが、混乱を招いただけだった。驚くことに、ニューサウスウェールズ線はまず広軌道に変えられ、その後に隣のヴィクトリア州が標準軌だという思い込みから、これに合わせようと標準軌に戻された。ところが、広軌間を採用していたヴィクトリア州も南オーストラリア州も標準軌に変えるのはコストがかかりすぎると言い張った。こうして、あるオーストラリアの鉄道史家の言葉を借りると「壮大なる不手際が始まった」。さらにまずいことに、残りの3州（クイーンズランド、タスマニア、西オーストラリア）は1901年にオーストラリア連邦が誕生するまではそれぞれ独立した英国植民地だった。3州とも1067mmの狭軌道を採用し、建設費を安く抑えられたものの、軌間の混乱をさらに招くこととなる。

　19世紀末の25年間に、オーストラリアの鉄道は主に貨物輸送の需要により急速に拡大していった。火付け役は海外への輸出市場だった。その結果、鉱山から

ザ・ガン鉄道の橋
北のダーウィンかと南のアデレードを結ぶザ・ガン鉄道は、2004年ついに狭軌道から標準軌道へと完全に変更され、全長2979kmの大陸縦断の旅が可能となった。

は鉱石を、広大な内陸部からは農作物をオーストラリアの港に運ぶ必要が生じた。だが、全国的な鉄道網を作ろうとしても、州境を越えて路線同士をつなげようとしても、軌間の問題が立ちはだかる。実際、オーストラリアの6州は鉄道に関してはどこも1つの国のようだった。それぞれ独自の鉄道網を築き、州境を越える路線はほとんどなかった。

　たとえば1883年、ニューサウスウェールズとヴィクトリアの路線が州境の街オルベリーで出会った。理論上ではメルボルンとシドニーを結ぶことになるのだが、軌間が異なるため、乗客は列車の乗り換えを、貨物は積み替えをしなければならなかった。この年クイーンズランドとニューサウスウェールズの路線も州境のジェニングスで出会い、シドニーとブリスベンがつながるのだが、ここでも状況は同じだった。軌間の差がない州境ですら「時間の無駄となる巨大な障害物が作られ、すんなりとは通過できなかった」とフィッシャーは言う。隣接する2州の軌間が等しいのはヴィクトリアと南オーストラリアだけだったが、2州が購入していた機関車は種類が異なり、相手の州の線路に合わなかったため、州境で機

関車を交換しなければならなかった。軌間がばらばらだと鉄道設備を安く大量購入することができず、結局は高くつく。しかも、鉄道がもたついているため、沿岸部の海運業者が州から州へと移動する乗客も貨物もほぼ一手に引き受けていた。鉄道より時間がかかっても海路輸送のほうが好まれたのだ。

　全国の路線を標準軌に統一すべきか、1890年にはすでに議論がなされていた。だが、軌間の問題を政府が取り上げたのは1901年、オーストラリア連邦が誕生し自治権を得てからだった。それまでは複数の植民地の行政機関が軌間の統一はコストがかかりすぎると判断していたため、軌間の差（「軌間のブレーキ」と呼ばれた）が生じるのは避けられなかった。1917年、政府はオーストラリア大陸横断鉄道を建設した。西オーストラリア州カルグーリーと南オーストラリア州ポートオーガスタを結ぶもので、標準軌が採用されたが、連絡駅に到着するまでに何度か軌間のブレーキがかかった——カルグーリーからパースに行くにも、ポートオーガスタやテロウィーからアデレードに行くにもだ。1927年にはシドニーと南オーストラリアを結ぶ路線が完成したが、これもブロークンヒルで狭軌道に切り替えなければならず、テロウィーからアデレードに行くにもやはり軌間のブレーキがかかることになった。

　第一次世界大戦が終わるまでに、オーストラリア全国の鉄道は4万kmほどまで拡大していた（広大な国にしては比較的少ない）。両大戦間に鉄道が市場シェアを失っていったのはオーストラリアも同じだった。肝心の貨物輸送も含め、鉄道は車との競争を強いられていた。どうしても資金が必要だったが、所有者である国に出してもらえず、1939年9月に国が第二次世界大戦に参加してから、戦時中の物資輸送に対処せざるを得なくなった。鉄道は軍隊も貨物も運び、戦争のためにフル活用されたが、終戦後は打ち捨てられ、鉄道の存在そのものが脅かされるようになった。戦後は道路交通との競争がさらに激しくなり、長距離移動する乗客は航空機に流れ、鉄道廃止の話も出た。あるオーストラリアの鉄道史家によると、「鉄道は評論家たちの悲惨な予言に屈し、田舎に赤錆だけが延々と残っているという可能性もあった……」。

　だが、全国に標準軌の鉄道網を作るという試みは20世紀末頃まで続いていく。初めて協力がなされたのは1932年で、シドニー〜ブリスベン間に標準軌の路線が

オーストラリア大陸横断
鉄道の直線部分

478 km

直線線路として世界最長

300　戦時中の鉄道

ナラボー平原をゆく
オーストラリア大陸横断鉄道はナラボー平原を横切っている。ナラボーとは木が生えていないという意味だ。写真は1970年開通のシドニー・パース線。このときすでに南・西オーストラリアでは軌間が統一されていた。

軌間で失敗したオーストラリア 301

完成したが、全国の鉄道網の軌道統一がきちんと行われるようになるのは第二次世界大戦後からだ。1950年代には全国的な標準軌道網を作る計画が作られたものの、コストのせいでなかなか進展しなかった。オーストラリアで最も利用客の多い長距離路線であるシドニー・メルボルン線が標準軌になったのは1962年で、3年後にはシドニー・パース線も標準軌となった。メルボルン・アデレード線は1995年、アデレード・ダーウィン線はそれから9年後だ。

オーストラリアでは、軌間の「失敗」が国にとっても鉄道〔会社〕にとっても非常に高くついたのは間違いない。列車の乗り換えは乗客に不評で、貨物の積み替えはコストがかかった。移民のおかげで発展したもうひとつの広大な国──アメリカは、オーストラリアとはじつに対照的で、鉄道が国の発展の主な火付け役となった。オーストラリアの鉄道は他の多くの国のように経済発展に欠かせないものとはなりえなかったが、それでも政府の標準化・近代化プログラム（ディーゼル列車の導入、まったく採算の取れない支線の廃止を含む）のおかげで鉄道は生き延び、場所によっては繁栄している。

オーストラリアの隣国で、やはり英国の植民地だったニュージーランドでは、状況がみごとに異なっていた。最初の頃は地方政府が鉄道を建設していた点はオーストラリアと同じだが（初めて開通したのは1863年）、1876年に中央政府が接収した。その時からニュージーランドの鉄道システムはたったひとつの軌間を使い、総合的な開発が進められた。

英連邦の自治領であったニュージーランドの政府は、国を構成する2つの本島に暮らしているわずかな住民の求心力とすべく、鉄道をあえて拡大した。ニュージーランドの鉄道史を著したニール・アトキンソンは次のように記している。「19世紀末から、政府は拡大してゆく鉄道網を使って農業、工業、林業、鉱業の発展を促し、さらには教育、都市計画、娯楽といった多様な分野における政策の推進にも役立てた。通学する子どもたちも、郊外から工場や

楽しい鉄道の旅
ニュージーランド政府は鉄道を産業目的だけではなく、娯楽活動にも利用するよう呼びかけた。

NZ鉄道リフレッシュメント・ルーム
ニュージーランド鉄道の田舎駅のリフレッシュメント・ルームは、その地域の社交の中心となることが多く、まずまずの価格でたっぷり食事ができた。

オフィスに向かう労働者も、試合に出かけるスポーツ愛好家も、海辺、公園、競馬場に出かける幾千もの人びとも列車を利用するようになった」

　鉄道駅はまもなく地域の拠点となった。どの駅にも「鉄道リフレッシュメント・ルーム」があり、安くておいしい食事と飲み物を「ニュージーランド鉄道の伝説的な分厚い」カップやボウル、皿に入れて提供していた。鉄道はニュージーランドの経済・文化に欠かせないものとなり、1920年代初頭には鉄道利用客が年間2800万人を超えていた（当時の人口は100万人強だった）。1938年のニュージーランド鉄道の広告は「ニュージーランドを作り上げた産業——人民の利益のための、人民の鉄道」と銘打っている。この国の鉄道はまさにそういうものであり、オーストラリアとは著しい対照をなしていた。

高速化する蒸気機関車

　英国のジョージ・スティーブンソンやアメリカのピーター・クーパーといった鉄道のパイオニアが作った機関車は、「車輪のついたやかん」と言われるほど粗雑なものだった。それから100年の間に技術は飛躍的進歩を遂げた。両大戦間中は特にめざましく、当時の傑出した技師たちは蒸気機関車を洗練された発電所に仕立て上げた。

　1889年、初期の「鉄道マニア」であるE.フォックスウェルとT.C.ファラーが興味深い分析を行った。世界の鉄道の速度を比較分析したのだ。あまりの遅さに2人はおおいに失望する羽目になった。「急行」を平均時速46km以上と定義し、これに該当するものだけに絞って調査した。お世辞にも速いとは言えない速度だが、それでも該当する列車はあまりなかったのだ。鉄道が普及している国々のなかには、インドや南米全域など、急行のサービスがまったくない国もあった。オーストラリアもほんのわずかしかない。高速サービスの割合が最も高い国はフランスとオランダで、おもしろいことに主に英国製の機関車を使っていた。ドイツでは平均時速56kmを出せる列車はほとんどなく、イタリアではミラノとベネチアを結ぶ急行（毎日運行）がひとつあるだけだった。当時のスウェーデンはまだ貧困にあえぐ農業国で、鉄道サービスも「貧困」だったが、デンマークには良い列車が数本あった。いっぽう、オリエント急行を走らせているハンガリーは称賛に価するレベルだった。この急行は平均時速51km、隣国オーストリアの列車よりも速い。アメリカで急行と認められたのは東部の列車だけだ。ワシントンDCとボルティモアを結ぶ64kmの路線を走る列車は平均時速85kmと世界最速だった。その他のアメリカの列車は「フライヤー」〔飛ぶような〕などという名前がよく使われていたにもかかわらず平均時速は48km前後、かろうじて急行と呼べるものだった。アメリカの場合、路線が町の中心部を通り、踏切があるため、列車は安全を期してゆっくり走らなければならなかったのだ。

　大胆不敵なこの2人の時刻表マニアは10年後にも同じ調査を行い、かなりの改善がなされたことに気づいた。20世紀に入ってから、フランスは速度の点で

先を行く
フランスの鉄道で蒸気機関車に乗る技師たち（1870年）。フランスはスピードレースの先頭に立ち、自国の高速鉄道サービスを「エクスプレ」列車と呼んでいた。（文字通り「明白な」の意）

他国を制していた。平均時速が最低でも90kmの急行（毎日運行）を20種類用意し、パリからウィーンやワルシャワなど西欧の大部分を網羅する高速国際サービスも手がけていた。ドイツと英国でも、急行の平均時速は通常80kmかそれ以上になっていた。

　速度が上がった原因のひとつとして、ライバル社との競争が挙げられる。2つの地点間をいかに速く走行できるか、鉄道会社同士で競い合っていたのだ。競争はちょうどフォックスウェルとファラーが最初に調査を行った頃から始まっていた。最初は英国で、ロンドンとスコットランド間のベストタイムを競うものだった。両者を結ぶ幹線は東海岸と西海岸にひとつずつ並行して走っている。東海岸線は9時間、より長く急勾配のある西海岸線は10時間、という走行時間が鉄道会社の間で暗黙の合意となっていた。それが1888年6月、西海岸線を使う2社（ロンドン・アンド・ノース・ウエスタン鉄道とカレドニアン鉄道、両社で合同サービスを提供していた）が走行時間を1時間短縮すると発表した。それから2、3週間後、ちょうどスコットランドのライチョウ狩猟シーズン（8月11日から始まり、ロンドン・スコットランド路線の運営側にとっては実入りのよい時期）の直前に、東海岸線を使う3社（グレート・ノーザン鉄道、ノース・イースタン鉄道、ノース・ブリティッシュ鉄道）が対抗措置に出た。停車駅を減らすことで時

風光明媚なルート
ロンドンとスコットランドを結ぶ西海岸線のポスター（1910年頃）。東海岸線との競争で旅の時間が数時間も短縮した。

間を30分短縮し、8時間30分にするという。
　ノース・ウエスタン鉄道（西海岸ルートの主要会社）はすぐさま反応し、8時間で走ると誓った。今まで10時間かけていたのだから20％もの短縮だ。東海岸3社は7時間45分で応酬した。このポーカーゲームの行方を見届けようと、人びとはライバル同士の列車の出発地点に集まり、結果は週末のサッカーの試合と同じような調子で発表された。路線の信号手たちは自社の列車が速度を落とさないよう細心の注意を払い、作業員グループはレールの点検を入念に行った。その年の夏の後半、東海岸側が7時間30分という記録を叩き出したが、まもなく競争は終了し、ライバル同士は8時間30分で走行することで合意に達した。

　それから7年後の1895年の夏、さらに熾烈で危険な競争が繰り広げられた（このときすでにフォース鉄道橋が完成し、スコットランド北部への旅行時間は大幅に短縮されていた）。今回は夜間レースで、「コース」はロンドンから線路で800km超、スコットランドのアバディーンまで延長された。かつての終着駅エディンバラより160kmほど遠い駅だ。興奮を高めるため、2本のライバル路線を通ってきた列車はキンナバー・ジャンクションからアバディーンまで、最後の61km区間は同じ路線を使わされることになった。この地点に先に到達した列車が勝者となる。競争は1895年8月に行われ、17日間続き、出発地点と到着地点に大勢の人びとが詰めかけた。ライバル同士はさまざまな汚い手を使った。中間駅に止まらない、重量を軽くするため客車を2、3両しか使わない、時刻表をあっさり無視する、等々。しまいに東海岸側はわずか8時間40分という信じられない記録を出した。西海岸側は平均時速101kmで飛ばし、ついには東海岸側の記録を8分縮めた。だが、ライチョウ狩りに出かける裕福な乗客たちは、居心地のよい客車を朝の5時に追い出されるのを快く思わなかった。従来の朝7時なら、朝食をと

るのに最高のタイミングだったのだ。

安全面での不安とコストの点で、競争はやがて先細りになっていった。しかも、翌年の夏に西海岸線のプレストンでスピードの出し過ぎによる大きな事故が生じた。駅を通過する際、カーブがあるため時速16kmという速度制限があったのだが、機関士は経験が浅く、スピードを落としこそねた。プレストン駅を通過する列車はほとんどがいったん停止するのだが、その列車は停止せずに通過することになっていた。時速72kmで走ってきた列車は線路から勢いよく飛び出した。死者は1名だけだったが、この事故により乗客も鉄道会社も速度だけを追い求めるのは危険だと思い知らされた。

1900年までに、総延長で英国最大のグレート・ウエスタン鉄道（GWR）がスピード競争で首位に立っていた。1904年、GWRの新型機関車「シティ・オブ・トルーロー号」はサマセットの下り坂で時速164kmを記録した。正確な速度は議論の的となっているものの、160kmの壁を越えた世界初の機関車のひとつと一般的にみなされている。この記録はGWRが英国の鉄道会社のトップとしての地位を確立するキャンペーン中に達成された。野心を抱くGWRは、アメリカと行き来する定期船の乗客をめぐりロンドン・アンド・サウス・ウエスタン鉄道（LSWR）と張り合うことになった。大西洋を渡る定期船は英国のサウサンプトン港に停泊するのが常で、船の乗客はそこからロンドンまで列車を使っていた。だが、陸路のほうがはるかに速いため、船はサウサンプトンの西240kmほどのプリマス港にも停泊するようになった。プリマスの方がロンドンから遠いのだが、それでも旅をほぼ1日分短縮できる。プリマスに鉄道を敷いていたのはLSWRだったが、GWRも参入することにしたためライバル2社の全面戦争が勃発した。両社とも時刻表は特に設けず、船が到着したらすぐに客を乗せ、ロンドンへと列車を全速力で飛ばす。こんなやり方をしていたため、6月30日に悲劇が起きた。午前零時近くにプリマスを出発した列車が制限速度（時速48km）の2倍以上のスピードを出してソールズベリーの街を通過中に脱線し、乗客43人中24人が死亡した。その後、定期船の乗客を運ぶ特別便は走行に注意を払うようになったが、2社の競争は1910年ま

> 「……旅は不思議なほど揺れもなく……列車に乗っているのが信じられないほどだった……」
>
> チャールズ・ラウス-マーティン
> シティ・オブ・トルーロー号の
> 記録的な走行について

で続いた。

　アメリカではニューヨーク～シカゴ間の最速タイムをめざす競争が何年も続いた。きっかけは1887年、ペンシルベニア鉄道が「ペンシルベニア特急」を導入したことだった。すべてプルマン式車両で理髪室まであり、客室係もメイドも備えていた。2年後、ニューヨーク・セントラル鉄道はこれに対抗し、ニューヨークとバッファロー（カナダとの国境の街）間の701kmを平均時速98km、7時間で走行する列車を、1902年には20世紀特急を導入した。この特急はニューヨーク～シカゴ間の約1600kmを20時間で走行する（通常より4時間も速い）。いっぽう、ペンシーと呼ばれていたペンシルベニア特急は「ペンシルベニア・スペシャル」と改名され、ライバルのセントラル鉄道と同じ時間で走行するようになった。時間の短縮をめざす両社は何度も大々的な宣伝を行い、火花を散らし続けた。だが、この壮大なる競争は両社にとってコストがかかりすぎ、結局は20時間で走行するという紳士協定が結ばれた。

　このような列車のレースは1930年代まで続いたが、競争は蒸気機関が他の牽引方法と競う最後のあがきという様相を呈していった。蒸気機関車は両大戦間に著しく改良された。優れた技師が何人かいたおかげだ。特筆すべきはフランス人のアンドレ・シャペロンで、彼が行った厳密な科学分析と効率性重視の姿勢は広く模倣されることとなり、機関車の大幅な性能向上をもたらした。英国では1937年、スコットランド路線を運営する連結子会社2社間で競争が勃発した。英国に多数あった鉄道会社は合併により、1923年にはわずか4社となっていたのだ。ロンドン・ミッドランド・スコティッシュ鉄道（LMS）の主任技師ウィリアム・ステニヤーが製作した高速機関車プリンセス・コロネーション・クラスは、英国で作られた最高の蒸気機関車として広く知られている。特別に用意された試乗会で、このクラスの機関車は時速183kmに達した。試乗会にはライバル社であるロンドン・アンド・ノース・イースタン鉄道（LNER）の流線型A4クラス・パシフィックを打ち負かす意図があった。LNERはA4が時速181kmを達成したと主張していたのだが、記録を破られたと知り、記録を塗り替えようと極秘に計画を立てた。そして1938年、グランサム南部の下り坂直線コースで特別に走行会が催され、流線型A4クラス「マラード号」が時速202.6kmを記録した。2年前にジャーマン・クラス05蒸気機関車がハンブルク～ベルリン間を走行中、時速200.4kmに達していたが、蒸気機関車としてはマラード号の記録が破られるこ

とはないだろう。アメリカでは高速ディーゼルが幹線に用いられるようになり、蒸気機関車の時代は終わりを告げた。ヨーロッパ大陸でも1970年代までに大規模な電化が行われ、蒸気機関車はほぼ姿を消した。

記録を打ち立てた機関車
1905年、ニューヨークとシカゴを結ぶペンシルベニア・スペシャルで記録を塗り替えた蒸気機関車PRR 7002。

戦時中の鉄道

世界最速の蒸気機関車
英国の田園地帯を駆け抜けるA4パシフィック・クラス「マラード号」。1938年1月3日、最高時速203kmに達した。この記録は破られていない。

ディーゼルへの移行
フリーゲンダー・ハンブルガーから未来へ

蒸気機関車は煤煙にまみれた猛獣だ。維持は難しく、気難しく、しかも効率が悪い。そこで、早い時期から蒸気機関車に代わるものが求められていた。電気牽引の実験が進められていたが、内燃機関が発明されてからは、これを鉄道に応用する試みがなされるようになった。初めて内燃機関を搭載した列車はガソリンを使うものだったが、大型の機関車には非効率的でコストが高くついた。

ドイツ人技師ルドルフ・ディーゼルは1892年、自分の名をつけたディーゼルエンジンを発明し特許を取得した。スパークプラグを使わず、空気を高圧縮によって熱し、燃料に点火するしくみだ。今日のディーゼルエンジンは、動力を直接提供するタイプと電気式ディーゼルだ。後者はディーゼルエンジンで発電機を動かし、発生した電気を推進力とする。どちらのタイプも広く使われている。

ディーゼルの発明後まもなく機関車を使った実験が始まった。だが、実用化には技術的問題が山積していて、スウェーデンの小規模鉄道でいくつか実例が見られたものの、ディーゼル機関車が導入されるのは第一次世界大戦後となった。

実用的なディーゼル機関車の開発は1920年代になっても続いていた。アメリカとカナダの鉄道でいくつか成功例があったが、本当のパイオニアと言えるのはドイツだった。ドイツは強力なディーゼルエンジンを鉄道に利用しようと実験を始めていた。そして誕生したのが2両編成のフリーゲンダー・ハンブルガー（空飛ぶハンブルク人）号で、スピード面でも効率面でも鉄道技術に大きな進歩が見られた。じつは、当時ドイツはすでに別の、風変わりな鉄道車両を開発して世界最速記録を樹立していた。ガソリンを使用する四輪車両で、航空エンジンを搭載し、後ろに飛行機と同じようなプロペラがついている。製作したのはBMWで、1931年6月の試験走行で時速230kmを記録した。だが、技術的問題がありすぎ、一般化には至らなかった。

いっぽう、フリーゲンダー・ハンブルガーは1932-33年の冬に初めてこの名で登場し、数路線で広く使われるモデルとなった。ベルリン〜ハンブルク間の286

ディーゼルへの移行――フリーゲンダー・ハンブルガーから未来へ

フリーゲンダー・ハンブルガー
流線型のフリーゲンダー・ハンブルガーは風の抵抗を抑えることで速度と効率を高めた。そのデザインは耐久性にも優れている。

kmを2時間20分で走行したが（平均時速122km）、この時間で走行できるということは巡航速度〔最良の効率で巡航できる速度〕が時速160km前後であり、世界最速の鉄道サービスとなった。車体はツェッペリン飛行船のようなすばらしい流線型で、これは風洞実験により採用された。ヒトラーは車を好み、輸送の未来は車が担うと考えていたが、フリーゲンダー・ハンブルガーは「千年帝国」のすばらしさを示す宣伝活動のひとつとされた。フリーゲンダー・ハンブルガーの成功により、他の鉄道でもまもなくこのデザインが採用されることになった。2年後にはベルリン・ケルン線に同様のサービスが導入され、平均時速132kmで走行し、フリーゲンダー・フランクフルター（空飛ぶフランクフルト人）がその後に続いた。こうしたディーゼル列車はみごとな技術的発展を具現化したものだが、第二次世界大戦中は燃料不足により使用されず、終戦後少ししてからサービスが再開された。

　ディーゼル技術をどの国よりも広く使いこなし、成功を収めたのはアメリカだった。技術開発がなされた背景には、鉄道の市場占有率が自動車によって、さらにのちには飛行機によっても侵食されつつあり、鉄道が競争力をつける必要に迫られていた事実がある。第一次世界大戦中、アメリカの鉄道会社は政府に接収されていた。会社同士が協力を拒み、うまく機能していなかったからだ。国家管理から解放された諸会社は、たとえばペンシルベニア・スペシャルや20世紀特急などの高級列車を看板に、サービス向上に努めた。

　だが、1920年代末頃までは、こうしたサービスはなかなか進まず、鉄道経営者たちは列車のスピードを上げる新技術を必死に探していた。特に広大な西部を通過する路線を有している鉄道会社にとっては切実な問題だった。当時はまだ自動車がさほど普及していなく、航空機も誕生したばかりで（ボストンとニューヨークを結ぶ初の国内商用便は1927年に就航）安全性に問題が残っていたため、鉄道会社は解決策としてディーゼルに注目し始めた。

　新しく誕生したディーゼル列車は、蒸気機関車が牽引する列車とはまったく異なっていた。客車専用で、客車は6両から8両ほど、乗り心地は非常に良い。車体には軽量のステンレスと合金が使われているため、光沢がある。ディーゼル列車は主要都市を結び、停車駅を制限することで旅の所要時間を短縮した。

　ディーゼル機関車はすでにアメリカの複数の鉄道で導入されていたが、鉄道車両の入換用に限定されていた。強力なディーゼルエンジンは重たすぎ、従来の蒸

気機関車よりも非経済的と考えられていたのだ。ガソリン機関を列車に搭載する試みも続けられ、シカゴ・グレート・ウエスタン鉄道では客車3両の「ブルーバード」列車がツインシティーズ（ミネアポリス・セントポール都市圏）とミネソタ州ロチェスター間を走行したが、この列車も運営費用がかかりすぎた。

　ディーゼルエンジン技術の大きな突破口となったのは、自動車会社ゼネラル・モーターズだった。鋼鉄を合金に変え、重量比出力を向上させたのだ。新型の軽量エンジンに目をつけたのはシカゴ・バーリントン・アンド・クインシー鉄道（通称バーリントン鉄道）の社長ラルフ・バッドだ。バッドは大戦間期に鉄道に関して先見の明があった数少ない人物のひとりで、よりパワフルな可能性を秘めたエンジンが長距離鉄道輸送に大変革をもたらすと考えた。1933年のシカゴ万博会場でエンジンを見た彼は、新しいタイプの流線型ディーゼル機関車を作らせた。艶やかでエレガントなその姿は見る者を惹きつける。パイオニア・ゼファー号（ゼファーは微かな西風の意。当時バッドが読んでいたチョーサーの『カンタベリー物語』に出てくる）と名づけられたこの機関車は1934年5月に華々しく運行を開始し、コロラド州デンバーとシカゴ間で「夜明けに出発し夕方に到着する」というかつてないサービスを提供した。1600㎞を平均時速126㎞で走行するのは、当時のアメリカの標準から見れば並外れたスピードで、ドイツのディーゼル機関

バーリントン鉄道のパイオニア・ゼファー号
アメリカの流線型ゼファーは光沢ある車体も空気力学的形状もドイツの列車を真似したもので、スピードもドイツと互角だった。

車と比較してもほぼ遜色はなかった。だが、この列車には数々の特別措置が取られていた。路線の踏み切り全1689ヵ所に警備員が配置され、列車が通過する前に車を停車させていた。また、重量を軽くするために、客車はわずか3両編成であった。列車の燃料は石炭よりはるかに安く、わずか14.64米ドルだとバッドが説明したことはよく知られている。もっとも、当時は1ガロン（3.8リットル）あたり4セントだったため、366ガロンもの燃料が必要だったわけだが。

通常の運行ではこれほどのスピードは出せなかったものの、パイオニア・ゼファー号は従来の旅客列車よりはるかに速く、新たな長距離列車のパイオニアとなった。第二次世界大戦が始まるまでの間にアメリカではさまざまな列車サービスが誕生し、長距離列車は変貌を遂げていく。ゼファーの名を冠した数々の列車および他の列車が西部にも、東海岸にも次々に登場し、やはりエレガントな流線型ディーゼル機関車によって牽引された。バーリントン鉄道はバッドの熱意に押され、ツインシティーズとシカゴを結ぶ路線にツインシティーズ・ゼファーを、セントルイスまでの路線にはマーク・トウェイン・ゼファーを立て続けに導入した。

ユニオン・パシフィック鉄道は1934年、パイオニア列車に全国を巡回させ、その後にカンザス・ストリームライナーとして常時運行させた。1936年にはシティ・オブ・サライナと改名されたこの列車は長距離を時速145㎞以上、ネブラスカ州の平野では平均時速148㎞という驚くべき速度で走行できた。大戦間期の特筆すべき出来事といえば、ユニオン・パシフィック鉄道の6両編成寝台列車シティ・オブ・ポートランド号が樹立した大陸横断の記録だろう。ニューヨーク〜ロサンゼルス5230㎞を56時間55分と、通常タイムより1日近くも短縮したの

スターの列車
1936年に運行開始したサンタフェ鉄道のスーパー・チーフ（ロサンゼルス〜シカゴ間）は、ハリウッドの俳優たちが好んで利用したため「スターの列車」と呼ばれた。

フリーゲンダー・ハンブルガー の平均速度 時速**122**km	シティ・オブ・サライナ の平均速度 時速**148**km

だ。しかも、燃料費はわずか80ドルだった（石炭の場合は280ドルかかる）。ただし、これは試運転での出来事だった。実際にはシカゴかセントルイスで乗り換える乗客がいるため、東海岸から西海岸までノンストップで走ることはなかった。

　このような近代的なディーゼル機関車が牽引する列車は、やがて展望車など快適なサービスを取り入れていく。すばらしい料理や飲み物がいろいろ提供され、鉄道会社は最高の設備を競い、列車は一時期世界から羨望のまなざしを向けられる存在となっていた。実際、こうした列車はアメリカの鉄道システムの最高峰であり、おそらくは世界最高とも言えるだろう。だが、1950年代には航空機がより安全に、より安く利用できるようになり、豪華列車は徐々に姿を消していった。それでも、ディーゼルは今日に至るまでアメリカの鉄道を牽引する主力であり続けている。電化された路線はほんのわずかしかない。アメリカの鉄道と聞いて真っ先に思い浮かぶのは、強力なディーゼル機関車3、4台が100両以上もの貨車を連結して走る貨物列車ではないだろうか。

　アメリカ以外の国々では、第二次世界大戦直後からディーゼルが蒸気機関車に取って代わり始めた。特にディーゼルを使った気動車は支線のコストを抑えるのに最適だった。気動車とは床下にエンジンを搭載した客車で、機関車で牽引する必要がなく、前後どちらの車両からでも動かすことができるため方向転換の労力も省ける。フランスではゴムタイヤのディーゼル列車「ミシュラン」まで開発され、マイナー路線で広く使用された。

　だが、ディーゼルよりも電化が選ばれるほうが多かった。電気牽引は最初は高くつくが、長い目で見れば安く、クリーンで加速も速いという利点がある。郊外を走る路線では、蒸気からいきなり電気に切り替える場合が多かった。それでも、鉄道網すべてを電化したスイスを別として、ディーゼルは特に重たい貨物列車や、利用客が少なく電化コストが割に合わない路線などでは重要な牽引手段であり続けている。ディーゼル列車はこれからも存続していくだろう。

電気式ディーゼル機関車の登場

電気式ディーゼル機関車は経済・機能面で優れ、蒸気機関車の後継者として1940年代に登場した。動力はディーゼルエンジンから得られるが、この力で発電機を動かして電気を得て、ボギー台車内のモーターを動かし、それによって列車を動かす。

メリーランド・アンド・ペンシルベニア　No.81（1946年）
ゼネラル・モーターズ社製EMD NW2クラスの入換機関車No.81は、最初に広く普及したディーゼル電気牽引者のひとつ。低コストと高い汎用性で人気が出た。この小型だがパワフルなクラスは今日でも数はわずかながら運行し続けている。

1対の排気筒

長さ13m

2軸式ボギー台車2台を使った車軸配置B-B

電力出力750kw

GN No.201（1947年）
このRS-2クラスの電気式ディーゼル機関車はアメリカン・ロコモティブ社（ALCO）製で、グレート・ノーザン鉄道（米）が石炭炊き機関車の代わりとして購入した20両のうちのひとつ。12気筒エンジンの電力出力は1100kw。

CNL No.6505（1949年）
EMD F7電気式ディーゼル機関車は貨物用に設計されたが、旅客列車に使う機関士もいた。運転も維持も経済的で、写真のユニットはコンウェイ・シーニック鉄道（米）の保存路線を走っている。

SP No.6051（1954年）
サザン・パシフィック鉄道を走る旅客列車用EMD E9電気式ディーゼル機関車9両のひとつ。No.6051はロサンゼルス発のルートを受け持っていた。2400馬力（1790kw）の出力が可能だった。1969年に引退し、もともとの赤とオレンジの「デイライト」カラーで保存されている。

エリー・ラッカワナ No.3607（1967年）
No.3607はゼネラル・モーターズ社製EMD SD45、6車軸の貨物用電気式ディーゼル機関車で出力馬力3600（2680kw）だった。1965年から1971年にかけて1000ユニット以上が製造された。今日もなお少数ながらアメリカの鉄道で使われている。

英国国鉄 D200（1958年）
イングリッシュ・エレクトリック社製のタイプ4、クラス40であるD200は、英国で導入された電気式ディーゼル機関車の第一波に属している。このクラスは最高時速140kmで、急行旅客列車用にと意図されていたが、速度のより遅い旅客列車や貨物列車用に格下げされた。

NS No.9628（1996年）
ノーフォーク・サザン鉄道（米）は今日でもゼネラル・エレクトリック社製ダッシュ9-40CW電気式ディーゼル機関車を1090両運行させている。初めて導入されたのは1996年だった。このクラスは16気筒エンジンを搭載し、運営経費を抑えるため出力を4000馬力（3000kw）に制限している。

第二次世界大戦
鉄道にまつわる残虐行為

　第二次世界大戦中の鉄道は、第一次世界大戦のときほど根本的な役割を果たしたわけではないが、それでも兵站に欠かせない部分を担っていた。ガソリンは不足し、紛争地域の多くは近代化された道路がなかったため、軍も物資も鉄道が至る所に運んでいた。だが、鉄道は最大の戦争犯罪に２つも関わっていた。ホロコーストと泰緬鉄道建設だ。ホロコーストにより、ヨーロッパに住むユダヤ人の３分の２がナチス・ドイツの第三帝国によって殺された。ビルマ（現在のミャンマー）とシャム（現在のタイ）を結ぶ泰緬鉄道は、日本軍が戦争捕虜を使って建設した。この２つの出来事は、鉄道史を語る際にしばしば抜け落ちる闇の側面を鮮やかに描き出し、鉄道を支配する者にとって鉄道がいかに強力で重要な存在であるかをまざまざと示すものだ。

　ナチスによるホロコーストで殺されたユダヤ人は約600万人で、その他にスラブ人、ポーランド人、ロマ人、共産主義者、同性愛者などさらに数百万人が犠牲になった。彼らのほとんどが鉄道で死の収容所に送られた。強制移送のスピードといい、送られた人数といい、鉄道をフル活用しなければ実現できなかっただろう。他のどんな輸送手段も、克服できない問題が残ったはずだ。これほどの人数をトラックで輸送しようものなら、ドイツの戦争努力に水を差すこととなっただろう。トラックが列をなして犠牲者を運んでいく光景は、ナチスの計画の真の恐ろしさをより多くの人びとに知らしめたかもしれない。

　最初のうち、鉄道は主にドイツ国内のユダヤ人をゲットー（ユダヤ人隔離地区）に移住させるために使われていた。また、ドイツとポーランド（のちにはさらに東、ラトビアの都市リガまで延長）を往復していた。ユダヤ人その他の人びとが強制収容所へ、死の収容所へと強制移送され始めたのは1942年の春で、その後の２年間に犠牲者の数が膨れ上がっていった。強制移送は1942年１月に開催された悪名高いヴァンゼー会議の「最終的解決」の一環として、組織的に行われた。効率が重視され、国家保安本部(RSHA)、交通省、外務省、さらに、国内のユダ

ヤ人等の引き渡しを求められた同盟国や占領国の同様の機関を含む数々の省庁が積極的に関与することになった。そして多くの鉄道労働者もだ。

　ほとんどの移送は貨車を使って行われた。一部の犠牲者、特にオランダやベルギーから送られてくる人びとは旅客列車の三等室をあてがわれた。再び帰国するだけだと見せかける意図もあったのだ。貨車の内部はすさまじい状況だった。50人も入れば一杯になるのだが、貨車不足により150人が押しこまれたため、座れる空間は残っていなかった。1つの列車に連結できる貨車は最大で55個で、それより多くなると移送の時間がかかりすぎる。食べ物も水もなく、トイレ用のバケツが1個あるだけだった。換気設備は鉄格子つきの窓しかないため、窒息死する者も多かった。夏は耐え難いほど暑く、冬は気温が一気に下がり、暑さや寒さで倒れる者もいた。路線の優先順位は最下位で、重要な軍用列車が先に通されるため、移送時間は長引くことがしばしばだった。待避線で何日も足止めされることもあり、1日程度で着くはずが4日半かかったりもした。最も時間がかかったのはギリシアのコルフ島からの移送だ。まずは船でギリシアの本島に送られ、

アウシュビッツ第二強制収容所（ビルケナウ）
移送者を運んできた列車はポーランドに作られたこの絶滅収容所に入れられた。収容所の門まで専用の支線が作られていた。

そこから列車に乗り換える。列車は何度か足止めされるため、アウシュビッツに
到着するのに18日もかかった。到着したときには、乗客の多くがすでに死んで
いた。貨車内は劣悪な環境で、日数がかかり、食糧も水もないため、到着する列
車ほぼすべてに死者が出ていた。

　この強制移送にまつわる話で、あまり知られていないが非常に残酷なものがあ
る。人びとは片道の切符を買わされていたのだ。大人は片道料金全額、子どもは
半額で、これにより約2億4000万ライヒスマルク（2億100万米ドル）という
驚くべき収益が上がった。移送のピーク時には週に最高10本の列車が収容所に
到着していた。ナチスがここまで多くの人びとを皆殺しにできたのは、鉄道が効
率の良い輸送形態だったからだ。鉄道を使った強制移送が下火になり始めるのは、
連行国軍がフランスに侵攻した1944年夏からで、完全にとだえるのは1945年
春、第三帝国の崩壊が始まったときだった。21世紀に入ってから、戦時中の強
制移送に関与したことを鉄道会社数社が謝罪している。オランダ鉄道は2005年
に、フランスSNCFは2011年に謝罪した。

　ホロコーストでは何百万人もの人びとを恐ろしい目的地に運んでいた鉄道だ
が、アジアでは鉄道そのものが戦争犯罪の舞台となった。1942年2月にシンガ
ポールを侵略した日本軍は、英国人、インド人、オーストラリア人8万人以上を
捕虜とした。シンガポールは英国の東南アジアにおける主要な海軍基地だったの
だ。すでに捕虜となっていた5万人も含め、多くの捕虜が泰緬鉄道の建設現場に
送られた。この鉄道は日本軍が西へ、インド方面へと進攻するのに欠かせない供
給ラインとなるはずだった。

　ビルマとシャム両国を結ぶきちんとした道路も鉄道もなく、海路は連合国の船
や潜水艦から攻撃されやすいため、鉄道を建設するのが最良の策と思われた。全
長483kmの路線は山岳地帯も熱帯雨林も通ることになる。日本軍は最高33万人
もの強制労働者を使用した。そのほとんどは強制徴募された地元民だったが、戦
争捕虜も6万人以上含まれていた。鉄道の建設は1942年6月、両端となるビル
マのタンビュザヤとシャムのプラードゥックから同時に建設が始まった。資材が
常に不足していたため、他の地元鉄道を解体し、レールや枕木など設備のほとん
どを運んで使っていた。だが、人的損害はあまりに大きく、この鉄道は「死の鉄
道」として知られるようになった。オランダ人商人で水夫でもあるフレッド・ザ

第二次世界大戦――鉄道にまつわる残虐行為　323

橋の建設
シャムのノーンプラードゥックから北に55kmのタマルカンで橋を建設している捕虜たち。足場は竹製だが、1943年4月に完成した橋は鉄鋼製だ。

イカーは、戦争捕虜としてこの鉄道建設に使われた経験を次のように書き記している。

> 採土場からバスケットを持って土堤のてっぺんまで行き、中身を空にし、再び下りて土を入れて堤を登っていく。担架のようなものも使う。2本の竹竿に空の米袋を通してあり、左右の竿の端をひとりが、反対側の両端をもうひとりが持ち、2人がかりで運搬する。まったく単純な作りなのだが、これをうまく使うのはとても難しい。土堤の斜面は土が固まっていないので、ここを登っていくと運んでいる土の重みで足元が滑るのだ。だから太腿の筋肉が疲れて痛くなる。ひどく痙攣するときもよくある。そうなると動けず、立ち止まるしかない。立ち止まるたびにジャップが飛んできて、重い棍棒で殴りつける。殴られたくなけりゃ、なんとかして動くしかない。

労働時間はたいてい朝の7時半から夜の10時までで、食事は1日に200gの米だけだ。肉はもちろん、野菜もまったくつかないときが多い。シンガポールで捕虜となった英国人医師ロバート・ハーディーは、当時の様子を日記にしたためていた。日記は彼の死後、1980年代に出版された。日本人は彼が看病していた病

人たちを並ばせ、このなかから12人を作業現場に送るよう要求したという。「この日本式システムでは、作業員を提供しなければならないというプレッシャーが常に働いていた。一定のグループに一定の仕事を一定の時間に与えるというシステムだ。グループ内に病人が多く出ると、そのグループの残りのメンバーたちはより必死に、より長時間働かなければならない」と日記に記されている。また、せめて最低限の医薬品を与えるよう彼は何度も日本人に要請したが、そのたびに拒絶されたこと、コレラやマラリア、赤痢といった病気が蔓延しても日本人は無関心だったことも書かれている。鉄道の完成間際の何ヵ月かは特に死亡率が高かった。日本人たちは早く完成させようと必死だったからだ。

　働かされていた人びとは飢餓や病気で弱っていたが、人数が非常に多く、日本人の見張りが圧力をかけていたせいもあり、泰緬鉄道はわずか16カ月という驚くべき速さで完成した。1943年10月17日、両端から建設を進めてきたチームはシャムにあるスリー・パゴダ・パス（三塔峠）から南に17㎞下った地点で合流した。その時までに死者数は10万人を超えていたと推定され、連合軍捕虜の

ヘルファイヤー・パス
シャムの人里離れた地域を通る、鉄道建設に最も困難をきわめた区間で、岩を掘り進む作業も含まれていた。ろくな道具がないため作業は想像を絶するほど苦しく、ヘルファイヤー・パス〔地獄の火の道〕と呼ばれるようになった。

4分の1も含まれていた。1942年夏に日本海軍は南シナ海の支配力を失っていたため、泰緬鉄道は完成後まもなく兵站線としてきわめて重要な役割を担った。ビルマの鉄道システムにつながる肝心な橋はついに完成せず、一部の物資はフェリーによる供給が続けられた。

> 「何人死のうと関係ない。鉄道は建設されるだろう。とてつもない犠牲を払いながら」
>
> ジョン・レスリー・グレアム
> **英国人戦争捕虜**

　泰緬鉄道のストーリーは1957年、デヴィッド・リーン監督の映画『戦場にかける橋』によって多くの人びとに知られることとなった。この映画はピエール・ブールの著作を元に作られた。当時メークローンと呼ばれていた川に架けた277番橋が映画の中心となっている。話の大部分はフィクションだ。橋は映画では最終的に破壊工作によって崩壊するが、実際にはコンクリートの配合を少なくしたり、木製の支柱にシロアリをつけたりといった工作を受けながらも、橋は使える状態を保ち続けた。映画は非写実的だ、当時の作業員が置かれていた悲惨きわまりない状況を正確に描いていないと批判されたものの、このおぞましいプロジェクトが鉄道の運命よりも長く人びとの記憶に残るきっかけとなったことはたしかだ。泰緬鉄道は戦争中に大部分が破壊され、完全に再開することはなかった。ほんの一部の区間、カンチャナブリ〜ノーンプラードゥックなどは1950年代に再開したが、ほとんどは打ち捨てられ、またはワチラーロンコーン・ダムに沈んだ。ジャングルに戻った所もある。今日では、生き残った209km区間を毎日観光列車が走り、他の区間は散策コースに作り替えられた。泰緬鉄道を建設中に命を落とした人びとのために3つの墓地が作られ、沿線から見ることができる。沿道にはオーストラリアが建てた記念碑もあり、ヘルファイヤー・パスには博物館が建てられ、こぢんまりとした記念碑もいくつか作られている。

326　戦時中の鉄道

第二次世界大戦——鉄道にまつわる残虐行為 327

戦争の記憶をとどめる線路
観光客は、泰緬鉄道が建設されていた危険で容赦ない土地の一部を垣間見ることができる。

今日の鉄道

The Iron Road Today

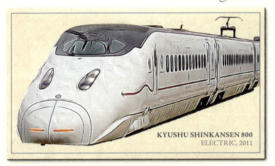

KYUSHU SHINKANSEN 800
ELECTRIC, 2011

第二次世界大戦後、鉄道は衰退の時代を迎えた。自動車は旅客輸送にすぐれ、大型トラックは貨物輸送を制した。鉄道に代わるものとして、自動車道路や幹線道路が世界中で建設されていた。飛行機は一般人が利用できる価格となり、国内線・国際線ともに世界規模で拡大していた。こうした流れのなかで、もはや鉄道路線の廃止は避けられなかった。まずは支線や田舎の路線が廃止され、やがて主要路線も廃止へと傾いていった。アメリカでは鉄道利用客の減少が特に著しく、鉄道は21世紀までに姿を消すと思われる時代が続いた。

だが、やがて状況ががらりと変わった。1970年代の石油危機に加え、道路の渋滞や排気ガスによる環境問題によって、いきなり鉄道が脚光を浴びたのだ。日本では高速「弾丸」鉄道が導入された。どんな車よりも速い高速鉄道はフランスとドイツでも建設され、中国とスペインも続いた。さらに、非現実的だと長らく言われ続けてきた英仏海峡トンネルの建設がついに始まった。全長約50kmと長いため、鉄道用トンネルとするのが妥当だった。スイスでは、アルプスの自動車道の渋滞を緩和するため、山の低い位置での長いトンネルが現在いくつか建設中である。2006年には中国が世界で最も標高の高い地点を通る鉄道──青海チベット鉄道（青蔵鉄道）を完成させた。非常に危険な道路を行くよりも、この鉄道を使ったほうがはるかに楽に旅行できる。中国は現在、世界最大の高速鉄道網を建設中である。

こうして21世紀には再び鉄道ブームが訪れ、路面電車、地下鉄、高速鉄道、そして新たに電化された鉄道が世界中で建設されつつある。19世紀に発明された鉄道は、大勢の人びとを速く安く輸送できるため、21世紀に新たな仲間を見い出し、みごとな復活を遂げている。

ブレジネフの愚行

　むこうみずな鉄道建設計画が数あるなかで、最もばかげた、そして最もコストが高くついたものは全長3700kmのバイカル・アムール鉄道だ。シベリア横断鉄道の支線だが、建設の難しさもコストも本家をはるかに上回る。この鉄道はソビエト政権が共産主義の卓越性を世に示すために思いついた、最も野心的な超巨大プロジェクトのひとつだった（他に宇宙計画、シベリアの川の流れを逆にする計画などがあったが、幸いにも計画段階で中止となった）。バイカル・アムール鉄道は頭文字をとってバム（BAM）鉄道と呼ばれ、完成までに4分の3世紀、建設費用は140億米ドルもかかっている。だが、その価値はいまだにはっきりとは認められていない。

　バム鉄道は、ヨーロッパロシアからアジアの太平洋岸までを結ぶ既存のシベリア横断鉄道に代わるルートを提供するのが目的だった。最初に議題に上ったのは1930年代、スターリンの時代だった。ウラジオストクに至るシベリア横断鉄道の一部区間が中国領を通っているため、中国や日本と論争になったことを受け、政府は戦略的代案としてこの鉄道を提案した。1916年にはソビエト連邦内だけを通るアムール鉄道が完成していたが、中国との国境にあまりに近く、攻撃されやすいと見なされたのだ。予測される脅威に対抗するため、スターリン政権は既存のシベリア横断鉄道より800km北を並行に走る新たな路線を建設すると極秘に決定した。シベリア横断鉄道から分岐する地点はタイシェトとし、終点はソヴィエツカヤ・ガヴァニ（ウラジオストクより北で太平洋に面する）と決まったが、途中のルートについては未定だった。

　新路線が通ることになる地方は実質上の無人地帯だった。シベリアの住民のほとんどがシベリア横断鉄道から160km圏内で暮らしていたため、この大プロジェクトに取り組む意義には（中国・日本の脅威があったとはいえ）疑問の余地があった。ソビエト政府は五ヵ年計画でバム鉄道の経済目標を発表し、1933年から1937年の第二次五ヵ年計画ではその経済的利点を強調した。鉄道は「ほとんど調査が行われていないシベリア東部を横断し、広大な土地と莫大な富——琥

バイカル・アムール鉄道

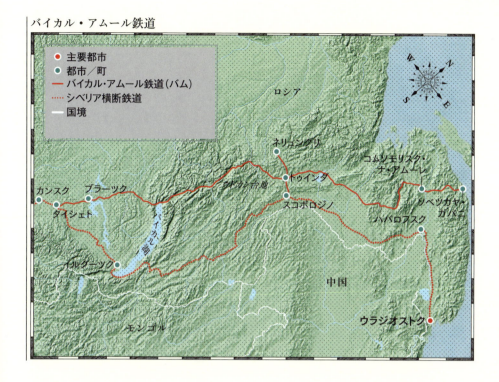

珀、金、石炭——に命を吹き込み、さらには農業に適した多くの土地で作物の栽培を可能にするだろう」と五ヵ年計画は謳った。

　未開拓のシベリアを調査するため、測量士たちが派遣された。恐怖政治が行われていた時代ゆえ、政府の見解にそぐわない調査を行った者は処刑された。建設作業に従事させられた者もいた。建設作業員は囚人（主に政治犯——弾圧を強めていくスターリン政権によって収容所送りとなった人びと）で成り立っていた。1973年に西欧で発売されたアレクサンドル・ソルジェニーツィンの『収容所群島』によって、スターリン政権下における強制労働収容所の凄惨さが世に知られることとなり、タイシェトは鉄道建設で働かされる囚人たちの収容所がある場所として有名になった。何十万もの囚人がシベリアの収容所に送られ、鉄道の建設作業をやらされた。シベリア横断鉄道よりもはるかにひどい、耐え難いほど過酷な状況で、意図的に飢餓状態にさせられる。「バムラーグ」〔バム鉄道用グラーグ〕送りは事実上の死刑宣告だとロシアの人びとは知っていた。

　バム鉄道の北緯を考えればわかることだが、路線のほとんどが永久凍土地帯を通っている。永久凍土は氷河期の名残で、線路を敷くのは特に難しい。表土を取

り除かれると、何万年も凍っていた凍土は融解し、冬でも再凍結せず、土地は不安定なぬかるみと化す。土地が落ち着くまで待つとなると作業は何年も遅れてしまうため、ぬかるみでも構わず線路を敷き、その結果レールの破断や脱線が生じた。また、永久凍土を乱したことから、この地帯の地震活動が活発になった。

当然ながら、建設作業ははかどらなかった。永久凍土や地震に加え、バイカル湖の北にある山岳地帯には克服のしようがない問題があった。霜の降りない日は年に90日しかなく、冬は気温が−60℃まで下がるため、機械類は動かず、レールには特殊な耐寒鋼を使わなければならない。しかも労働者は腹をすかせている。建設作業は第二次世界大戦の勃発で中断したが、その時点で完成していたのは始点と終点それぞれから短い2区間ずつだけだった。

1945年の終戦後まもなく、この無駄なプロジェクトは再開された。スターリンはどうしても完成させるつもりだったようだ。戦後の労働力は戦争捕虜の日本人とドイツ人で、扱われ方は戦前のロシア人流刑囚よりさらにひどかった。バイカル湖近くの特殊収容所に送られた推定10万人のドイツ人捕虜のうち、生きのびて1955年に祖国に送還された者はわずか10％だったという。死亡率は日本人捕虜

収容所での状態
強制労働収容所の囚人が描いたペン画。寒さと飢えにさいなまれつつ、バム鉄道建設のために体力の限界まで働かされていた彼らのようすが垣間見える。

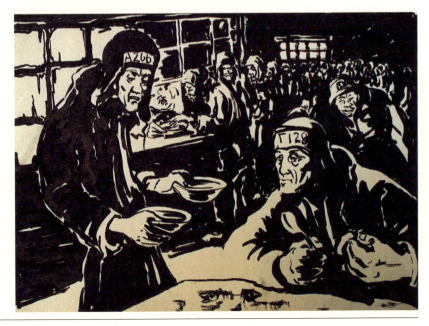

の場合も同じだった。日本人、ドイツ人合わせた死者数は、低く見積もっても15万人になる。まったくもって無駄な死だった。1953年のスターリン死去で作業は再び中断したが、そのときまでに完成していたのは725kmにすぎなかった。

> 「これからバムを建設するのは清廉潔白な人びとだ」
>
> レオニード・ブレジネフ

　弾圧を行っていたスターリンの死はプロジェクト中止の合図になりえたはずだ。後任のニキータ・フルシチョフはバム鉄道にまったく関心を示さず、建設作業員を提供していた収容所は閉鎖された。だが、1960年代になると再びバム建設への関心が高まり、もっともらしい口実が新たに作られた。バムはシベリア横断鉄道の負担を軽減し、シベリア西部のガス田の開拓に役立ち、急成長しているヨーロッパ・極東間のコンテナ輸送に新たな路線を提供できる。しかも、バイカル湖の東400kmのウドカンで莫大な埋蔵量の銅鉱が発見された。

　建設再開を決めたのはレオニード・ブレジネフ、非常に保守的な、ぱっとしない指導者で、その強硬さが1970年代のソ連の特徴となった。今回の建設作業員は安く使える共産青年同盟（コムソモール）のボランティアだった。バム鉄道建設プロジェクトはコムソモールによってプロパガンダ活動となり、共産主義のすばらしさを宣伝すると同時に、若い世代を共産党が掲げる理想に酔わせる役割も果たすことになった。鉄道建設を手伝うことで、ボランティアたちは現体制を生涯支援するようになるだろう。バム鉄道の建設は社会主義宣伝のためのスローガンとなり、いかなるコストを払っても人類の前に立ちはだかる自然に打ち勝つための道となった——だが、そのコストはあまりに大きかった。

　極秘に準備を重ねてきたコムソモールは1972年、バム鉄道の建設をただちに再開し10年で完成させると発表した（のちに2年延長して1984年となる）。バム鉄道はソ連のどのプロジェクトよりも優先され、全国からボランティアを募った。採用事務所を訪れた若者のなかには、理想に燃える者もいたかもしれないが、現実的な動機があったのも事実だ。ボランティアは住宅や車を優先的に与えられることになっていたのだ。当時のソ連ではどちらも入手困難だった。また、政治的キャリアを積みたい者にとって、バム鉄道建設への参加は履歴書に欠かせなかった。しかも、故郷での仕事と比べたら給料も良い。だが、純粋な気持ちで参加した者ですら、じきに幻滅を味わわされることとなった。待遇は良かったもの

労働者の褒美
バム鉄道で働く理想に燃える若いコムソモールたちはメダルや称賛だけでなく、車や住宅などの有形財も与えられることになっていた。

の、プロジェクトの規模があまりに大きく、しかも無能な運営ぶりであったため、バム鉄道は共産主義体制を宣伝するどころか、まさにその正反対だと若者たちは気づいてしまった。地質学者など科学者たちがずっと前から知っていたこと、つまりシベリア北部に鉄道を敷くのは賢明ではないことを彼らも悟ったのだ。

　現実的な問題はいくらでもあった。スキルの求められる作業であっても新人はほとんど訓練を受けられない。詳細なルートが用意されていない。物理的条件も思っていた以上に過酷だ。イデオロギーが絡んでいるだけに、早期の完成をめざして冬の間も作業しなければならないが、気温が−20℃になると作業ができない。そこまで冷え込まなくてもブルドーザーは動かなくなり、斧は砕けてしまう。今までの作業から得たはずの教訓は忘れ去られたようで、線路全体が徐々にぬかるみのなかに沈んでいく。不安定な土地に建てた駅や倉庫は崩壊する。

　すでに完成した区間の状態は非常に悪く、列車は速度をおもいきり落とさなければならないうえに脱線もしばしば起きる。タイシェトとティンダ間の188kmを行くのに8時間もかかる。トンネルを掘る大変さも予想をはるかに超えた。10年で全線開通など所詮は夢物語だった。バイカル湖の東方にある全長15kmのセベロムイスキー・トンネル〔ロシア最長のトンネル〕は完成不能かと思われるほどの難関だった。掘削を開始した1977年、地下湖からの水があふれ出た。液体窒素をトンネルの壁に注入して水を凍らせ、内壁をコンクリートシェルで裏打ちするというみごとな方法で解決したものの、完成までに26年も要した。その間に急勾配の迂回路が2本作られたが、どちらを通るにしても時間がかかった。このような状況でありながら、バム鉄道をどうしてもプロパガンダに利用したい共産党幹部は1984年の開通にこだわり、この年に開通式を開催し、建設作業の締めくくりとして黄金の犬釘を打ち込むパフォーマンスまで行った。まったく名ばかりの開通式で、外国人ジャーナリストはひとりも招かれなかった。完成とは程遠い状況なのが明らかだったからだ。

ブレジネフの愚行　335

バム鉄道建設作業員たちに栄光あれ！
1970年代、ブレジネフはバム鉄道を完成させると決定した。
これを機に若い世代を共産主義の理想に駆り立て、その体制
を支援させるため、大がかりなプロパガンダが展開された。

結局、バム鉄道は3回も公式に開通している。ブレジネフは1982年に死去し、1985年に跡を継いだミハイル・ゴルバチョフはプロジェクトを続行させた。当時の建設工事費はすでに国内総生産の1％を吸い上げていた。最初の開通式から7年後、ゴルバチョフはバム鉄道の開通を宣言し、日露間を結ぶ新たな絆となるだろうと豪語した。だが、その時点でも難関のセベロムイスキー・トンネルはまだ完成していなく、数区間は建設資材を運ぶ速度の遅い列車しか通れなかった。ソ連崩壊後に大統領となったウラジーミル・プーチンは2001年、鉄道が完成したと発表した。トンネルが実際に開通したのは2003年である。

　バム鉄道はブレジネフの期待に応えていない。農業に適した広大な地が開けるという謳い文句はただの妄想にすぎなかった。シベリアの天候はそれほど厳しい。また、シベリア横断鉄道の負担の軽減にもなっていない。最も混雑するのは分岐駅タイシェトよりも西側の、バム鉄道と線路を共有している区間だからだ。さらに、アジアとヨーロッパを結ぶルートとしても実用的な選択肢とはなっていない。
　シベリア横断鉄道が帝政崩壊の一因となったように、資金を注ぎ込みすぎたバム鉄道は共産主義体制崩壊の一因となった。コムソモールのボランティアその他の建設作業員50万人のほとんどは、共産主義の理想にも、その壮大なプロジェクトにも深い疑念を抱くようになっていた。約束されていた住宅や車が支給されず、激怒した者も大勢いた。ソ連崩壊後にはボランティア証明書の約束事項の履行を求め、かつてのバム建設作業員たちがデモを行っている。
　21世紀には約束の地に人びとを運んでいるというスローガンとは裏腹に、バム鉄道は明らかに暗礁に乗り上げていた。国の指導者の失敗と無力さを象徴するものとして、ソ連時代に国民はこの鉄道を物笑いの種にしていた。バム鉄道の歴史を描いたクリストファー・J・ウォードの『ブレジネフの愚行』は次のようにまとめている。

　　バムの経済的、社会的、文化的な重要性をうんざりするほど繰り返してきたコムソモール、共産党、そしてソ連政府は、国内の若者全体が体制に対する信念を失わないためにはこのメッセージを送る必要があると固く信じて疑わなかった。だが皮肉なことに、鉄道の現実を目の当たりにした若者たちは、ソ連の政治的・経済的システム全般に対する信念を失っていった。

轟音と共にシベリアを行く貨物列車
シベリア北部、人のほとんど住んでいない雪に覆われた荒野を通るバム鉄道。乗客はほとんどいないが、コンテナ輸送は徐々に増加している。

　それでも今日のバム鉄道には、今までの努力がほんの少しは報いられたかと思える兆しもわずかながら見えている。シベリアで産出される鉱物の輸送量も増えた。ロシアの国有鉄道であるロシア鉄道は、バム鉄道のコンテナ輸送能力の拡充を計画し、最近では急勾配のため速度を落としている区間を改善した。太平洋へのアクセスを向上させるべく、さらなる投資も行っている。そのひとつがクズネツォフスキー・トンネルで、全長4km足らずだが900万米ドルをかけて建設している。だが、バム鉄道は今後も最もばかげた土木プロジェクトのひとつであり続けるだろうし、「ブレジネフの愚行」という言葉も永遠について回るだろう。

巨大な貨物列車
大量の貨物の長距離輸送に最もエネルギー効率が良いのは貨物列車だ。世界最長記録は2001年、オーストラリア西部の鉱山から鉄鉱石を運んだ列車で全長7.3kmあまりだ。

失われた鉄道、復活した鉄道

　建設されてまもなく一部の区間が不要となり、廃線となった鉄道がある。需要を見越して建設したものの思惑がはずれ、利益が上がらず廃線に追いこまれた路線もある。特定の鉱山や工場のために建設され、それらが閉鎖されたために存在理由を失った路線もある。鉄道初期の時代、一部の路線が次々に廃線となるのは避けられなかった。英国では、第一次世界大戦までに320kmの線路が存続不能または他社路線との競争に敗れて廃止された。最初の大規模な廃線はニューマーケット・アンド・チェスターフォード鉄道がケンブリッジシャーに建設した27kmの路線だ。チェスターフォードとシックスマイル・ボトムを結ぶこの路線は、別に直線ルートができたため1851年に廃線となった。当時は貨物用として存続させ、少しでも利益を上げようとする路線が多かったが、この路線は完全に廃止となった珍しい例だ。他の国々は鉄道を作りすぎていた。フランスは1860年代に政府が鉄道建設を支援したため、必要以上に鉄道が作られ、その多くは20世紀までに姿を消していった。アイルランドは1840年代の大飢饉で多くの人びとが死亡し、300万人が国外に移住していたにもかかわらず鉄道網を建設したため、経済的に成り立たなかった。鉄道建設のピークは1920年代で、400万の人口に対し総延長5540kmにも達していたが、1930年代にはその多くが廃線となった。自動車の普及が特に大きな理由だった。

　第一次世界大戦前は、廃線の多さよりもむしろ少なさに注目すべきかもしれない。廃線がこの程度でおさまっていたのは、アメリカや英国を含め、多くの国で廃線には政府の許可が必要だったせいもある。鉄道サービスを廃止するのは評判が悪く、政治家にとってマイナスのイメージとなるため、許可が下りることはめったになかった。したがって、ほとんど利用客のいない路線がそのまま残されていた。英国議会は1844年に鉄道規制法を制定し、鉄道会社は貧しい人びとのために1日最低1回は列車を運行させることとした。廃線コストを回避するために運行される列車は議会列車と呼ばれた。今日でもこのような「幽霊列車」は一部で走っている。絶望的な路線ですら、議論を避けるために残されることがあっ

た。たとえば、ヴィクトリア時代の鉄道史で有名なジャック・シモンズによると、ウェールズ中部を走るビショップス・キャッスル鉄道は1861年の完成から5年後には債務超過となっていたが、1935年まで運行が続けられた。

　両大戦間に廃止された路線は、世界的に見ても比較的少ない。廃線に地元住民が反対したせいもある。鉄道はバスが登場するまでは唯一の公共交通機関だったからだ。しかも、鉄道会社も廃線に乗り気ではなかった。一部の支線廃止が鉄道網全体にどのような影響を与えるのかを予測するのは難しかった。鉄道の経済性は複雑で、ある支線を廃止した場合、その利用客が別の自社路線を利用するかどうかを見極めたうえで、全路線から得られる収入と赤字路線を存続させる意義とを天秤にかける必要がある。今日でもこの難問はなくなっていない。

　第一次世界大戦前のピーク時に総延長3万2000kmを超えていた英国では、バスや自家用車との競争が激しくなりつつあったにもかかわらず、両大戦間期に廃線となった路線はわずか386kmで、貨物列車用のみとなったのは1600kmだった。廃線に追いこまれたのはよほど極端な場合に限られた。たとえばスコットランド高地のインヴァーガリー・アンド・フォート・オーガスタス支線は1903年に完成したものの、予定していたインヴァーガリーまでは届かず、1日の利用者がわずか6人だったため1933年に廃線となった。多くの路線が廃止されるのは第二次世界大戦後である。

　この時期、アメリカではあるタイプの列車が次々に廃線となった。インターアーバンである。近接する町を結ぶ路面電車で、レールは道路に平行して敷かれている。建設費が安くてすむインターアーバンは1910年代にアメリカ全国で次々に登場した。たいていは1両編成で、レールを走るバスのようなものだった。この荒削りな鉄道は、最盛期の1913年には総延長2万4000kmにも達していたが、自動車との競争で大打撃を受けた。第一次世界大戦後まもなく路線の廃止が始まり、1929年の大恐慌でさらに拍車がかかった。ほとんどのインターアーバン路線はインフラの寿命がせいぜい20〜30年だったこともある（建設コストを考えると非常に短い）。1930年代前半にはじつに1万250kmもが廃線となり、第二次世界大戦の終戦後まで残った路線はごくわずかで、そのほとんどが1960年

1916年以降アメリカで
廃止された線路の長さ

258,000km

までに廃止された。ジョージ・ヒルトンとジョン・デューが共著『アメリカの電気インターアーバン鉄道』で述べているように、「インターアーバンは……繁栄を謳歌した時期が短かった……アメリカの重要な産業のなかで、これほど短期間のうちに役割を終えたものは他にない」

　第二次世界大戦後になると、鉄道システムが発達していた国々のほぼすべてで路線の廃止が行われた。アメリカも例外ではなく、廃止路線は膨大な数になった。郊外へは自動車が、長距離旅行には飛行機が普及し始め、それらとの競争を強いられた主な鉄道会社は乗客よりも貨物のほうが儲かると気づいたのだ。廃線には州際通商委員会〔鉄道を規制していた連邦機関〕の許可が必要だったため、1960年代初頭には主要会社すべてが委員会に廃線の申請を行い、60年代末には旅客輸送サービスを終了しようと、どの会社も躍起になっていた。委員会から署名をもらうため、採算が合わないと見せかけるためにわざと古い車両を使う、運行本数を減らす、駅を取り壊すなどという手段に出た会社も多かった。委員会から許可が下りると、旅客輸送から一刻も早く手を引きたい鉄道会社は容赦なく行動に出た。許可が下りた当日の朝にシカゴ・オーロラ・アンド・エルジン鉄道を利用して町に出た人びとは、帰りはすでに鉄道が止まっていたため、帰宅方法を自分で考える羽目になった。ルイビル・アンド・ナッシュビル鉄道も許可が下りると同時に運行を停止したため、終点の645km手前で列車が止まり、乗客14人はアラバマ州バーミングハムに置き去りにされた。会社側は抗議を受け、終点までのバスを手配した。

　アメリカでは廃線の動きが一気に高まったため政府が介入し、1971年に政府出資のアムトラック（全米鉄道旅客公社）が設立され、残っている旅客輸送サービスを保護することになった。国の介入を避ける傾向にあるアメリカが、今でもこうしたシステムを有しているのは皮肉な話だ。1916年の最盛期には総延長41万kmだったアメリカの鉄道は、今日では15万2000kmにまで削減されたが、今もなお世界最大の鉄道システムを誇っている。ただし貨物輸送が中心で、アムトラックの年間旅客輸送は3000万人にすぎない。人口がアメリカよりはるかに少ない英国では約12億人、フランスでは約11億人である。

　英国では1963年、政府組織である英国鉄道の局長リチャード・ビーチングが徹底した計画を示したことで、路線廃止に向けての圧力が最高潮に達した。2万9000kmの英国の路線のうち半数は乗車率がわずか4％で、鉄道網が非常に不均

衡な状況にあると気づいた彼は極端な解決策に出た。彼の悪名高い報告書「ビーチング・レポート」は、誹謗者たちからは「ビーチングの斧」と呼ばれている。これにより、線路8000kmおよび7000ある駅の3分の1が廃止された。明らかに存続不可能な多くの路線に斧が振り下ろされただけではなく、一部の主要路線まで廃止され、のちに激しく悔やまれることとなった。

他の国々でも鉄道の廃止は見られたが、アメリカほど徹底してはいなく、英国ほど速くもなかった。フランスは1930年代から始まり、5万9000kmの鉄道網の半分が廃線となったが、1938年に政府が残っている路線を守るために国有化した。東欧では自動車を買える人が少なく、鉄道網はほとんど残っていたが、1989年の鉄のカーテン崩壊後は大々的な廃止が行われた。だが、最近では一部の国で鉄道の総延長が増加し、使われなくなっていた路線の復活や、新たな路線（主に高速鉄道）の建設が見られている。

鉄道の廃止は思いがけない効果をもたらした。蒸気機関車を中心とした鉄道保存の動きが生じたのだ。最近まで蒸気機関車を使っていたポーランド、中国、インドなどでは、いまだに一部の路線で使われ鉄道ファンを魅了している。また、廃止路線の一部区間をボランティアが保存し、観光客向けに走らせている国もある。世界初の保存鉄道となったのは英国のタリスリン鉄道だ。1866年に開通した全長4kmの狭軌道鉄道は、ウェールズ西部の採石場からスレートを海岸まで運ぶために作られた。1951年に廃止が発表されるとボランティアグループが立ち上がり、運営を続けていった。このときから鉄道保存運動が世界に広まり、一部の路線では主要路線と接続する定期運転が行われるなど、昔の路線が次々に運行を再開している。たとえばウェルシュ・ハイランド鉄道は2011年に復活し、今日

ビーチング・レポート
英国の鉄道網を徹底的に削減する報告書を書いたリチャード・ビーチングは、鉄道擁護者の憎悪の対象となった。

「ビーチングの報告書は鉄道とのロマンスの終焉を、そして自動車の台頭を際立たせた」

イアン・ヒスロップ、
隔週誌『プライベート・アイ』編集長、
鉄道愛好家

ではフェスティニオグ鉄道と共にウェールズ北部一帯に80kmの路線を提供している。フランスでもこのような保存鉄道は100路線ほどあり、その総延長は1200kmに達している。第一次世界大戦のソンムの戦いで使われた軌間60cmの狭軌道の一区間も含まれる。保存鉄道は年間300万人の観光客を惹きつけている。アメリカでも大々的な保存運動が生じた。最も景色が美しいのは、コロラド州を走る73kmのデュランゴ・アンド・シルバートン狭軌道鉄道だ。この路線はサンフアン山地の金鉱・銀鉱を開発するために、デンバー・アンド・リオグランデ鉄道が1881年から1882年にかけて建設した。現存区間は19世紀からずっと蒸気機関車を使っている、アメリカでも数少ない鉄道である。

　世界屈指の壮大な鉄道のなかにも、廃止されたのちに復活したものがある。エクアドルでは港湾都市グアヤキルと高地にある首都キトを結ぶ全長450kmの路線が復活した。この路線を走る蒸気機関車は今や観光客のめあてとなり、じつにすばらしい鉄道の旅を楽しめる。このような保存鉄道と、運営や整備を行うボランティアのおかげで、蒸気機関車は今後何世代にもわたり人びとの憧れであり続けるだろう。

デュランゴ・アンド・シルバートン鉄道
デュランゴ・アンド・シルバートン狭軌道鉄道は『革命児サパタ』や『明日に向かって撃て』その他数々の映画で重要な役割を演じている。この鉄道が保存されたのは、ハリウッドの成功によるところも大きい。

346　今日の鉄道

ホワイト・パス・アンド・ユーコン鉄道（WP&YR）
クロンダイク・ゴールドラッシュのさなか、1898年に建設されたこの鉄道は、鉱山が閉鎖された1982年に運行停止となったが、1988年には観光用としてアラスカ州スカグウェイからユーコン準州カークロス区間が復活した。

失われた鉄道、復活した鉄道 347

英仏海峡トンネル万歳

1994年、英国とフランスを結ぶトンネルがついに開通した。ここにいたるまで、議論やら遅延やらでじつに180年以上もかかっている。英仏海峡の海底にトンネルを作る案が初めて出されたのは1802年だった。提案したのはナポレオンが擁する技師のひとりで、もちろん鉄道用のトンネルではなかった。当時はロンドンからパリに行くのに4日ほど（海峡の風向きによっては数週間）かかっていた。だが、英国の軍関係者、政治家、そして新聞界までもがこの案に乗気ではなかった。島国である自国が攻撃にさらされる恐れがあると考えたのだ。それから半世紀の間に両国からさまざまな案が出されたが、実を結ぶには至らなかった。鉄道トンネルの建設が初めて具体化したのは1881年で、ヴィクトリア時代の実業家エドワード・ワトキン卿がこれを後押しした。英国のドーバーとフランスのサンガットで試験的にトンネルが掘られたものの、翌82年に中止された。いまだ納得のいかない英国側が政治的圧力をかけたのが主な理由だ。

20世紀に入るとトンネル掘削機はさらに進歩し、列車の電気牽引も開発され、鉄道トンネルというアイデアはより現実味を帯びてきた。だが、当時の英国軍内部では〔もともと英国に根強い〕外国人嫌いが蔓延しており、外国勢力がこのトンネルを進入通路として利用する、と頑として譲らなかった。第一次世界大戦の最後

初期の計画
イギリス海峡の海底を通る単線の鉄道トンネル。
1876年の版画。

の年に連合国軍総司令官を務めたフランスのフォッシュ元帥は、トンネルがあれば大戦を2年早く終えられただろうと言っていたのだが。もっとも、トンネルの建設案が進まずにいる間に、ロンドンとパリを結ぶ交通手段はますます所要時間を短縮していた。1852年には船と鉄道を使って12時間で行けるようになり、それから60年後にはわずか7時間と短縮され、1930年代にはフェリーと豪華列車フレッシュ・ドール（仏）／ゴールデン・アロー（英）のおかげで6時間半となった。また、この頃にはロンドン近郊のクロイドンとパリの北東のル・ブルジェを結ぶ空の定期便が登場していた。

　第二次世界大戦が終結した1945年以降、英国軍の外国人嫌いはなくなったものの、海底トンネル建設案は特に英国側で依然として進まずにいた。1963年、英国政府はついにトンネル建設を許可した。ロンドンからパリに行く旅行者数は着実に増え続け（1960年には年間100万人、1978年には250万人）、採算が取れると思われた。だが、許可してもなお英国側は乗り気になれず、トンネルとロンドンさらにはその先までを結ぶ新路線の建設も決まらずにいた。イギリス国鉄 (BR) はさまざまな路線案を出したが、新案が出るたびに建設コストが上がっていく。英国政府にとってコスト高は格好の口実となり、1975年初頭、トンネル建設の開始間際になって政府はプロジェクトをキャンセルした。危機的な財政状況にあった英国にとっては必然的な措置だったのだが、フランスは当然ながら激怒し、英国は海峡トンネル建設を真剣に考えていなかったのではという疑念が強まった。

　それでも海峡トンネルを建設するという考えは生き残り、4年後にBR総裁ピーター・パーカー卿とフランスSNCF総裁は単線トンネルを提案した。列車が1本ずつ海峡を行き来するもので、「マウスホール」（ネズミ穴）とあだ名がついた。嘆かわしいとも言えるこの案は立ち消えとなったが、英仏海峡トンネル建設の支援者は思いがけないところから現れた——欧州懐疑派のマーガレット・サッチャー英首相だ。公的資金ではなく民間による資金調達であれば、英仏海峡の下を通るトンネルの建設を進めてよいと「鉄の女」は判断したのだ。サッチャーはフランスのフランソワ・ミッテラン大統領と共に作業グループを立ち上げ、入札者に企画案を提出するよう求めた。鉄道を好まなかったサッチャーは道路トンネルがよいと考え、その案を押し通すつもりでいた。ミッテランもサッチャーと同じ偏見を鉄道に対して抱いていたのだが、結局は鉄道トンネルを2本建設する

という案が勝利を収めた。1985年末、英仏の請負業者各5社および銀行5社からなるコンソーシアム「チャネル・トンネルグループ／トランスマンシェ・リンク」がトンネル建設を落札した。

そこからがまた苦労の連続だった。トンネル建設計画を公式に追認する海峡トンネル法が英国議会を通るまでに、さらに2年かかった（フランスではわずか数日で通過した）。しかも、世界の投資家たちはこのトンネルの財政的見通しが明るいとはけっして思っていなかった。プロジェクトに関与する銀行は数多く、所在地がばらばらであるため財政交渉が進まない。請負業者も大勢いるため、施工プロセスも複雑になる。関係者たちの勢力バランスが変わったのは1987年初頭、アラステア・モートンがユーロトンネル社の英国側会長として正規に任命されたときだった。トンネル建設契約を実質上保持していたのはこの会社だ。モートンは共同会長を務めた9年間に英国政府、請負業者、関与銀行（最終的に200社となった）を相手に尽力し、おかげで基本的には利益が見込めそうにない事業は大失敗とならずにすんだ。彼はまたトンネルを主に使用することになるBRとSNCFへの対応にも手を抜かなかった（当時BRは民営化に向けた準備を進めているところで、よけいに状況がややこしくなっていた）。建設工事に使う技術や

海底を掘る
3本のトンネルを建設するために、巨大なトンネル掘削機（TBM）11台が使用された。各機とも全長150mを越えていた。

トンネルに接続する路線のタイプなどについて長期にわたり交渉が続けられ、フランス、英国、ベルギーの鉄道会社が参加する国際コンソーシアムが誕生した。

　1987年12月、ついに英国がサービストンネル（保守や非常時に使用）の掘削を開始した。先にサービストンネルを掘り進めることで、地質や作業上の問題が把握できる。フランスも英国から2ヵ月遅れて反対側からサービストンネル掘削を開始した。1988年6月、このトンネルをはさんで両側に1つずつ、2本の鉄道トンネルの建設が英仏両側から開始された。こうして英仏海峡トンネルは実際には3本作られ、今日に至っている。建設には最大で1万5000人の作業員を要し、フランスでも英国でも今までに例のない最大規模の土木工事となった。工事の進展は予想よりも遅く、コストは膨らむ一方だった。建設中に深刻な財政危機が少なくとも3度は訪れ、コストは予算の80％超となった。それでも1990年12月4日、トンネルの両端から掘り進めていた両チームはついに海峡の真ん中で握手を交わした。両者ともに15km掘り、その誤差がわずか330mmだったのには驚かされる。

　だが、掘削作業の終了でトンネルが完成したわけではない。電源、照明、換気、通信、保守、火災検知、火気抑制などのための装置を設置しなければならず、あ

る人の言葉を借りると「トンネルを複雑で、安全で、洗練された輸送インフラに仕上げるのは、掘削とはまったく異なる難題だった」のだ。しかも、列車もまた信じられないほど複雑な問題を抱えていた。英仏だけではなく、一部の列車はベルギーが終着点となるため、それぞれ異なる電源や信号システムに対処しなければならず、安全面での不安からあらゆる装置に各国それぞれの認証を得ることとなった。認証に関わるコストは4億ポンド（6億4500万米ドル）以上と見積もられ、作業の遅れのためさらに2億ポンド（3億2200万米ドル）が費やされた。だが、安全条件を厳しくした甲斐があり、海峡トンネル内での重大な火災事故は3度しか発生していなく（いずれもトラックを積載したシャトル便で発生）、トンネルは短期間閉鎖されたものの、人命はひとりも失われていない。

結局、英仏海峡トンネル完成の遅れは1年ですんだ（これよりはるかに小型のプロジェクトで1年以上遅れるケースは非常に多い）。1993年12月、プロジェクトは請負業者たちからユーロトンネル社に引き渡され、「チュネル」〔海峡を意味するチャネルとトンネルを合わせた造語〕は翌年5月、エリザベスⅡ世とミッテラン大統領の立会いのもと、正式に開通した。1ヵ月後に貨物列車が運行を開始し、同年11月には今日ユーロスターと呼ばれている旅客列車が登場した。1994年12月22日、英仏海峡トンネルは世界初の車を運送するシャトルサービスを開始した。フォークストーン（英）とカレー（仏）を結ぶユーロトンネル・ル・シャトルだ。

だが、1994年に英仏海峡トンネルが開通したときは、まだプロジェクトの主要事項のひとつが完成していなかった。トンネルまで高速列車を走らせるのは、フランスにとっては比較的容易だった。パリとリールやブリュッセルを結ぶ高速路線にカレーまでの支線を作るだけでよかったからだ。いっぽう英国では、BRも英国政府もロンドンからフォークストンまでの新路線建設にまつわる問題を克服できずにいた。BRは新しい鉄道路線を設計した経験が一度もなく、提案したルートはいずれもケント州の豊かな自然やロンドン南東周辺部に数多く存在する美しい町の景観を損ねるものだった。したがって、ユーロスターは英国側では1世紀前に敷設されたままの曲がりくねった線路を走らざるを得なくなった。レールは強化され、

英仏海峡トンネル掘削による廃土

1千万トン

ユーロスター
英仏海峡トンネルの開通時、フランス側では時速300kmの走行が可能だったが、英国側では最高時速がわずか160kmだった。

新しい信号機や改良された電源装置が設置されたものの、走行速度はフランスと比べてはるかに遅かった。

　1996年、英国はようやく高速路線の建設に着手した。今日ハイスピード1（HS1）と呼ばれている路線である。だが、このプロジェクトは財政上・建設上の問題を抱え、すんなりと事が運んだわけではなかった。掘削中に昔の遺跡がいくつも見つかり、考古学者たちは大喜びしたものの、工事は遅れるいっぽうだった。ケント州を通るHS1の最初の区間が開通したのは2003年で、これによりロンドン〜パリ間の走行時間は20分短縮された。

　第二の区間はケント州ノースダウンズからロンドンのセント・パンクラス駅の新ターミナルまでを結ぶもので、これはさらに大きな作業上の問題を抱えていた。この区間にはテムズ川やロンドン東部の湿地帯が含まれていたのだ。テムズ川底を通るトンネルを作り、ストラトフォードには大きな新駅を建設しなければならず、セント・パンクラス駅も改築する必要があった。だが、最大の課題はセント・パンクラスに通じる全長18kmのトンネル建設だった。既存の下水道、鉄道路線、地下鉄網を避けて作らなければならない。2007年11月13日、ついにこの区間が完成し、ユーロスターはウォータールーからセント・パンクラスまで乗客を運んだ。終着駅の切り替えは歴史的な瞬間だった。英国初の高速鉄道がヨーロッパの高速鉄道とつながり、英仏海峡トンネルが初めて提案されてからじつに200年以上も経ってついにプロジェクトが完成したのだ。このトンネルは全長50.4km、そのうち海底部は世界最長の37.9kmで、米国土木学会は「現代世界の七不思議のひとつ」と称している〔青函トンネルは全長53.85km、海底部は23.3km〕。

トンネルを掘る

トンネルの建設は最もコストがかかり、最も労働力を要する土木事業だ。鉄道初期の時代には最も危険を伴う作業でもあった。狭いなかをろうそくの灯を頼りに、簡単な道具のみで掘り進んでいたナヴィたちは、死傷事故の危険にさらされていた。19世紀半ばからは、トンネル掘削機（TBM）が徐々に従来のつるはしや手回し式ドリル、爆薬に取って代わっていった。TBMが初めて使われたのは1862年、アルプスのフレジュス鉄道トンネルの建設のときだった。その後、トンネル掘削には厳しい安全規制が設けられてリスクは大幅に減少し、コンピューター制御の導入により機械の性能も向上した。

英仏海峡トンネルの場合、トンネルの周囲の寸法は直径8-9mのカッターヘッドによって決定された。

沈埋トンネル

浅い水域では、海底の下を掘る代わりに、海底の上に費用効率の高い沈埋トンネルを建設する方法もある。初めてこの方法で作られたのは1960年代後半、サンフランシスコのベイエリア高速鉄道（BART）トンネルだった。トンネル部分は現場に浮かばせ、海底上にあらかじめ作った溝に沈める。そして何層もの砂利、コンクリート、埋戻材で固定する。

建設中のBARTトンネル

トンネル掘削機（TBM）
英仏海峡トンネル　1990年代頃

「モグラ」の異名を持つTBMは、トンネルを建設する場所の地質に合わせた切削装置を取りつける。柔らかい粘土質の土地もあれば、土とシェール（頁岩）の混合も、裸岩の場合もあるからだ。英国とフランスを結ぶ英仏海峡トンネルの場合は石灰質に富む泥灰岩で、掘削に使用されたTBMは非常に高い水圧にも耐えられる設計だった。

マシンは水圧ラムによって推進力を得て、カッターヘッドを回転させながら進んでいく。

英仏海峡トンネルの現場には各1100トンのTBM11台が集結した。

TBM のしくみ

TBMは穴を掘る、トンネルの壁を固める、レールを敷く、掘った土石を外に運び出すという、トンネル建設のさまざまな工程で使えるよう、いくつかのシステムが連結している。カッターヘッドの直径は最大で19.3m、TBMの全長は最大で150mである。

機械化されたセグメント供給装置がコンクリートブロックを組み上げ、トンネル壁面をぐるりと固める（1周分をリングと言う）。

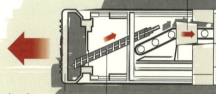

カッターヘッドが回転して前方の土を削る。

スクリューコンベヤが土砂を搬出する。

ステップ1：掘削
掘削段階では、回転するカッターヘッドがあらかじめ定められた速度で接触部分を削っていく。掘削された土砂等は、シェールや岩の場合はスクリューコンベヤで（上の図）、土や粘土の場合は加圧管で搬出される。

掘削された土砂を分析し、現場の安定度を確認する。

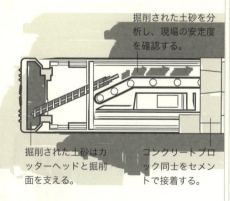

掘削された土砂はカッターヘッドと掘削面を支える。

コンクリートブロック同士をセメントで接着する。

ステップ2：リング建設
掘削装置が停止するとリングの建設が始まる。コンクリートブロック（セグメント）を組み上げ、トンネルに止水性のある内壁を築き強化する作業だ。リングを構成するセグメントは地上で成型され、レールを利用し現場に運ばれる。

スイス
ベスト・オブ・ザ・ベスト

　スイスが鉄道時代を迎えた時期は比較的遅かったが、ドイツなど他の国々と同じように、鉄道はまもなくスイスの国土統一に力を発揮し、国の繁栄に欠かせないものとなっていった。今日のスイスの鉄道網が効率性と利用頻度の高さで世界屈指のレベルにあるのは、こうした背景があるからだ。

　山脈に囲まれ、冬は寒く積雪量の多いスイスは、鉄道向きの国土とは見なされていなかった。しかも、1848年までは統一国家ですらなかった。プロテスタント諸州とカトリック諸州の間で短期間ながら内戦が生じ、その後にスイス連邦が誕生し、カントンと呼ばれる州で構成される連邦制（アメリカと同様のシステム）が採用された。新政府はきちんと計画した鉄道システムが必要だと判断した。そこで1850年、ロバート・スティーブンソンとヘンリー・スウィンバーンの2人の英国人技師が招かれた。鉄道網開発を監督することになった。2人が提案したのは、ジュネーブとチューリッヒ間の谷沿いに東西に走る基線と、バーゼルからルツェルンに至る路線だった。肝心の首都ベルンが支線に属するという、少々変わった案だった。こうした初期の路線を建設したのはカントンで、外資や外国の請負業者を利用することも多かった。スティーブンソンとスウィンバーンの影響を受けていたため、軌道は1435mmの標準軌で、複線の左側を走行するという英国方式も採用された。この2点は今日に至るまで変わっていない。

　スイスの鉄道はなかなか発達しなかった。他のヨーロッパ諸国では鉱業などの重工業または農業での需要に後押しされて鉄道が拡大するケースがほとんどだったが、スイスの場合、最終的に鉄道の火付け役となったのは観光業だった。美しいアルプスや湖といったリゾート地を訪れる客が19世紀半ばから増えていたのだが、旅行代理店を創業したトーマス・クックが1863年に初めてスイスを訪れたとき、鉄道の総延長は650kmほどしかなく、既存の鉄道網では観光業の需要に対処しきれないのは明らかだった。

　そこで、スイス連邦政府は鉄道網をもっと速く拡大しようと考えた。しかも、

スイスはヨーロッパの中心に位置しているため、利用価値の高い鉄道網は周辺諸国にとっても非常に望ましいものだった。乗客も貨物もスイスを横断してヨーロッパ各地に運送したい。そのためにはスイスの鉄道に喜んで投資もしよう。1869年、スイスとドイツとイタリアはアルプスのゴッタルド峠を貫く戦略的な路線の建設に合意した。1882年に完成したゴッタルド・トンネルはスイスのウーリ州とティチーノ州を結びつけたばかりか、ドイツとイタリアを結ぶ貴重な南北ルートをも提供した。また、1906年に開通したシンプロン・トンネルもスイスとイタリアを結びつけた。

その間にもスイス国内には鉄道が拡大し続けていた。1871年に開通したヨーロッパ初のラック式鉄道もそのひとつだ。ルツェルン湖を見渡せるリギ山に観光客を運ぶため、この鉄道はスイス人技師ニクラウス・リッゲンバッハが開発したラック・アンド・ピニオン方式を採用した。その3年後にはエシャラン経由でローザンヌとベルシェを結ぶ初の軌間1ｍの鉄道が開通した。もっとも、これは観光用ではなく農業地帯で利用するために建設されたものだった。人口の少ない地域や行きにくい場所に狭軌道を採用することで、建設費を大幅に抑えることができる。こうして鉄道（と路面軌道）はスイスの最も険しく、最も辺鄙な地にまで広がっていった。

お菓子の鉄道
スイス初の鉄道はチューリッヒとバーデンを結ぶものだった（1847年開通）。この路線はスペイン菓子鉄道とあだ名がついた。チューリッヒの裕福な銀行家たちが使用人にバーデン名物の「スペイン菓子」（ペストリー）を買いに行かせていたからだ。

ゴッタルド線
アルプスを越えるゴッタルド線は1922年に電化された。

　19世紀後半の最初の鉄道ブームが過ぎ去ると、一部の投機的鉄道は破産した。スイスの鉄道の大部分が外国株主たちに所有され、彼らの利益のために運営されているという現実を国民が問題視したのもこの時期だった。その結果、1898年に鉄道国有化について国民投票が行われ、1902年にスイス連邦鉄道（公式にはSBB-CFF-FFSと独仏伊の順に記される）が誕生した。SBB-CFF-FFSはそれから数年のうちに国内総路線の約50％を取得し、全路線の電化計画に乗り出した。スイスは石炭を産出しないため、早い時期から一部の路線に電気牽引を採用していた。最初に電化されたのは1888年、モントルー〜ション間の軌間1mの路線だった。シンプロン・トンネルは最初から電化され、1912年に完成したユングフラウ鉄道にも電気機関車が使われた。

　2度の世界大戦により、スイスの鉄道の電化はさらに加速した。第一次大戦時には石炭不足から鉄道の旅がそこかしこで乱れ、第二次大戦時は中立の立場であっても鉄道の乱れに拍車がかかった。観光に依存している鉄道が多かったが、戦時中は観光業が栄えるはずもなく、戦後に廃止となった路線もいくつかあった。だが、スイス政府は戦後まもなく自国の輸送インフラの重要性に気づき、鉄道への投資を開始した。その甲斐あって1960年、世界初の国内全路線電化を達成した。

　20世紀後半になると、スイスでも自動車やトラックが増えていた。アルプスのふもとや山腹を貫く近代的な高速道路が建設され、それと共に今まで鉄道が運搬していた貨物の多くがトラックで運ばれるようになった。だが、1980年代に入り、重たい貨物を積んだトラックによる環境破壊に国民は気づき始める。そして鉄道に関する国民投票が2度も行われた。最初は1987年で、投票の結果「バーン2000」というプロジェクトが立ち上げられ、スイスの鉄道網を21世紀にも存続させることになった。こうして数々の路線が改良され、在来線の一部区間の高速化も行われた。高速鉄道は新たに専用の線路を敷設する国が多いが、スイスは違った。次の国民投票は1992年で、アルプスを越えるトラックの台数を規制する「アルプトランジット」が圧倒的多数で可決された。このプロジェクトは貨物輸送を鉄道に切り替えるため、道路建設よりも鉄道インフラの改善を優先す

アルプス山中へ
マッターホルン・ゴッタルド鉄道(MGB)はアルプスを行く狭軌鉄道だ。写真の支線はアンデルマットでゴッタルド鉄道トンネル(北側)に入る。

るもので、これにより新たに2つの鉄道トンネルの建設が提案された。ひとつは2007年に開通したレッチュベルク・ベーストンネル（34km）、もうひとつは2016年に開通予定のゴッタルド・ベーストンネル（61km）だ。

1980年代には、鉄道、バス、路面電車の接続を考えた全国的な交通機関時刻表が作られた。スイスのほぼ全駅で最低でも1時間に1本は電車が止まり、他線や他の交通機関との接続もスムーズにいくというすばらしい時刻表だ。ただ、不思議なことに、輸送サービスは政府が調整しているものの、スイスの国有鉄道SBB-CFF-FFが所有している鉄道は3200km足らずであり、残りの750kmは私企業や半国有企業80社ほどが運営している。それでもスイスの鉄道システムは他国よりはるかに合理化され、他線と重複する区間もはるかに少ない。他国では企業同士の競争により、不要な路線や役に立たない路線が建設されていたのだ。

スイスでは国民も政治家も、他のほとんどの国々よりも公共交通機関の意義を強く意識する傾向が以前からあった。たとえば、主要な鉄道は標準軌で統一され、これに地方鉄道（軌間1mが多い）、路面電車、そしてどの駅でもバスへの接続がある。ここまで統合された交通網がありながら、スイスは国民一人あたりの自家用車保有率が最高レベルにある（ほぼ2人に1人の割合）。だが、車の使用頻度ははるかに低い。スイスよりも移動に鉄道を使う国は日本だけだ。スイスでは一人あたりの鉄道利用は年間1706km、日本では1900kmである（スイス人のほうが鉄道の利用頻度は高いのだが、移動距離が短い）。日本が国土の大きさも人口密度もスイスよりはるかに上回っていることを考えると、スイスの数値にはなおさら目を見張らされる。スイスでここまで鉄道が成功している理由は、国民にとって自家用車を使わない旅が容易で効率のよいものとなるよう、鉄道を含め公共の交通システムがみごとに調整されているからだ。また、政府が鉄道に一貫した投資を行い、時間に正確で信頼のおける交通機関となったことも挙げられる。

アルプスの
ユングフラウヨッホ駅

標高**3,454**m

ヨーロッパの最高所にある駅

さらに、鉄道網が広範囲に及び、管理が行き届いているだけではなく、大変魅力的な運賃設定も見逃せない。格安シーズンや格安区域といった通常の割引に加え、全国のあらゆる乗り物（鉄道、バス、路面電車、ボート）を利用できるトラベルカードを年間5630米ドルほどで購入できるのだ。他

の多くの国々の標準と比べると、これはお買い得である。

　人口が増えつつあるスイスでは鉄道輸送が限界に達しつつあり、需要を満たし続けるには相当の投資が求められる。スイスはこの問題に本腰を入れて取り組む姿勢を見せている。たとえばチューリッヒでは、市と拡大しつつある郊外をより短時間で行き来できるよう、建設コストのかかるトンネルの建設をいくつか計画している。鉄道はスイスの文化と国の成功に深く根を下ろしたように思われる。この国では、鉄道の重要性が弱まる兆候はまったく見られない。

特徴的な構造
グラウビュンデン州の堂々たるランドヴァッサー高架橋を渡る氷河特急（アルブラ線）。ランドヴァッサー川に架かる橋は石灰石造りで高さ65m。

スイス―ベスト・オブ・ザ・ベスト 363

もっと速く
新幹線と高速鉄道

　19 60年代になると、鉄道は自動車、トラック、飛行機と競争せざるを得なくなっていた。鉄道の時代は終わった、と政治家も公務員も思っていた。鉄道は19世紀の移動手段だ、20世紀後半の主流とはなりえない、と。政府は自宅から目的地まで行ける便利な車のために、道路や高速道路の建設に投資した。自家用車の所有率は急増し、貨物はトラックが輸送し始め、商用飛行機がジェット機時代の到来を告げていた。こうした流れのなかで、鉄道事業は近代化が求められていた。その先陣を切ったのは日本だった。高速鉄道の草分けとなる新幹線（西欧では弾丸列車として知られる）を導入したのだ。やがて高速鉄道はゆっくりとではあるが世界に広まっていく。

　新幹線が誕生した背景には、日本ならではの地理と人口分布状況があった。そもそも日本で鉄道が発達したのも、これらの状況によるところが大きい。日本は4つの本島から成り立っているが、居住可能な土地は国土全体の5分の1足らずで、1億2700万強の人口のほとんどが比較的狭い低地に集中している。この人口密度の高さが高速鉄道の開発をもたらしたのだ。新幹線と言うとスピードばかりが強調されがちだが、新たな幹線が誕生するに至った主な原因は、既存の鉄道網の輸送能力が限界に達していたためだった。

　日本が鉄道を受け入れた時期は遅かった。長らく鎖国してきた日本は1868年に明治維新を迎えた。国の近代化を図る明治新政府は鉄道にも門戸を開いた。日本初の鉄道が開通したのは1872年、東京と横浜を結ぶ全長29kmの路線だった。日本人は意欲的に鉄道を取り入れた。軌間は地形が似ているニュージーランドと同じ狭軌道（1067mm）だった。輸送量を増やすため、標準軌にする案がその後に出されたものの軍部の反対で実現せず、狭軌道の路線が拡大していった。

　19世紀最後の数年で日本の鉄道は急成長を遂げ、1907年での総延長は7250km近くにまで達していた。主要路線のほとんどが国有化され、政府機関が運営していた。2度の世界大戦の間にも鉄道網は発達し続け、1945年には総延

もっと速く──新幹線と高速鉄道　365

東海道新幹線の出発式
東海道新幹線は1964年東京オリンピックの開催直前に開通した。新幹線は東京〜大阪間の走行時間を大幅に短縮し、世界の高速鉄道の原型となった。

長2万6000km、そのうち私鉄は4分の1近くで、残りは日本国有鉄道と改名した公社が運営することになった。

　1930年代の時点で、東京と名古屋、京都、大阪、神戸を結ぶ日本初の幹線である東海道本線はすでに混雑をきわめていた。東京と大阪間500km超を4時間半で走行する新路線の建設案がこの時代に出され──当時の鉄道では前代未聞の速度だった──1941年に具体的な検討が始まったが、真珠湾攻撃から太平洋戦争に突入してからは事実上の廃案となっていた。

　日本経済は敗戦から立ち直るのに時間がかかったが、東海道本線は1950年代半ばにはすでに再びフル稼働し、東海道新幹線の建設案が再浮上した。車や飛行機の普及で鉄道の存在が脅かされていた当時、国鉄総裁の十河信二は、鉄道は存続可能だと政府に強く働きかけた。新幹線の開発を促したのは別の路線が必要だったからなのだが、車に対抗するためには高速道路と同じような、停車駅が少なく走行時間が短くてすむものにしなければならない。新幹線は高速そのものが目的だったわけではなく、輸送能力を向上させるうえでの副産物だったのだ。この点は世界の高速鉄道のほとんどにも当てはまる。もちろん、高速であれば自家用車よりも鉄道を選ぶ客が増えるうえに、鉄道は都市の中心部を通っているため、

富士山を背景に
雪を頂く富士山の裾野を通過する新幹線。日本の新しい世界と古い世界の出会いとして象徴的なシーンとなった。

800kmまでの距離であれば飛行機とも張り合える。

新幹線は客車のみの電車とし、軌道は1435mmの標準軌と決まった。狭軌道よりも輸送能力が上がり、しかも他の鉄道の技術を利用できるという利点もあったからだ。地形は複雑で、建設費は3800億円と当初予算の2倍に膨れ上がったが、1959年の着工から5年で完成した。最高時速210km、現代の高速鉄道の標準と比べれば遅いものの、専用線路を使い停車駅もわずかであったため、走行時間は大幅に短縮された。東京～大阪間は従来の急行では6時間40分かかっていたが、新幹線は1964年の東京オリンピック直前に開通した時点で4時間だった。東京と大阪の日帰り出張が可能となったため、ビジネスの形にも変化が現れた。鉄道の可能性を信じた十河信二の主張はまったく正しかったと証明されたのだ。新幹線は開通後まもなく好評を博し、開通から3年足らずで利用客が累計1億人となり、1976年には10億人となった。今日、東海道新幹線は年間1億5500万人を運んでいる。

だが、新幹線での旅は最初のうちは楽なものではなかった。たとえば、路線には合計72kmものトンネルが含まれているのだが、トンネルの通過時に耳が痛くなるうえに、トンネル内に生じる気流のせいで、トイレで汚物が噴き上がるという困った事態も発生した。これらの問題に対処するため、車両の気密性を高める措置が取られた。費用はかさんだものの、この対策は功を奏した。こうして新幹線は人気のある乗り物となったのだが、新幹線の路線網を作るという日本国有鉄道の計画には反対の声が上がった。騒音とコストの点で不安視されたのだ。それでも1970年代には東海道新幹線が延長され、新たな路線もいくつか建設された。今日、新幹線の総延長は2015年3月時点で約3200kmに達している。山陽新幹線の時速300kmは世界の高速鉄道の基準となった。新幹線の最高速度は東北新幹線の時速320kmだ。

日本が踏み出した高速鉄道に世界が続くようになるには何年かかかっている。1960年代の標準的な急行列車は時速90～110kmで、鉄道会社はスピードアップを切望していたが、鉄道という「古い技術」への新たな投資を政府が渋っていたのだ。ドイツとフランスでは列車の速度試験が行われた。時速200kmでの長時間走行が楽に達成できるとわかり、既存路線での

新幹線の年間乗降客数
3億2500万

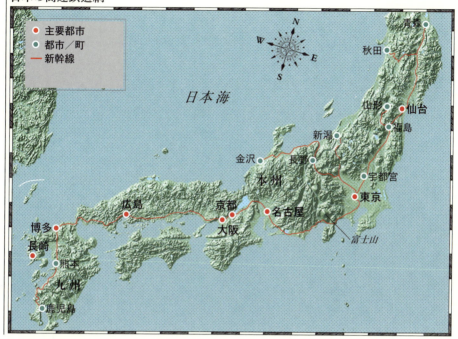

日本の高速鉄道網

スピードアップが試みられた。フランスでは1966年、パリ〜トゥールーズ間が線路と信号の改良により時速200kmで走行できるようになった。英国では1976年以降、ロンドン始発の各幹線にディーゼル機関車を使用したインターシティ125という新型列車が導入されたが、在来線を使用し、速度の劣る列車と線路を共用するため、高速と言っても出せる速度は限られていた。

　フランスは1970年代、専用線路を用いてTGVと呼ばれる高速列車を導入すると決定した。当時パリとリヨンを結ぶ主要路線の輸送能力が限界に達していたため、TGV専用の線路を建設することになったのだ（都市の入り口部分だけは在来線と共用）。TGVは新幹線と同じく、世界的に有名な列車となった。軌道は在来線と同じなので、線路は高速鉄道用も在来線用も使える。フランスでは高速列車の開発がすでに進んでおり、何度か世界記録を塗り替え、1969年には試験線で時速422kmという驚異的な数値を出していた。もちろん、これほどのスピードは専用線でなければ実現できないため、1976年に最初の高速鉄道用線路の建設が始まった。1981年にパリ・リヨン線が完成し、TGVは最初のうちは最高時

速270kmで走行していたが、のちに300kmとなった。両都市を結ぶ航空路があるにもかかわらずTGVが好評を博したため、フランスはパリ発の高速鉄道網建設に着手した。2007年に開通した東線(Est)は時速320kmで運行している。

　フランスの高速鉄道網は2013年までに総延長1907kmとなっていたが、今日ではスペインに追い越されている。スペインは2005年、国民の90%が高速鉄道AVEの駅から50km以内に住めるようにするという計画を発表した。最初の高速鉄道はマドリードとセビーリャを結ぶもので、1992年のセビーリャ万博に間に合うよう建設された。イベリア半島では1680mmの軌道が使われているが、この路線には標準軌が採用された。停車せずに軌道を変える技術が開発されたため、最新の高速列車は専用線から離れても走行し続けられるようになった。2013年にはマドリード発の高速路線が6本あり、バルセロナも路線の拠点となり、高速鉄道の総延長は2000kmに達した。さらに1100kmが建設中である。

　ヨーロッパではフランスに続き、ドイツでも高速鉄道の開発が行われた。ドイツでは専用路線を新たに設けるよりも、従来線に高速区間を作る方法が一般的で、したがって列車は何度も線路を切り替えることとなった。1991年にはハノーファーとビュルツブルクを結ぶ高速専用の新線が開通し、ICEと呼ばれる高速列車が最高時速280kmで運行した。

　東アジアでは2000年以降、数々の新しい高速鉄道サービスが始まっている。大韓民国ではフランスのTGVを製作したアルストム社製の列車を使い、2004年に二大都市ソウルと釜山を結ぶ韓国高速鉄道が誕生した。台湾では主に新幹線の技術を使い、西海岸沿いに首都台北と南部の高雄市を結ぶ全長322kmあまりの高速鉄道が建設された。だが、最大の高速鉄道網を誇っているのは中国だ。

　高速鉄道が好評を博している主な要因は安全性である。高速鉄道絡みの大事故は今まで3回発生しているが、いずれも専用路線で生じたわけではなく、最高速度での走行時でもない。ドイツでは1998年、時速200kmで走行中に車輪が破損して橋のところで脱線し、客車12両すべてが損傷し101人が死亡した。中国では2011年、信号故障などにより、時速100kmで走行していた列車が高架橋で停車中の列車に追突し40人が死亡した。また、2013年にはスペインのサンティアゴ・デ・コンポステラで、制限時速80kmのカーブを時速195kmで通過しようとしてコンクリート壁に激突、79人が死亡した。痛ましい事故が生じているのは事実だが、それでも高速鉄道は他のいかなる交通手段よりも安全面ですぐれ

もっと速く——新幹線と高速鉄道　371

高速列車TGVとタリス
フランス、ドイツ、ベネルクスを結ぶ
TGVとタリス。パリの駅を出発してから
専用の高速路線に入る。

ていると言える。

　世界の高速鉄道は2013年の時点で総延長1万6000km近くとなり、ウクライナ、トルコ、ベラルーシ等では建設計画が立てられている。アメリカではサンフランシスコとロサンゼルスを結ぶ837kmの路線がカリフォルニア州政府によって認可されたが、予算の制約と反対運動のため建設は遅れている。英国では500億ポンドを投じ、ロンドンと主要な数都市を結ぶ全長530kmの高速鉄道網H52の建設が提案されたが、やはり強い反対に遭っている。新たな建設計画のなかには物議を醸すものもあるかもしれないが、高速鉄道の利点については疑いの余地もなく、未来の輸送手段という立場に揺るぎはない。

中国
新たなパイオニア

鉄道の時代を迎えながら一時期撤退した国は、世界を見渡してみてもおそらく中国しかないだろう。だが、中国はスタートでつまずいたものの、今日では全国に高速鉄道網を張り巡らせ、その総延長は他国の比ではなく、国内の輸送インフラの中心となっている。また、青海チベット鉄道〔青蔵鉄道〕は世界で最も標高の高い鉄道となった。

中国で初めて鉄道を建設したのはヨーロッパ系の貿易会社ジャーディン・マセソンで、上海とその近くの呉淞港を結ぶものだった。全長わずか14.5kmの路線で、1876年に開通したものの、建設に反対する声は強かった。非常に保守的な中国の官僚は、荷の運搬で生計を立てている多くの人びとを失業に追い込むのではと恐れ、鉄道敷設を認可しようとしなかった。当時の官僚ユ・リエン-ユアンは、鉄道建設により生じる失業が社会的不安を煽ることになると懸念し、次のように記している。

　　家畜に鞭打ち、または舵柄を握って生計を立てている数千万もの住民が職を失うことになる。飢えてどぶで息絶える道を選ばなければ、彼らは必ずや森に〔無法者として〕集結するだろう。

石炭の枯渇を心配する官僚もいた。「これほど大量に石炭を使えば、炭田はじきに姿を消してしまう」。ろくな結果を招かないというこうした意見に加え、当時の中国では外国人や、外国が関わることがらに対する敵意も非常に強かった。帝国主義者が力を見せつけたアヘン戦争はまだ記憶に新しく、外国勢力は中国の弱みにつけこんでいた。ヨーロッパ列強諸国と日本は中国沿岸に在外公館を設立し、これを巧みに利用して中国の富を非課税で獲得していた。したがって中国の官僚は上海・呉淞鉄道を快く思わず、ヨーロッパが出資する鉄道建設をけっして公式に認可しなかった。鉄道が開通してわずか1年後、路線がある地域の長官が

世界で最も高いところを走る鉄道
崑崙山脈を通る列車。青海チベット鉄道は標高が世界で最も高く、最高地点で5072mである。

撤去を命じた。車両やレール等は台湾に運ばれたが、利用されることなく朽ち果てた。

中国で恒久的な鉄道が開通したのは1881年だった。もともとはラバに引かせる目的で、炭鉱から胥各荘（北京から東に約160km）の運河までを結ぶ10kmの標準軌道〔唐胥鉄道〕が作られた。建設の責任者は英国人技師C.W.キンダーで、中国初の蒸気機関車「中国火箭号」（ロケット・オブ・チャイナ号）の発注も行った。だが、これが中国の鉄道革命の先駆けとなったわけではない。鉄道は世界各地で成功を収めていたのだが、清政府はこの画期的な輸送方法をなかなか承認する気になれず、1880年代に建設された鉄道はほとんどなかった。1884-85年の清仏戦争で大敗を喫した中国は近代化の必要を痛感し、鉄道は近代化を促進すると悟った。唐胥鉄道は北京方向に32km延長されたのだが、清政府には迷信がはびこっており、紫禁城で生じた原因不明の火事が天の怒りとみなされ、鉄道延長工事は完成せずに終わった。

日清戦争が勃発した1894年までに、中国では鉄道建設にほとんど進歩が見られず、総延長はわずか500kmだった（この年のアメリカの総延長は28万km）。だが、日本に敗れ、ついに中国で鉄道ブームが生じた。鉄道網の中心は北京だが、首都から比較的遠い地域の炭鉱用に、他の路線も数多く建設された。1911年には辛亥革命により中華民国が誕生する。この年の総延長は9500km、中国の鉄道は成長著しかったが、人口の多い国々と比較するとたいした数値ではなく、中国と同様に貧しいが国土の狭いインドの鉄道網の半分しかなかった。

中華民国の時代には内戦が次々に生じ、1930年代後半には日本に占領されていたこともあって、鉄道は伸び悩んでいた。紛争で破壊された鉄道も多く、第二次世界大戦が終戦を迎えたとき、使用可能な鉄道の総延長は2万2500kmにすぎなかった。その後に実権を握った共産党は1949年に中華人民共和国を樹立し、主席の毛沢東は鉄道網建設に資金を大量に投じた。数々の路線が修理され、建設の困難な山間部にまで新たな路線が建設された。毛沢東は1976年に死去したが、その後も鉄道開発は進められ、20世紀末には国土のほぼ隅々にまで達する鉄道網ができあがっていた。だが、ひとつだけ取り残されている地方があった——チベットだ。

北は崑崙山脈、東はニェンチェンタンラ山脈によって、チベットは中国の他の地域と切り離されている。チベット高原は東西2400km、南北800kmと非常に

広く、世界最大の亜寒帯天然凍土地帯でもある。つまり、控えめに言っても鉄道に理想的な地ではないということだ。この高原に陸路で向かうには、どのルートもアメリカの最高峰よりも高い山脈を越えなければならない。作家のアブラム・ラストガーテンは著書『チベット侵略鉄道』のなかで次のように記している。

〔道は〕険しく切り立った渓谷を曲がりくねっている。山々の頂には不安定な岩や雪塊が大砲のように突出し、雪解け水が奔流となって谷間を巡る。

チベットは中国ではチベット自治区と呼ばれ、長年争点となっている。ここと中国を結ぶ鉄道を建設すれば、中国の支配を強化できると考えられていた。チベットは歴史的に中国の一部だったが、1912年に清王朝が滅亡したのを受け独立を宣言した。だが、共産党が支配する中国政府は独立を認めず、1951年に人民解放軍を派兵し占領した。共産党の革命以来、中国政府はチベットの首都ラサまで鉄道を敷設し、支配を確立させたいという野望を抱いていた。だが、技術面でも資金面でも問題が山積していた。ロシア東部のバイカル・アムール鉄道の建設中、永久凍土上に鉄道を敷く大変さを目の当たりにしていた国内外の専門家たちは、プロジェクトは実現不可能だと論じた。

ラサに近づく
青海チベット鉄道の終点の2km手前にあるラサ川鉄道橋。全長929m。

社章
中国鉄路総公司の社員は約200万人。このバッジが社章である。

　中国の国土の8分の1を占めるチベットは、2000年の時点では、より開発の進む中国東部につながる鉄道路線がひとつもない唯一の地域となっていた。中国政府は「西進」戦略を掲げ、チベットに通じる路線の建設はその重要な一部となった。当時チベットは外の世界とほとんどつながりのない農業地域だったが、鉄道があれば鉱物資源を開発できる可能性があった。

　チベットへの鉄道の先駆けとなる路線が1984年に完成した。西寧市（青海省の省都で昔からチベットの入り口となっていた）から同じ青海省のゴルムド市まで、全長800kmの路線だ。だが、これをラサまで延長する計画が合意に達するまでに10年あまりかかった。1999年、江沢民国家主席は成長の著しい中国東部に後れを取っている西部の開発に取り組み始めた。チベットへの鉄道建設も含まれていたが、最良のルートをめぐり意見が分かれた。ゴルムドは1960年代に主にチベット族の囚人用労働収容所として開発されたのだが、今や小都市となり、ここを使えばラサへの最短ルートとなる。だが、そのルートには何百kmもの永久凍土地帯が含まれており、永久凍土に鉄道を敷設できるほどの技術があるのかという不安があった。別のルートとして中国南部の雲南省から北上する案もあったが、距離がゴルムドからのルートの2倍になる。結局、永久凍土の問題は克服可能だと判断され、2001年、ゴルムドとラサを結ぶ1143kmの路線の建設が開始された。21世紀の建設工事ともなれば、かつては存在しなかった技術をいろいろ利用できる。だが、辺鄙で標高の高い地域での作業は、それ以前のほとんどの鉄道プロジェクトをしのぐほど大変なもので、作業員の人数も膨れ上がった。建設開始時には10万人以上もの作業員がチベットに移住することになった。難題のひとつとして、永久凍土とまではいかない地域での建設が挙げられる。夏には表土層が溶けて不安定になるのだ。この問題に対処するため、長い区間に実質上の高架橋が作られ、深く杭打ちした土台がこれを支えた。さらに、レールと周辺の土を冷やすためパッシブ熱交換器が設置された。

　人的損失は大きく、多くの作業員が高山病に倒れた。ラストガーテンによると「鉄道職員が作業員の遺体を〔風火山〕トンネルの外の丘陵に埋葬している姿は、近くの村に住むチベット人たちに目撃されているだろうに」、死因は食中毒だという説明がなされた。当局は死者数を発表せず、高山病で亡くなった者はひとりもいないとした。

建設工事は路線の両端から開始され、レールの敷設は4年で完成した。信号機その他の設備の取りつけにさらに1年かかり、工事開始から5年後の2006年7月、青海チベット鉄道の開通式が華々しく行われた。総工費は約40億ドルということになっているが、コストを正確にはじき出す難しさを考えると、この数値は過小評価と言えるかもしれない。青海チベット鉄道は完成と同時に鉄道のさまざまな記録を塗り替えた。まず、世界で最も標高の高い鉄道である。タングラ峠は標高5072m、1世紀ほど前に建設されたペルーのアンデス山脈を走る鉄道より250mも高い。また、タングラ駅は世界で最も高いところにある鉄道駅で、全長1.2kmの風火山トンネルも標高4905mと世界で最も高いところにある鉄道トンネルである。

　青海チベット鉄道（青蔵鉄道）は往路、復路ともに1日最高8本運行している。チベットは空気が薄いため、列車内には酸素を健康的なレベルに保つ特殊な空調設備があり、各座席には緊急時用の呼吸装置が用意されている。窓は外の景色を満喫できるよう非常に大きく、チベット高原の強烈な紫外線から守る工夫がなされている。チベットに行くにはこのような危険があるため、乗客はゴルムドからラサに向かう前に健康チェック用カードを入手しなければならず、各列車には非常時に備え医師がひとり乗車している。

　遅ればせながら鉄道網の拡大に力を注いだ中国は、広大な高速鉄道網の建設にも取り組み始めた。1993年まで、中国の列車は平均時速48kmと非常に遅かったため、自動車や飛行機と対抗できるよう何度も「高速化」キャンペーンが打ち出された。その結果、1990年代末には最高時速161kmで走行するサービスがいくつも誕生した。だが、中国政府はさらに大きな野心を抱いていた。鉄道サービスと国家のインフラを根底から改善するために、高速鉄道用の路線を新たに建設するというものだ。そこで、時速200km以上で走行する世界最大の高速鉄道網の建設計画が立てられた。在来線の改良も含まれるが、大部分は専用路線を新たに作り、しかも新路線ができるたびに走行速度も上げていく。この「中長期鉄道網計画」は南北方向の4路線と東西方向の4路線からなる格子状の高速鉄道網を建設し、これに改良した在来線も加え、総延長1万2000kmにするというものだ。

　中国初の高速鉄道専用路線は北東の遼西回廊沿いに秦皇島と瀋陽を結ぶもので、2003年に開通した。走行速度は時速200km、2007年には250kmとなった。他の専用路線も次々に開通し、2008年のオリンピックに間に合わせたものもあっ

ゴルムド～ラサ間の
橋の数
675 本

全部で
161 km

た。そのひとつは中国北部の二大都市、北京と天津を結ぶ京津都市間鉄道で、時速350kmで走行できるよう設計された。

2010年10月、15番目の高速鉄道となる上海・杭州路線が、翌年には北京・上海路線が開通した。後者は時速380kmでの走行も可能という。中国の高速鉄道専用路線は総延長8000kmを越え、世界のどの国よりも2倍以上となった。

こうしためざましい進歩に水を差す事故が2011年7月に起きた。温州市での高速鉄道衝突脱線事故だ。この事故の影響は大きく、新路線建設のペースが落とされることになった。鉄道利用客が減り、鉄道網計画は延期または棚上げとなる可能性も出てきた。列車の最高速度も下げられた。だが、2012年には利用客数が再び増加し、鉄道網計画は再開された。

中国では2013年の時点で、1580の高速鉄道サービスが1日130万人の乗客を運んでおり、この数値は増えていくいっぽうだ。政府は2020年までに3000億米ドルを投じ、総延長2万5750kmの高速鉄道網を完成させる計画である。これが実現すれば、中国の高速鉄道網の総延長は他国の何倍にもなる。このほか、都市部では地下鉄路線の拡大も進められ、世界記録づくめのチベット鉄道も完成し、中国は今のところ21世紀の鉄道のパイオニアとしての立場を確立している。

中国──新たなパイオニア 379

高速鉄道の全車両
中国屈指の輸送中心地である武漢市(湖北省)の車両基地で出発を待つ高速鉄道列車。

380　今日の鉄道

平原と山脈を越えて
中国北西部、青海省の山岳地帯を行く列車（2006年）。スタートこそ遅れたものの、中国は現代の鉄道の申し子となった。

中国——新たなパイオニア 381

鉄道の復興

　　車や飛行機の時代が到来し、鉄道がたとえ過去のものとしてあっさり片づけられたとしても、その物語はすばらしいものとなっていただろう。実際、鉄道が数多くの技術革新と同じ軌跡をたどる可能性はあった——誕生し、短期ながらも全盛期を迎え、徐々に衰退していき、ついには忘れ去られる。だが、鉄道は衰退期にあっても悲観的な予測をはね返し、21世紀になって復興期を謳歌している。しかも鉄道を待ち受ける未来はけっして暗くはないと思われる。

　鉄道が復活したのは、技術の飛躍的進歩のおかげで改良がなされたせいもある。客車は19世紀よりも乗り心地が良くなった。貨車はより頑丈になり、コンテナ輸送の普及によって荷下ろしがすばやくできる設計となった。信号機も大きく進歩し、他にも洗練された改良がなされ、鉄道はより速く、より効率的な輸送手段となった。だが、このような進歩が見られるにもかかわらず、21世紀の列車をジョージ・スティーブンソンなど鉄道のパイオニアたちが見ても、すぐにぴんと来るものがあるはずだ。2本のレールの間は今でもたいてい1435mmであり、乗客を乗せた客車は今でも駅に止まる。列車は今でも一部を除き外部信号（路側信号）によって制御されている。

　もちろん、列車が果たす役割は昔とは違う。かつては長距離輸送といえば鉄道の独擅場だったが、今ではニッチ産業に近くなっている——とても重要な産業ではあるが。鉄道があらゆる村や小さな町に繁栄をもたらすようなことはもう二度とないだろう。いろいろな場所に安く速く行ける唯一の交通手段だった時代は終わり、かつて存在していた小さな村の駅や田舎のひなびた停車場は永遠に姿を消した。かつてのように鉄道が貨物輸送市場に君臨することももうない。どの駅でも見られた荷物置き場や貨物集積所は、トラックやライトバンの登場により姿を消した。

　鉄道はとても困難な時代を乗り越えなければならなかった。戦後は無用の長物と見なされていた時期もあった。フランス人の鉄道作家クリーヴ・ラミングはこの現象を「鉄道ペシミズム」と名づけた。鉄道が衰退し、社会から取り残されて

いくのは避けられないという概念だ。だが、鉄道は今でも現代の生活の一部であり続けている。ペシミストたちの考えはまちがっていたと証明された。主要路線が廃止され、かつての大型駅がショッピングモールやアパートメントに変わってしまったことを嘆いている国は多い。全世界を見渡してみると、鉄道は今もなお栄え、今後しばらくはその状態が続くと思われる。今日でも鉄道は人びとにとって非常に便利な旅行手段であり、きわめて効率的に貨物を輸送できるからだ。

鉄道利用客にとって大きな利点がいくつか挙げられる。500〜650kmほど離れた都市に行く場合、飛行機を使う方が速いかもしれない（高速鉄道ならもっと距離は延びる）。だが、鉄道を使えばくつろげ、仕事をすることも可能だ。しかも空港が都市の中心部から離れているのに対し、鉄道駅は都市のど真ん中に位置している。通勤客にしても、鉄道や地下鉄を使う方が効率的だ。道路の渋滞に巻き込まれることもなく、より速く確実に目的地に行ける。また、外の景色を楽しむには鉄道の旅がいちばんであり、シベリア横断鉄道など遠く離れた地域に行く唯一の交通手段となっている鉄道もある。

さらに、鉄道は鉱石など重たく、運送に急を要さない貨物を大量に運ぶのに非常に適している。重たい貨物を車で運ぶとなると、道路を傷めてしまいかねない。また、鉄道は長距離輸送でも他の手段と張り合える。何台もトラックを使えば運転手を何人も使い、夜間に休憩させる場合もあり、鉄道よりも高くつく。さらに、コンテナ輸送が開発され、荷の積み下ろしが格段に楽になった。

鉄道は戦後のどん底からみごとに復活を遂げた。栄光の日々は終わり、じきに帆船や駅馬車と同じ道を辿ると思われた時期もあったのだが、ほとんどの国で生き延びた。いくつかの面で競争力があり、道路輸送にも限界があったためだ。石油の供給が危ぶまれた時期も、鉄道は確実で比較的安価な輸送手段であった。

だが、鉄道は現状にあぐらをかいてはいない。たえず変化し、進化し、そして拡大を続けている。競争に対処するために走行速度を上げ、設備面を改善し、不必要な路線やサービスは切り捨ててきた。大きな進歩を遂げる可能性はまだ残っている。たとえば、外部信号の代わりに車

大気汚染比較
トラックは鉄道の
8倍
1994年アメリカの調査による

内信号をもっと広く採用することもその一例だ。車内信号の方が安全性も効率性も高く、線路により多くの列車を走らせることができるが、相当な投資をしなければならない。さらに特筆すべき重要な点は、現在もあちこちで新しい路線や復活した路線が次々に誕生していることだ。

　近い将来に数々の重要なプロジェクトが実現する。その多くは何十億、何百億ポンドを投じる大がかりなものだ。中国以外の国々のなかで、鉄道や地下鉄の開発に最も力を入れているのはおそらくサウジアラビアだろう。全長1500kmの南北鉄道〔貨物路線〕が完成すれば、北部のジャラミド（リン鉱石の産地）と中部のザビラ（ボーキサイトの産地）から鉱物をペルシア湾に面した東部のラスアズールに運搬して精錬し、輸出できる。

　また、サウジアラビアの東岸（ペルシア湾）と西岸（紅海）を結ぶ大がかりなランドブリッジ・プロジェクトも現在進行中で、これが完成するとペルシア湾からの貨物輸送に要する時間が大幅に短縮される。中部に位置する首都リヤドから西岸のジッダまでは新路線を建設し、リヤドから東岸のダンマームまでは在来線を改良することになっている。さらにダンマームから海岸線に沿って北のジュベイルまで、南北に走る130kmの線路も建設される予定だ。このプロジェクトが完成すれば、原料や製品を一方からはヨーロッパと北米へ、もう一方からは東アジアと南アジアへ輸出する便利なルートとなる。

　こうした大胆なプロジェクトだけでなく、サウジ政府は聖地メッカとメディナを結ぶ巡礼高速鉄道も建設中だ。ハッジ〔聖地巡礼〕のために集まる大勢の巡礼者を輸送するもので、ヒジャーズ鉄道を彷彿とさせる。このほか、リヤドにおける6路線の地下鉄建設、サウジとバーレーンを結ぶ鉄道橋の建設なども計画されている。

　サウジアラビアの鉄道建設プロジェクトはすべて砂漠を通り、辺鄙な地域も含まれている。砂漠に鉄道を建設する大変さは、本書で紹介した多くの大がかりなプロジェクトにも引けを取らない。世界最大の石油埋蔵量を誇るサウジアラビアが、自動車用ガソリンで得た富を使って鉄道開発に力を入れているのには驚かされる。

　世界全体を見渡してみると、近い将来に

サウジアラビアの首都リヤドの地下鉄建設予測コスト

230 億米ドル

鉄道の復興　　385

未来の構想
サウジアラビアで建設中の巡礼高速鉄道の終着駅（デジタル映写）。プラットホームを覆う屋根は布製だ。主要駅には大胆なデザインが採用されている。

　予定されている鉄道建設計画はじつに数が多い。ロシアはシベリア横断鉄道とバム鉄道の改良を計画し、アメリカに通じる路線も構想中である。この路線は大胆さといい、そしてコストといい、他のいかなるプロジェクトも圧倒するものとなるだろう。

　鉄道の復興が最も顕著に見られるのはアフリカかと思われる。アフリカ大陸では鉄道輸送の利点が十分に生かされてこなかったが、中国による投資のおかげで主要路線が数本復活し、現在建設中の路線もいくつかある。中央アフリカを横切る2800kmの路線計画も本格化する見込みだ。内陸部の国ルワンダの首都キガリとケニヤのモンバサ港を結ぶ路線で、建設には中国マネー138億米ドルが投じられる。ケニヤとウガンダでは植民地時代に作られた在来線を利用し、ウガンダの首都カンパラからキガリまでは新たに敷設する。ケニヤやウガンダの他の地域に通じるルートも構想に含まれている。

　西アフリカでは、鉱物資源の輸出を促進するための路線が建設中である。内陸部の国ニジェールの首都ニアメからブルキナファソの首都ワガドゥグーを経由し、象牙海岸と呼ばれたコートジボワールのアビジャンに通じる路線だ。また、ナイジェリアは国内の鉄道を再開・拡大し、最大の都市ラゴスの通勤サービスを

回復させる計画も立てている。南アフリカ共和国では2012年、ヨハネスブルグ、首都プレトリア、エクルレニ都市圏、O・R・タンボ国際空港を結ぶ全長80kmの高速輸送システムが新たに開通した。ケープからカイロまでを結ぶ路線は実現しないだろうが、アフリカはかつてよりも鉄道重視の方向に進んでいくだろう。

　鉄道の成長は全世界的な現象となっている。鉄道開発に関するウェブサイトrailway-technology.comは2013年秋、アジアで100路線以上、オーストラリアで33路線を含む世界の大がかりな鉄道プロジェクトを450件近くもリストアップした。先に述べたように、かつては鉄道への投資が停滞・衰退していた多くの国々で高速鉄道の建設が計画されている。高速鉄道は短距離航空の利用客を取り込めるものとして、より環境に優しく持続可能な移動手段として、新たな脚光を浴びつつある。都市間の移動時間を短縮できるだけではなく、他の手段よりはるかに楽しい旅ができる点も魅力だ。

　また、都市部の地下鉄開発も注目され、人気が衰える気配がない。2013年夏の時点で世界の地下鉄は、ブラジルのテレジーナからアルメニアのエレバンまで、少なくとも54ヵ国で188路線が存在している。最も驚かされるのはアラブ首長

失敗に終わったモノレール
シドニー・モノレールは25年間運行してきたが、利用客は少なく運賃は高く、2013年に廃線となり、ライトレールに道を譲った。

国連邦の最大の都市ドバイだろう。自動車が君臨しているこの都市では2009年に初の地下鉄路線が開通した。2本目もすでに開通して成功を収めており、現在さらに3路線の建設計画が立てられている。

さらに、ライトレールと呼ばれる都市鉄道も世界中で復活を遂げている。システムは刷新され、自動車中心のアメリカも含め、多くの都市で新たな路線が開通している。アメリカでは「公共交通指向型開発」（鉄道駅を中心とした都市開発）が人気を集めている。車を運転せず、楽に通勤できるからだ。

鉄道はさまざまな代替手段を打ち負かしてきた。輸送の改善に向けて、従来の鉄道とは異なる技術が試された時期もあった。モノレールもそのひとつで、数々の風変わりな計画が立てられた。最も顕著な例はマグレブ（磁気浮上式鉄道）だ。磁力を利用して列車を特殊なレールからわずかに浮かせ、さらに磁石の力で前進させる。この方法だと動きが非常になめらかで、従来の列車よりスピードもはるかに出せるうえに加速も減速も行いやすい。だが、何十年もかけて研究開発を行ってきたものの、現在ではわずか2本しか実際に運行していない。日本と中国だ。上海と空港を結ぶ中国のマグレブは時速430km、30kmをわずか7分20秒で走る。だが、従来の鉄道技術はすでに十分試されているのに対し、マグレブには開発コストや潜在的リスク（ドイツでは試験軌道で23名の死者を出す事故が起きた）の問題があるため、なかなか拡大できずにいる。数ヵ国で路線計画が立てられているものの、近い将来この技術が従来の鉄道に取って代わる可能性がないのは明らかだ。

輸送プランナー（と過去の未来学者）にとって、鉄道が21世紀まで生き延びたばかりか、新たなブームとなっているのはまったくの予想外だったにちがいない。石油の埋蔵量が減ってゆくにつれ、環境問題への関心が高まるにつれ、鉄道輸送はますます魅力を発揮しているように思われる。鉄道は便利で安全で速く、しかも乗客は移動中にモバイル機器やノートパソコンを使える。ハンドルを握っていたらこうはいかない。列車は今日のライフスタイルにより適したものとなりつつある。21世紀は第二の鉄道の時代となるだろう。

磁気浮上式鉄道（マグレブ）

「リニアモーターカー」には磁気浮上式鉄道（電磁誘導方式と電磁吸引方式の2種類）と鉄輪式がある。本コラムでは磁気浮上式鉄道のみを扱う。レールと車輪が接する従来の列車とは異なり、磁気浮上式鉄道は文字通り宙に浮かんでいる。強力な磁石を利用して列車を鋼鉄のレール（ガイドウェイ）から一定レベルで浮上させ、電磁力により列車を推進させる。摩擦がないため、磁気浮上式鉄道は静かで安定し、加速も減速もすばやく、列車もガイドウェイも消耗が少ない。だが、既存の鉄道設備を利用することはできないため、実用路線があるのは日本と中国だけである。磁気浮上式鉄道用のインフラは建設費がかさむが、完成すれば運営コストは低く、走行速度は非常に高い。磁気浮上式鉄道は鉄道輸送のなかで世界最高速度を誇っている。

超伝導リニア

超伝導リニアは日本で開発された高速の磁気浮上式鉄道の最新版で、U字型レールに電磁誘導方式（EDS）を採用して浮力と推進力を得るしくみである。試験走行では成功しているが、まだ商業運行には至っていない。

超伝導リニアは世界最速の旅客列車で、2003年の試験走行では時速581kmに達した（2015年には603kmを記録）。

列車はT字型の1本のレール上を走るため、脱線の可能性はほとんどない。

磁気浮上式のしくみ

現在、商業運行されているリニアモーターカーは電磁吸引方式（EMS）を採用している。列車内の磁石がレールを流れる電流によって浮上力・推進力を与えるしくみで、列車の速度はこの電流を調節することで決められる。列車とガイドウェイの間隔は電子センサが常に測定し、電磁石を制御している。

浮上

車両下部はT字型のガイドウェイを包みこむ形で、この部分に設置された強力な電磁石とレールに埋め込まれた浮上コイルとの磁力の吸引力によって浮上する。

車両側の案内用電磁石は（軌道と）8–12mmの間隔を保つ

車両側の浮上推進用電磁石

ガイドウェイ側の電磁コイル（ステータ）と車両側の浮上推進用電磁石の吸引力を利用して浮上する

推進

レール内の推進コイルの極性は絶えず変化し、車両側の電磁石との間に吸引力・反発力を生み出す。停車するには電流を制御する。

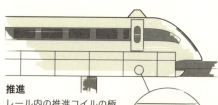

ガイドウェイの交流電流が車両を吸引し、次に反発することで推進力が得られる。

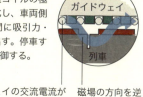

ガイドウェイ
列車

磁場の方向を逆にするとブレーキとなる。

トランスラピッド

磁気浮上式鉄道開発の先駆者であるドイツのトランスラピッド社は、1960年代から電磁吸引方式（EMS）技術に磨きをかけてきた。写真は試験軌道を走っているものだが、2004年に上海トランスラピッドとして中国で商業運行を開始した。空港と金融街を結ぶ30kmを時速400km、8分で走行する。

エンジンが不要なため車体は軽く、エネルギー効率が良い。浮上に必要なエネルギーは空調用以下である。

車両下部はC字型で、車体の浮上を助ける磁石が取りつけられている。

用語解説 Glossary

アトランティック Atlantic
車輪配置4-4-2の蒸気機関車。

アメリカン American
車輪配置4-4-0の蒸気機関車。

イエローストン Yellowstone
車輪配置2-8-8-4の蒸気機関車。

インターモーダル/複合一貫輸送 intermodal
貨物を複数の異なる輸送機関を使って輸送すること。

駅長 station master
駅を運営する責任者。

煙室 smoke box
蒸気機関の構成要素。火室で高温の燃焼ガスを発生させ、水を熱して蒸気を作ったのち、そのガスを集めて煙突から排出させる。

エンジン engine
機関車の動力源。蒸気、電気、ディーゼルがある。

煙突 chimney/ smokestack （米）
蒸気機関車の垂直状の排気用煙突。

解結 slip coach
途中駅で下車する乗客のために、特急列車から一部車両を切り離し駅で止める操作。特急はそのまま駅を通過できる。

カウキャッチャー cowcatcher
機関車の前面から突き出た金属フレーム。線路上の障害物を取り除く。

火室 firebox
蒸気機関内の、燃料を燃やして熱を生じさせる所。

火夫 fireman/stoker/boilerman
火室に石炭をくべる作業員。

貨物 freight/ goods
営利目的で輸送する原料や製品。

緩衝器 buffer
車両同士の衝撃を押さえる装置。

幹線 main line
主要都市間を結ぶ重要な路線。

カンテラ lantern
燃料を入れた持ち運びできるランプ。鉄道初期の時代には灯りとして、他の作業員への合図として使用された。

カント cant
垂直方向または対のレールに比して高度差があるレール。〔片勾配〕

軌間 gauge
左右レールの内面間の距離。

機関士室 cab
機関車の制御室。機関士が使用。

機関車 locomotive
線路上で列車を牽引または押すエンジン搭載の車両。

軌条車両 railroad car
乗客または貨物を輸送する有蓋車両。

急行/特急 express train
一部の駅を通過し、最終目的地により速く到着できる列車。

急勾配 bank

線路の急傾斜区間。上るには機関車をもう1台要する。

給水柱 water crane/ water column （米）
蒸気機関車の水タンクをすばやく補充できるよう、線路脇に設けられた設備。

狭軌間 narrow gauge
標準軌1435mmより狭い軌間。

切通し cutting
山の斜面を掘削して作った道。勾配を低く抑えられる。

空気ばね air cushion
現代のサスペンション（懸架装置）に用いられる空気の「スプリング」。

空気ブレーキ air brake
圧縮空気を利用したブレーキシステム。

車止め buffer stop/ bumper post
線路の終端に設置され、列車の過走を防ぐ装置。

牽引 traction
荷を引っ張る、引き寄せる行為。また、レールと車輪との間に生じる静止摩擦も指す。

広軌間 broad gauge
標準軌1435mmより広い軌間。

支線 branch line
本線から分岐した線。

車両基地 yard
複数の線路や側線があり、車両の保管、整備、荷の積み下ろしを行う場所。

車輪 wheel
列車用の典型的な車輪は、鋳造または鍛造した輪心に焼入鋼の「タイヤ」を取りつけてある。日本では輪心とタイヤが一体化したものがほとんど。

車輪配置 wheel arrangement
機関車の車輪の配置分類表記法。ホワイト式など。〔日本では車軸数で分類するため車軸配置と言う〕

ジャンクション junction
複数の路線が集中、分岐する所

ジュビリー Jubilee
車輪配置4-4-4の蒸気機関車

蒸気機関 steam engine
燃料を燃やして水を熱し、生じた蒸気を利用して機械を動かすエンジン。

乗務員車 caboose
乗務員が線路の状態を監視する車両。通常は列車の最後尾にある。

シリンダー cylinder
蒸気機関の心臓部。蒸気の膨張・凝縮による圧力〔差〕でピストンを動かす。

信号扱所 signal box/ interlocking tower （米）
信号とブロックを使い、列車を安全に、かつ時間通りに走らせる制御室。

寝台車 sleeper
乗客全員にベッドを提供できる列車。特に長距離の旅や車内で一泊する旅に使われる。

スイッチバック zigzag/ switchback

険しい勾配での線路の建設法。列車はジグザグに進んでいく。

線路 track
列車の走路となるレール、バラスト、留め具、路盤からなる設備。

操車場 marshalling yard
貨車への荷の積み下ろし、貨物列車の編成・入換を行う鉄道施設。

送風管 blastpipe
蒸気機関車の排気管。蒸気をシリンダーから煙突下の煙室に送り、火力を強めて牽引力を高める。

側線 siding
本線から分岐した路線。車両の留置などに用いる。

多層建て列車 through coach
特に長距離列車で、旅の途中で機関車を交換する列車。乗客は乗り換えしなくてすむ。

炭水車 tender
蒸気機関車を動かすのに必要な石炭と水を積載した車両。

地下鉄 underground/ subway （米）
特に大都市で地下を運行する鉄道。

築堤 embankment
窪地に盛土をし、勾配を低く抑える。

チャレンジャー Challenger
車輪配置4-6-6-4の蒸気機関車。

中継 interchange
貨車を他社路線へと入れ替える作業。

鉄道車両 rolling stock
鉄道会社が線路上で走らせる車両の総称。一般的には機関車や列車を指す。

転車台 turntable
鉄道車両を乗せて回転し、来た方向に戻っていけるようにする装置。今日ではほぼすたれた。

ナヴィ navvy
19世紀の鉄道の大多数を建設した、専門技術を有する肉体労働者。

粘着力 adhesion
列車の車輪とレールの間に働く摩擦力。

バークシャー Berkshire
車輪配置2-8-4の蒸気機関車。

パシフィック Pacific
車輪配置4-6-2の蒸気機関車。

ハドソン Hudson
車輪配置4-6-4の蒸気機関車。

バラスト ballast
砕石や砂利からなる道床。この上にレールを敷く。

パンタグラフ pantograph
架線に接続した金属アーム。電車に電気を供給する。

ハンドカー pump trolley／handcar （米）
屋根のない小型の鉄道車両。人力で動かす。手動ポンプを使う場合が多い。

ピストン piston
内燃機関の構成要素。液体または気体に押されて上下運動を行う。

標準軌 standard gauge
軌間1435mm。

複式機関車 compound locomotive
二組以上のシリンダーを使う蒸気機関車。2つめのシリンダーは最初のシリンダーから出される廃蒸気を利用する。

踏切 level crossing
線路と道路が同一平面上で交差する場所。

フランジ wheel flange
列車の車輪の構成要素。車輪の鍔がレールの内側にかかり、脱輪を防ぐ。

プレーリー Prairie
車輪配置2-6-2の蒸気機関車。

平面交差 level junction
複数の路線が同一平面上で交差し、他線を横切っている場所。

ボイラー boiler
蒸気機関車内部のシリンダー状容器。ここで蒸気を発生させ、機関車を動かす。

ポイント points/ railroad switch
列車が別の線路に進路を変えることができる場所。

ボールドウィン Baldwin
1825年から1971年まで操業していたアメリカの機関車メーカー。

ボギー bogie/truck （米）
車両の車台組立部。車輪、サスペンション、ブレーキを有する。

保線作業員 gandy dancer
線路のメンテナンスを行う作業員。

ホワイト式車輪配置 white notation
機関車を車輪の配置で分類する方法。先輪、動輪、後輪の順に表記（例0-2-2）。

ミカド Mikado
車輪配置2-8-2の蒸気機関車。

無蓋車 gondola
鉱石や石炭などの輸送に用いる無蓋の貨車。英国ではopen wagon と称されることもある。

モノレール monorail
1本の軌条に基づいた鉄道システム。高架路線で都市部に作られるものが多い。

有蓋車 van/ boxcar （米）
両側に引き戸のある平底貨車。

ユニット・トレイン unit train
一種類のみの荷を輸送する〔貨物〕列車。

ライトレール light rail
輸送力が小規模の鉄道。路面電車など都市部で使われることが多い。

旅客列車 passenger train
人の輸送を目的とする、客車のある列車。乗客は駅で乗り降りする。

ループ線 loop
山間部を通る線路が〔勾配緩和用に曲線を描き〕交差する形。

連結器 coupler/ coupling
車両同士をつなぐ装置。

連結棒 coupling rod
動軸から車輪へ力を伝える棒。

参考文献 *Bibliography*

鉄道に関する本はそれこそ何万冊とあるため、私が本書で引用した資料を中心に、ごく一部のみをここに掲載する。参考した文献は専門家向けに書かれた非常に細かい内容のものが多く、そのような文献は除外した。したがって、以下のリストは専門家用ではなく、本書を読んでもっと詳しく知ってみたいという一般読者に役立つ資料に絞られている。

もちろん、今まで自分が書いた鉄道に関する6冊もフル活用した。『Subterranean Railway』（2004年刊、2013年改訂）はロンドンの地下鉄について、『Fire and Steam』（2006年）は英国の鉄道についての本だ。『世界鉄道史——血と鉄と金の世界変革』（原書2008年、邦訳2012年／河出書房新社）では鉄道がいかに世界を変えたのかを示し、『鉄道と戦争の世界史』（原書2010年、邦訳2013年／中央公論新社）では戦時中における鉄道の重要性に焦点を当てた。『The Great Railway Revolution』（2012年）ではアメリカの鉄道を、『To the Edge of the World』（2013年）では世界最長のシベリア横断鉄道の歴史を扱った。

GENERAL

Erwin Berghaus, *The History of the Railways*, Barrie & Rockliffe, 1964

Anthony Burton, *Railway Empire*, John Murray, 1994

Anthony Burton, *On the Rails*, Aurum, 2004

Christopher Chant, *The World's Railways*, Grange, 2002

Basil Cooper, *A Century of Train*, Brian Trodd Publishing, 1988

Nicholas Faith, *Locomotion*, BBC Books, 1993

Nicholas Faith, *The World the Railways Made*, Bodley Head, 1990

Tim Fischer, *Trains Unlimited*, ABC Books, 2011

Geoffrey Freeman Allen, *Railways Past, Present and Future*, Orbis Publishing, 1982

Geoffrey Freeman Allen, *Railways of the Twentieth Century*, Winchmore, 1983

Geoffrey Freeman Allen, *Luxury Trains of the World*, Bison, 1979

Jim Harter, *World Railways of the Nineteenth Century: A Pictorial History in Victorian Engravings*, Johns Hopkins University Press, 2005

Clive Lamming, *Larousse des Trains et des Chemins de Fer*, Larousse, 2005

Bryan Morgan, ed, *Great Trains*, Crown Publishers, 1973

O.S. Nock, *World Atlas of Railways*, Mitchell Beazley, 1978

O.S. Nock, *Railways Then and Now: A World History*, Paul Elek Ltd, 1975

O.S. Nock, ed, *Encyclopaedia of Railways*, Book Club Associates, 1977

Martin Page, *The Lost Pleasures of the Great Trains*, Weidenfeld and Nicolson, 1975

Steve Parissien, *Station to Station*, Phaidon, 1997

P.J.G. Ransom, *Locomotion: Two Centuries of Train Travel*, Sutton Publishing, 2001

Michael Robbins, *The Railway Age*, Penguin, 1965

Wolfgang Schivelbusch, *Railway Journey: The Industrialization of Time and Space in the Nineteenth Century*, Berg, 1996

John Westwood, *Railways at War*, Osprey, 1980

John Westwood, *The Pictorial History of Railways*, Bison Books, 2008

EUROPE

H.C. Casserly, *Outline of Irish History*, David & Charles, 1974

Nicholas Faith, *The Right Line: the Politics, the Planning and the Against-the-odds Gamble Behind Britain's First High-speed Railway*, Segrave Foulkes, 2007

Peter Fleming, *The Fate of Admiral Kolchak*, Rupert Hart David, 1963 (reprinted 2001 by Birlinn)

Murray Hughes, *Rail 300*, David & Charles, 1988

P.M. Kalla-Bishop, *Italian Railroads*, Drake, 1972

P.M. Kalla-Bishop, *Mediterranean Island Railways*, David & Charles, 1970

Allan Mitchell, *The Great Train Race: Railways and Franco-German Rivalry*, Berghahn, 2000

O.S. Nock, *Railways of Western Europe*, A&C Black, 1977

Brian Perren, *TGV Handbook, Capital Transport*, 1998

Albert Schram, *Railways and the Formation of the Italian State in the Nineteenth Century*, Cambridge University Press, 1977

Christine Sutherland, *The Princess of Siberia*, Methuen, 1984

Various authors, *Histoire du Réseau Ferroviaire Français*, Editions de l'Ormet, 1996

Various authors, *ICE: High-Tech on Wheels*, Hestra-Verlag, 1991

Arthur J. Veenendaal, *Railways in the Netherlands: A Brief History, 1834–1994*,

Stanford University Press, 2001

THE AMERICAS

Dee Brown, *Hear That Lonesome Whistle Blow: Railroads in the West*, Touchstone, 1977

David Cruise and Alison Griffiths, *Lords of the Line: The Men Who Built the Canadian Pacific Railway*, Viking, 1988

Brian Fawcett, *Railways of the Andes*, Plateway Press, 1997

Sarah H. Gordon. *Passage to Union: How the Railroads Transformed American Life, 1829–1929*, Elephant Paperbacks, 1997

George W. Hilton and John F. Due, *The Electric Interurban Railways in America*, Stanford University Press, 1960

Stewart H. Holbrook, *The Story of American Railroads*, Bonanza Books, 1947

Theodore Kornweibel Jr, *Railroads in the African American Experience*, Johns Hopkins University Press, 2010

Oscar Lewis, *The Big Four*, Alfred A. Knopf, 1938

Albro Martin, *Railroads Triumphant*, Oxford University Press, 1992

Nick and Helma Mika, *The Railways of Canada: A Pictorial History*, McGraw-Hill Ryerson, 1972

O.S. Nock, *Railways of Canada*, A&C Black, 1973

Andrew Roden, *Great Western Railway: A History*, Aurum, 2010

David Rollinson, *Railways of the Caribbean*, Macmillan, 2001

D. Trevor Rowe, *The Railways of South America*, Locomotives International, 2000

John F. Stover, *American Railroads*, University of Chicago Press, 1961

Richard White, *The Transcontinentals and the Making of Modern America*, Norton, 2011

Oscar Zanetti and Alejandra García, *Sugar and Railroads: A Cuban History, 1837–1959*, University of North Carolina Press, 1998

ASIA

Ralph William Huenemann, *The Dragon and the Iron Horse: The Economics of Railroads in China, 1876–1937*, Harvard University Press, 1984

Robert Hardie, *The Burma Siam Railway*, Quadrant Books, 1984

Ian J. Kerr, Engines of Change: T*he Railways that Made India*, Praeger, 2007

Ian J. Kerr, *Building the Railways of the Raj, 1850–1900*, Oxford University Press, 1995

Abrahm Lustgarten, *China's Great Train: Beijing's Drive West and the Campaign to Remake Tibet*, Henry Holt, 2008

Deborah Manley, ed, *The Trans-Siberian Railway: A Traveller's Anthology*, Century Hutchinson, 1987

Steven G. Marks, *Road to Power: The Trans-Siberian Railroad and the Colonization of Asian Russia, 1850–1917*, Cornell University Press, 1991

James Nicholson, *The Hejaz Railway*, Stacey International, 2005

O.S. Nock, *Railways of Asia and the Far East*, A&C Black, 1978

Peter Semmens, *High Speed in Japan*, Platform 5, 2000

Roopa Srinivasan, Manish Tiwari, and Sandeep Silas, *Our Indian Railway*, Foundation Books, 2006

Shoji Sumita *Success Story, the privatisation of Japanese National Railways*, Profile Books, 2000

John Tickner, Gordon Edgar, and Adrian Freeman, *China: The World's Last Steam Railway*, Artists' and Photographers' Press, 2008

Harmon Tupper, *To the Great Ocean*, Secker & Warburg, 1965

K.R. Vaidyanathan, *150 Glorious Years of Indian Railways*, English Edition Publishers, 2003

Christopher J. Ward, *Brezhnev's Folly: The Building of the BAM and Late Soviet Socialism*, University of Pittsburgh Press, 2009

Various authors, *Guide to the Great Siberian Railway*, 1900, David & Charles reprints, 1971

AFRICA

John Day, *Railways of South Africa*, Arthur Barker, 1963

M.F. Hill, *The Permanent Way: The Story of the Tanganyika Railways*, East African Railways and Harbours, 1958

George Tabor, *Cape to Cairo*, Genta, 2003

AUSTRALASIA

Neill Atkinson, *Trainland*, Random House, 2007

Tim Fischer, *Transcontinental Train Journey*, Allen & Unwin, 2004

C.C. Singleton and David Burke, *Railways of Australia*, Angus & Robertson, 1963

Patsy Adam Smith, *The Desert Railway*, Rigby 1974

Patsy Adam Smith, *Romance of Australian Railways*, Rigby, 1973

索引 *Index*

あ行

アーチ橋	169
アーマー鉄道事故	43,139
ICE（高速鉄道、独）	370
『逢いびき』（映画）	157
『明日に向かって撃て』（映画）	345
アッチソン・トピカ・アンド・サンタフェ鉄道（米）	125
アトランティック号（SL、米）	40,163
アプト式鉄道	40,105,109
アムール鉄道（露）	185–86, 189, 330
アムトラック（全米鉄道旅客公社）	342
『アラビアのロレンス』（映画）	292–93
アルストム社	370
アルプス越え	102–07
アルプトランジット計画	107
イリノイ・セントラル鉄道（米）	167
インクライン	204
インターアーバン（都市間電気鉄道）	341–42
インドの鉄道	76–81
ウエスタン・アンド・アトランティック鉄道（米）	63–64
ウエスタン・メリーランド鉄道（米）	276
ウエスト・コースト・メイン鉄道（英）	29
ヴェルサイユ鉄道事故	43,139
ウェルシュ・ハイランド鉄道（英）	343
ヴッパータール空中鉄道（独）	72, 75
腕木式信号機	66–67
英国国有鉄道	29,140,143
英仏海峡トンネル	329,348–55
駅舎	154–59
『駅に入ってくる列車』（映画）	157

エジンバラ・アンド・グラスゴー鉄道（英）	225
エリー鉄道（米）	34, 56, 88, 150, 166–67, 241
オーストリア南部鉄道（豪）	165
オープンプラン	148–50, 173
『お熱いのがお好き』（映画）	173
追いつけるものなら追いついてごらん号（SL、英）	20
オランダ鉄道会社（HSM）	45
オリエント急行	177, 179, 190–97, 304
アールベルク・──	197
シンプロン・──	196–97
ダイレクト・──	197

か行

開削工法	131–32
海上急行	179,209,211
カウキャッチャー	34
カシミール鉄道（印）	255,257
架線方式	224, 226–67, 229
カナディアン・パシフィック鉄道（加）	125–27, 129
カムデン・アンド・アンボイ鉄道（米）	34
貨物輸送	212–13, 260–65, 297–99, 339,384
カルカ゠シムラ鉄道（印）	253–55, 257
カレドニアン鉄道（英）	305
カレンバーネン（木製レール、独）	14
緩急車	145,212
カングラ・バレー鉄道（印）	255
カンザス・ストリームライナー（米）	316
カンチレバー橋	169
カンバーランド・バレー鉄道（米）	41,170
『キートン将軍』（映画）	64–65
ギアードロコ（歯車式蒸気機関車）	41
議会列車	340
軌間（ゲージ）	16, 91, 296–99
国別──	91

機関士室	38, 40, 212
喫煙室	191
急行列車	166, 177, 189–97, 210–11, 220, 286, 294–95, 304–17, 368
キューバの鉄道	92–99
狭軌	34, 55, 61, 95, 216, 225, 249, 253, 270–75, 296–99, 343–45, 357, 364, 368
行商人	149–50
魚腹トラス	188
キルマーノック・アンド・トルーン鉄道（英）	23
空気ブレーキ	144–45, 285
クエーカー教徒	24
クズネツォフスキー・トンネル（露）	337
グランド・アライズ（英）	16
グランド・ジャンクション鉄道（英）	164
グランド・トランス・パシフィック／ナショナル・トランスコンチネンタル鉄道（加）	127
クリミア戦争	60, 95
グレート・ウエスタン鉄道（英）	68, 87, 162, 307
グレート・ノーザン鉄道（英）	243–45, 305
グレート・ノーザン鉄道（米）	124,318
軍事輸送	60–65, 270–75, 279–85, 320–27
軽便鉄道	270,273
ゲージ→軌間	
ケープ軌道	216, 218–19
桁橋	169
広軌	66,189,296,297
鋼索鉄道（ケーブルカー）	204–05
高速鉄道	353, 364–71
英国の──	371
韓国の──	370
サウジアラビアの──	384
スペインの──	370
台湾の──	370
中国の──	370, 377–79
ドイツの──	370
日本の──	364–69
フランスの──	367, 369–71
コージー・アーチ（英）	16, 19

ゴールド・ラッシュ　110-19, 198
国際鉄道　106,165
国際列車　165, 177, 179, 190-97, 304
ゴッタルド・トンネル（スイス）　106-07
ゴッタルド・ベーストンネル(スイス)　359-60
ゴッタルド鉄道（スイス）　55
コンウェイ・シーニック鉄道（米）　318
コンパートメント　38, 43, 146, 148, 173, 191-92

さ行

ザ・ガン鉄道（豪）　298
サイクロペッド号（英）　28
サウス・イースタン鉄道（英）　244
サウス・デヴォン鉄道（英）　69-70
サクラメント・バレー鉄道（米）　120
サザン・パシフィック鉄道（米）　124, 319
サッチャー・パーキンス号（SL、米）　41
サン・パリール号（SL、英）　28
山岳鉄道　80, 102-07, 117, 122, 127, 199-201, 204, 228, 248-57
サンキー・ブルック高架橋（英）　27
産業革命　8-9, 14-15, 40, 130
ザンベジ橋梁（ジンバブエ／ザンビア）　221
山陽新幹線　368
シカゴ・アンド・アルトン鉄道（米）　171,173,177
シカゴ・オーロラ・アンド・エルジン鉄道（米）　342
シカゴ・バーリントン・アンド・クインシー鉄道（米）　315-16
磁気浮上式鉄道（マグレブ）　387-88
シティ・アンド・サウス・ロンドン鉄道（英）　136,227
シティ・オブ・サライナ（米）　316
シティ・オブ・トルーロー号

（SL、英）　307
シティ・オブ・ポートランド号（米）　316
シベリア横断鉄道（露）89,146, 155, 179-89, 330, 336, 385
シベリア横断道路（露）　181
車掌　141, 148-50, 171, 212, 232-33, 243-45
車内販売　150
シャモニー・モンタンヴェール鉄道（スイス）　107
車輪のしくみ　59
車輪の発明　13-14
シャワールーム　192
上海・呉淞鉄道（中国）　372
重力式鉄道　17
蒸気機関車のしくみ　30-31
蒸気機関の開発　17, 20, 30-31
蒸気自動車　16, 20-21
食堂車　146, 151, 157, 176-77, 192, 195, 266, 277
植民地の鉄道　76-83, 92-99, 179, 214-23, 248-57, 264, 299, 302, 385
ジョン・ハンコック号（SL、米）　40
ジョン・ブル号（SL、米）　34
新幹線　295, 364-69
真空ブレーキ　145
信号　66, 67, 152-5, 382-84
信号扱所　153
寝台車　101, 170-77, 190-97, 266, 276-77, 279, 316
――の開発　170
シンプロン・トンネル（スイス）　106,358
スイス北東鉄道会社（スイス）　55
スイス連邦鉄道（SBB-CFF-FFS）　213,358
スイッチバック　80,103,204
スウェーデン王立鉄道　241
スウォンジー・アンド・マンブルズ鉄道（英）　17
スチーム・トロリー　21
ストックトン・アンド・ダーリントン鉄道（英）　17, 21-22, 24-25, 71
ストライキ　237
青海チベット鉄道（青蔵鉄道、

中国）　329, 372, 375-77
青函トンネル　107
石炭（燃料）　15, 30-1, 282, 286, 290, 316, 317, 358, 372
石炭輸送 14-16, 23-24, 39-42, 77, 212, 279, 286, 290
セベロムイスキー・トンネル（露）　334,336
ゼメリング鉄道（墺）　102-05, 165
『戦場にかける橋』（映画）　325
セントラル・パシフィック鉄道（米）　121-22, 128, 166
線路のしくみ　90

た行

ダージリン・ヒマラヤ鉄道（印）　248-50, 252
ターンパイク（有料道路、英）　33
第一次世界大戦　190, 221, 228, 259, 260, 270-75, 278-79, 292-93, 314
第二次世界大戦　141, 158, 196, 286-99, 301-04, 316-17, 320-27, 341-42
大気圧鉄道　68-70
大気エンジン　17
第三軌条方式　225-26, 229
台車　30, 28-59, 212, 270, 318
泰緬鉄道（タイ、ミャンマー）　320, 322-25
待避線　25, 152, 267, 321
大陸横断鉄道
―― （米）　39, 88, 117, 120-29, 180, 183
―― （豪）　299-300
―― （加）　125,180,183
―― （アフリカ）　179, 214-23
蛇行動　59
タフ・ヴェイル鉄道（英）　237
タリスリン鉄道（英）　343
タンフィールド・ワゴンウェイ（英）　16
チェサピーク・アンド・オハイオ鉄道（米）　167
チェザント鉄道（英）　71
地下鉄　71, 101, 130-37, 141, 153, 227, 229, 378, 384-87

チャールストン・アンド・ハン
バーグ鉄道（米）　36,162
チャット・モス湿地帯　26-27
鋳鉄製レール　23, 90
超伝導リニア　388
沈埋トンネル　354
通票（トークン）　66
吊橋　169
TGV（高速鉄道、仏）　16,
　369-71
ディーゼルエンジン　312,314
ディーゼル機関車の開発　312-19
テイ橋　140-41
定置式蒸気機関　21, 23
手信号　66
鉄製レールの開発　16
鉄道会社の規則　233,235
鉄道橋　168-69
鉄道警察　233-36
鉄道建設作業員　84-89, 112-17,
　122, 127, 132, 184-85, 289-91,
　331-36, 376
鉄道建設への反対　24, 26, 42, 78
鉄道事故　13, 29, 43, 138-43,
　168, 378
鉄道小説　157
鉄道職員　232-39
鉄道男爵　163, 166-67, 241-42
鉄道手形交換所　54,164
鉄道と産業　263-65
鉄道の開業
　――（米）　32
　――（伊）　46
　――（印）　76-77
　――（英）　22-29
　――（エジプト）　218
　――（豪）　296
　――（墺）　46
　――（蘭）　45
　――（オスマン帝国）288-92
　――（キューバ）　93
　――（スウェーデン）　241
　――（西）　29,93
　――（中国）　261
　――（独）　44
　――（日）　364
　――（ニュージーランド）　302
　――（仏）　42
　――（ベルギー）　43-44
　――（露）　46

鉄道ブーム　32, 52-57, 92, 94
鉄道網の拡大　162-67
鉄道輸送　278-87
鉄道旅行　146-50
デュランゴ・アンド・シルバー
トン鉄道（米）　345
デルモニコ号（食堂車、米）176
電化　224-29,358
電気機関車の開発　224-25
電気式ディーゼル機関車の登
場　230
電車の開発　225
電信システム　160
デンバー・アンド・リオグラン
デ鉄道（米）　345
ドイツ鉄道（ドイツ国鉄）
　145,231,295
トイレ　38, 146, 148-49, 151,
　192, 276, 321, 368
東海道新幹線　365,368
投機　240-45
東清鉄道　189
唐宵鉄道　374
東北新幹線　368
登山鉄道　107-08
都市間電気鉄道→インターアー
バン
図書室　191
特急列車　279-82, 295, 308,
　314, 362
トム・サム（親指トム）（SL、
米）　35-36, 38
トランスラピッド　389
トロッコ　14-16
トンネル掘削機　350, 354-55

な行

ナイアガラ渓谷鉄道（米）120
ナイツ・キー高架橋（米）210
南北戦争　39, 60-65, 121
ニコライ2世　186
西ガーツ鉄道（印）　78
日本貨物鉄道　231
日本国有鉄道　365,368
ニューカッスル・ロード（英）15
ニューキャッスル・アンド・ダー
リントン・ジャンクション鉄道
（英）　164
ニューマーケット・アンド・チェ

スターフォード鉄道（英）340
ニューヨーク・アンド・エリー
鉄道（米）　170
ニューヨーク・セントラル鉄道
（米）　170,228,308
ニルギリ山岳鉄道（印）253-54
粘着式鉄道　108
ノーザン・パシフィック鉄道
（米）　124
ノース・イースタン鉄道（英）
　230,237
ノース・ウエスタン鉄道（英）
　305-06
ノース・ブリティッシュ鉄道
（英）　305
ノース・ミッドランド鉄道
（英）　164
ノーフォーク・アンド・ウエス
タン鉄道（米）　144,276,295
ノーフォーク・サザン鉄道
（米）　319
ノベルティ号（SL、英）　28

は行

パーシビアランス号（SL、英）28
バーミンガム・アンド・ダービー・
ジャンクション鉄道（英）　164
パイオニア・ゼファー号（米）
　315,316
パイオニア号（寝台車、米）
　172,173
買収　163-67
はしけ　82
パシフィック号（SL、英）308
馬車　14
馬車軌道→ワゴンウェイ
パナマ鉄道　110-19
ババリア号（SL、澳）　104
パフィング・デビル号（SL、英）
　30
バム鉄道（露）189,330-37,385
パリ・リヨン・地中海鉄道165
バルーン鉄道（墺）　72
東インド鉄道会社（印）　78
ヒジャーズ鉄道（オスマン帝
国）　259, 288-93
標準軌　16, 25, 48, 91, 191, 297,
　299, 302
フィラデルフィア・アンド・コ

ロンビア鉄道（米）　34
フェスティニオグ鉄道（英）　345
フェルトバーン（独）　270
フォース橋（英）　168-69, 306
フランジ（鍔）　15, 58
フランス国有鉄道（SNCF）
　　55, 57, 231
フリーゲンダー・ハンブルガー
号（DL、独）　312-14
ブリュッヘル号（SL、英）　23
プリンセス・コロネーション号
（SL、英）　308
ブレーキ戦争　145
ブレーキのしくみ　144, 145
フレジュス・トンネル（スイス）
　　106
フロリダ東海岸鉄道（米）206-11
閉塞　66
ベスト・フレンド・オブ・チャー
ルストン（SL、英）　37
ペレ・マルケット鉄道（米）167
ペンシルベニア・スペシャル
（米）　308, 314
ペンシルベニア鉄道（米）　63,
　　166, 308, 314, 229-30, 308
ポイント（分岐器）　152-53
ボール信号　66-67
ボギー台車のしくみ　58
北陸新幹線　295
ボストン・アンド・ローウェル
鉄道（米）　149
墓石テクノロジー　139-40
保存鉄道　343, 345
ボルク電気鉄道（英）　225
ボルティモア・アンド・オハイオ
鉄道（米）32, 35, 37-38, 40-41,
　　120, 162-63, 212, 228, 277
ホロコースト（大量虐殺）320-24
ホワイト・パス・アンド・ユー
コン鉄道（米）　346
ボンバルディア社　213
ボンベイ・ターネー鉄道（印）77

ま行

マッターホルン・ゴッタルド鉄
道（スイス）　359
マテラン登山鉄道（印）　255
マラード号（SL、英）
　　259, 294, 308, 311

マンチェスター・アンド・バー
ミンガム鉄道（英）　164
ミッドランド・カウンティーズ
鉄道（英）　164
ミッドランド鉄道（英）54, 164
ミトロパ社（独）　196
無蓋貨車　146
メトロポリタン・ディストリク
ト鉄道（英）　132, 135
メトロポリタン鉄道（英）101,
　　131, 134-35, 227
メムノン号（SL、米）　40
メリーランド・アンド・ペンシ
ルバニア鉄道（米）　318
木製レール　14, 16-17, 21
モノレール　71-72, 386

や行

野戦鉄道　270-75
郵便　77, 105, 111-12, 117, 146,
　　252, 286
ユーロスター（国際列車、英・
仏・ベルギー）　352-53
ユニオン・パシフィック鉄道
（米）　122, 166-67, 212, 316
ユングフラウ鉄道（スイス）358
ヨーロッパの主要路線（地図）50
四軌条方式　229

ら・わ行

ライトナーゲル・フント（トロッ
コ、独）　14
ライトレール　387
ラック・アンド・ピニオン方
式　70, 108-09, 253-54, 357
ランドヴァッサー高架橋（スイ
ス）　362
リートニア号（SL、米）　41
リヴァプール・アンド・マンチェ
スター鉄道（英）　13-14, 22,
　　25-29, 52, 71, 146
リッゲンバッハ式（ラック・ア
ンド・ピニオン式）　108
リッチモンド・ユニオン旅客鉄
道（米）　227
リニアモーターカー　388-89
流線型列車　294-95
ルイビル・アンド・ナッシュビ

ル鉄道（米）　342
ループ線　204
ルーレット（仏）　17, 21
ルガーノ軌道線（スイス）227
レインヒル・トライアル　28
列車衝突事故 139-43, 279-82,
　　378
列車脱線事故　140
列車爆破工作　141
レッチュベルク・ベーストンネ
ル（スイス）　107, 360
連結装置　147
労働組合　237-38
労働災害　236-38
ロード・キャリッジ（SL、英）20
ロケット・オブ・チャイナ号
（中）　374
ロケット号（SL、英）　28, 30
ロコモーション1号（SL、英）
　　24-25
路線図　136
ロバート・スティーブンソン・
アンド・カンパニー　25, 29
ロッヒャー式　108
路面電車　226-28
ロング・キー高架橋（米）210
ロンドン・アンド・サウサンプ
トン鉄道　162
ロンドン・アンド・サウス・ウ
エスタン鉄道（英）　233, 307
ロンドン・アンド・ノース・イー
スタン鉄道（英）　294, 308
ロンドン・アンド・ノース・ウ
エスタン鉄道（英）　164-65,
　　243, 305
ロンドン・アンド・バーミンガム
鉄道（英）　29, 85-86, 162, 164
ロンドン・ミッドランド・スコ
ティッシュ鉄道（英）　308
ロンドン地下鉄（英）　70,
130-137, 141, 229
ロンドン地下電気鉄道（UERL）
　　136
ワゴンウェイ　14-16, 24-25
ワシントン山コグ鉄道（米）108
ワルシャワ・ウィーン鉄道　60

❖人名索引

アブデュルハミト2世 288,291
アルキメデス 17
アレクサンドリアのヘロン 17,30
アレクサンドル3世 182,184
アレン、ラルフ 17
ヴィッテ、セルゲイ 182,183,185
ウェリントン公爵 29
ウォーカー、ハーバート 229
ウッド、ラルフ 16
エイブラハム、リンカーン 121
エヴァン、オーウェン 30
エッシャー、アルフレッド 55,165
エッフェル、ギュスターヴ 158
エンゲルト、ウィルヘルム・フ
ライヘル・フォン 104
ガンジー、マハトマ 78,81
キッチナー、ハーバート 218,219
キャロル、チャールズ 32
キュニョー、ニコラ 20,21
クーパー、ピーター 35,304
クック、トーマス 356
クラウタール、フリードリヒス・ツー
16
クリスティ、アガサ 190,196
ゲーガ、カール・フォン 102
ゲルシュトナー、フランツ・ア
ントン・フォン 46
江沢民 376
ゴルバチョフ、ミハイル 336
ゴンクール、エドモン・ド 42
サッチャー、マーガレット 349
サドラー、ジョン 241
ジーメンス、ヴェルナー・フォン
225
シェイ、エフレイム 41
ジェソップ、ウィリアム 59
ジェファーソン、トーマス 34
シャーマン、ウィリアム 64
シャペロン、アンドレ 308
ジュダ、テオドール 120-21
ジョセフ 24
スウィンバーン、ヘンリー 356
スガン、マルク 42,43
スターリン 331,333
スタンリー、H. M. 215
スタンレー、アルバート 136
スティーブンス、ジョン 32-34
スティーブンソン、ジョージ

21-24, 26-30, 43, 44, 162, 304
スティーブンソン、ロバート
24-25, 28-29, 43, 154, 162, 356
スノーデン、W. F. 70
十河信二 365
ダルハウジー卿 77,78
チェンバレン、ジョセフ 220
ディーゼル、ルドルフ 312
ディケンズ、チャールズ 138,149
デイビッドソン、ロバート 224
トッテン、ジョージ 112, 115-17
ドリップス・アイザック 34
トレヴィシック、リチャード
20-21, 30, 198
ナゲルマケールス・ジョルジュ
190-92
ニコライ1世 46,60
ニコライ2世 182
ニューコメン、トーマス 20
バークレー、ジェームズ 80
ハードウィック、フィリップ 154
パーマー、ロビンソン・ヘン
リー 71
ハウプト、ハーマン 63
ハスキッソン、ウィリアム 13,29
ハックワース、ティモシー 24,28
ハドソン、ジョージ 54,164,240
パパン、ドニ 17,20
ハリマン、エドワード 166,167
バルデラウアー、ハー 73
ピアソン、チャールズ 130,131
ピーズ、エドワード 24
ビーチング、リチャード 342
ビスマルク、オットー・フォン
105,241
ピック、フランク 136
ヒル、J. ジェイムズ 124,125
ヒルシュ、モーリス・フォン 243
フイシュ、マーク 164
プーチン、ウラジーミル 336
フェルディナント1世 60
フェルディナンド2世 46
フォックス、チャールズ 153
フラグラー、ヘンリー 179,
206-11
ブルネル、キングダム・イザム
バード 68-70, 154, 162
プルマン、ジョージ 101,170-77
ブレジネフ、レオニード 333,
336-37

ブレンキンソップ、ジョン 108
ベック、ハリー 136
ホイールライト、ウィリアム 198
ポーリング、ジョージ 215-17,
220, 222
ボールトン、マシュー 20
ホーン、ウィリアム・コーネリ
アス・ヴァン 125,127
ポリャコフ、サミュエル 242
マーシャル、アルフレッド 263
ミッテラン、フランソワ 349
メイグス、ヘンリー 198-203,
240
毛沢東 374
モーガン、J.P. 166
ヤーキス、チャールズ 136
ヨハン大公 102
ラスキン、ジョン 155
リスト、フリードリッヒ 44
リッゲンバッハ、ニクラウス 357
リンカーン、エイブラハム 61,
63-64
ルイ14世 17
ルイ18世 42
ルーズベルト、セオドア 240
レオポルド1世 43
レッドパス、レオポルド 243-44
ローズ、セシル 214-22
ロックフェラー、ジョン・D. 206
ロレンス、T.E. 259, 288,
292-93
ワイアット、マシュー・ディグ
ビー 154
ワグナー、ウェブスター 171
ワット、ジェームズ 20

謝辞 *Acknowledgments*

本書を書くにあたり、何章分かはニコラス・フェイスの著作『鉄道が作った世界』から構想やヒントを得た。また、スイスの鉄道に関しては、スイス鉄道協会のマルコム・バルピットの文章を参考にした。お二人に感謝申し上げる。

また、本書のために写真の掲載を快諾してくださった下記の方々にも御礼申し上げる。

(Key: a-above; b-below/bottom; c-centre; f-far; l-left; r-right; t-top)

2 Matthew Malkiewicz: losttracksoftime.com. 5 Matthew Malkiewicz: losttracksoftime.com. 11 Science & Society Picture Library: NRM / Pictorial Collection. 15 Getty Images: Lonely Planet Images. 18-19 Science & Society Picture Library: Science Museum. 20-21 Science & Society Picture Library: Science Museum. 22 The Bridgeman Art Library: Institute of Mechanical Engineers, London, UK. 23 DK Images: Courtesy of the National Railway Museum, York. 25 Science & Society Picture Library: NRM. 26-27 Science & Society Picture Library: NRM / Pictorial Collection. 28 Science & Society Picture Library: Science Museum. 30-31 Science & Society Picture Library: NRM. 32 Smithsonian Institution Archives: NPG.75.13. 35 DK Images: Courtesy of Railroad Museum of Pennsylvania. 36 Corbis: Bettmann. 37-38 DK Images: Courtesy of B&O Railroad Museum. 40 DK Images: Courtesy of B&O Railroad Museum (cl, cr, bl). 41 DK Images: Courtesy of B&O Railroad Museum (tl). 41 DK Images: Courtesy of Railroad Museum of Pennsylvania (tr, cl, cr). 40-41b DK Images: Courtesy of B&O Railroad Museum. 42 Getty Images: Culture Club. 45 Topfoto: ullsteinbild. 47 Alamy: The Art Archive. 48 Getty Images. 53 Corbis: Michael Nicholson. 54 The Bridgeman Art Library: Sunderland Museums & Winter Garden Collection, Tyne & Wear, UK. 57 Science & Society Picture Library: NRM / Cuneo Fine Arts (Artist copyright Estate of Terence Cuneo / The Bridgeman Art Library). 58 Traditionsbetriebswerk Stassfurt: (bl). 58-59 Getty Images: Fox Photos. 66-67 Corbis: Horace Bristol. 61 AF Eisenbahn Archiv. 62 Library of Congress, Washington, D.C.. 65 The Kobal Collection: United Artists. 66 Raggan Datta: (bc). 68 DK Images: Courtesy of Didcot Railway Centre. 72-73 Science & Society Picture Library: NRM / Pictorial Collection. 74-75 akg-images. 77 Getty Images: Hulton Archive. 79 Science & Society Picture Library: Science Museum. 80 Getty Images: Hulton Archive. 82 Getty Images: The British Library / Robana (bl). 85 Science & Society Picture Library: NRM. 86 Science & Society Picture Library: Science Museum. 89 Getty Images: Sovfoto / UIG. 90-91 Science & Society Picture Library: NRM. 92 Mary Evans: Iberfoto. 93 Fotolia.com: cityanimal. 96-97 Getty Images: The British Library / Robana. 98 Alamy: 19th era. 99 AF Eisenbahn Archiv. 102 AF Eisenbahn Archiv. 104 Alamy: imagebroker. 107 Corbis: Swim Ink 2, LLC. 108-109 Getty Images: Roy Stevens / Time & Life Pictures. 110 Topfoto: The Granger Collection. 113 William L. Clements Library, University of Michigan. 115 California State Library. 116 Mary Evans: Everett Collection. 118-119 Corbis: Michael Maslan Historic Photographs. 120 California State Library. 123 Corbis: Bettmann. 124 Corbis: James L. Amos. 126 Canadian Pacific Railway. 128 The Bridgeman Art Library: Private Collection / Peter Newark American Pictures (tl). 132-133 Science & Society Picture Library: Science Museum. 134 Getty Images: Hulton Archive (b). 137 Getty Images: Keystone / Hulton Archive (tr). 139 National Museums Northern Ireland: Collection Armagh County Museum (b). 140 Getty Images: Jimin Lai / AFP (b). 142 Luped.com: Roland Smithies (t). 144 DK Images: Courtesy of Railroad Museum of Pennsylvania (bl). 144-145 akg-images: North Wind Picture Archives. 147 Luped.com: Roland Smithies. 148 SuperStock: Christie's Images Ltd. 150 DK Images: Courtesy of B&O Railroad Museum. 151 Getty Images: MPI. 152 Corbis: Underwood & Underwood (br). 152 Getty Images: Digital Vision (bl). 153 Science & Society Picture Library: NRM / Cuneo Fine Arts (bl). 156 Getty Images: Popperfoto. 159 Getty Images: Hal Morey. 160 Science & Society Picture Library: Science Museum (c). 161 DK Images: Courtesy of Railroad Museum of Pennsylvania (t). 161 Getty Images: Fox Photos (b). 163 Corbis: Underwood & Underwood. 165 AF Eisenbahn Archiv. 165 Getty Images: Fotosearch. 166 Library of Congress, Washington, D.C. 168 Alexander Turnbull Library, Wellington, New Zealand: EP-Accidents-Rail-Tangiwai rail disaster-01 (bl). 168-169 Science & Society Picture Library: NRM. 170 Getty Images: Chicago History Museum. 172 Corbis: Bettmann. 174-175 AF Eisenbahn Archiv. 177 Getty Images: MPI. 181 The Bridgeman Art Library: Regional Art Museum, Irkutsk. 183 AF Eisenbahn Archiv. 184 Getty Images: Sovfoto / UIG. 187 Getty Images: De Agostini / E. Ganzerla. 188 Corbis: Hulton-Deutsch Collection (bl). 190 Mary Evans: Epic. 192 Getty Images: Culture Club. 193 The Art Archive: Kharbine-Tapabor / Collection IM. 194-195 Corbis: Katie

Garrod / JAI. **196** akg-images. **198 South American Pictures**. **201 Topfoto:** Alinari. **202 Wikimedia:** Ernesto Linares. **204 Alamy:** Prisma Bildagentur AG (bl). **205 Getty Images:** Andrey Rudakov / Bloomberg (cl). **204-205 Marcelo Meneses / Ecuador Adventure:** (b). **208 AF Eisenbahn Archiv**. **210-211 The Art Archive:** Culver Pictures. **212 Alamy:** imagebroker (cla). **212 DK Images:** Courtesy of B&O Railroad Museum (b). **213 Alamy:** Gerry White (cla). **213 Alamy:** David Davies (br). **213 DK Images:** Courtesy of Virginia Museum of Transport (tl, cra). **212-213c DK Images:** Courtesy of B&O Railroad Museum. **214 Topfoto:** The Granger Collection. **215 Fotolia.com:** Popova Olga. **216 Mary Evans Picture Library**. **219 The Art Archive:** Eileen Tweedy. **221 Corbis:** Ocean. **222 Mary Evans:** Illustrated London News Ltd (bl). **224-225 Getty Images:** General Photographic Agency. **226 Science & Society Picture Library:** Science Museum. **228 Topfoto:** The Granger Collection. **230 DK Images:** Courtesy of Railroad Museum of Pennsylvania (cl). **230 DK Images:** Courtesy of Ribble Stram Railway (cra). **230 DK Images:** Courtesy of the National Railway Museum, York (cla). **231 Alamy:** pf (tr). **231 DK Images:** Courtesy of Railroad Museum of Pennsylvania (cl). **231 DK Images:** Courtesy of the Musee de Chemin de Fer, Mulhouse (tl). **231 Getty Images:** Tomohiro Ohsumi / Bloomberg (cr). **230-231b DK Images:** Courtesy of Railroad Museum of Pennsylvania. **233 Corbis:** S W A Newton / English Heritage / Arcaid. **234-235 The Bridgeman Art Library:** Hagley Museum & Library, Wilmington, Delaware, USA. **236 Bonhams**. **238 Science & Society Picture Library:** NRM / Pictorial Collection. **241 Topfoto**. **242 Corbis:** Bettmann. **246-247 Getty Images:** Stock Montage. **249 Getty Images:** Hulton Archive. **250-251 AF Eisenbahn Archiv**. **254 AF Eisenbahn Archiv**. **252-253 DK Images:** Courtesy of Adrian Shooter. **256 Mary Evans Picture Library**. **261 Mary Evans:** Grenville Collins Postcard Collection. **262 Topfoto:** The Granger Collection. **265 Corbis:** Scheufler Collection. **266 Corbis**. **268-269 Getty Images:** Fox Photos. **271 Alamy:** The Print Collector. **272 Topfoto**. **275 The Bridgeman Art Library:** Galerie Bilderwelt. **276 DK Images:** Courtesy of Virginia Museum of Transportation (b). **276 DK Images:** Courtesy of Railroad Museum of Pennsylvania (tr). **276 DK Images:** Courtesy of Railroad Museum of Pennsylvania (ca). **277 DK Images:** Courtesy of B&O Railroad Museum (t, c, b). **276-277 DK Images:** Courtesy of Virginia Museum of Transportation (c). **278-279 Getty Images:** Neurdein / Roger Viollet. **280-281 AF Eisenbahn Archiv**. **284 REX Features:** Sipa Press. **288 Getty Images:** Hulton Archive. **291 Corbis:** Col. F. R. Maunsell / National Geographic Society. **293 Corbis:** John Springer Collection. **294 DK Images:** Courtesy of Railroad Museum of Pennsylvania (bl). **295 DK Images:** Courtesy of Virginia Museum of Transportation (t). **295 DK Images:** Courtesy of the DB Museum Nürnberg, Germany (cb). **295 Getty Images:** The Asahi Shimbun (br). **294-295 DK Images:** Courtesy of the National Railway Museum, York (c). **298 Alamy:** imagebroker. **300-301 Alamy:** WoodyStock. **302 Alexander Turnbull Library, Wellington, New Zealand:** Ref: Eph-E-RAIL-1940s-01. **303 N Z Railway & Locomotive Society Collection:** J D Buckley. **305 Corbis:** Hulton-Deutsch Collection. **306 Science & Society Picture Library:** NRM / Pictorial Collection. **309 DK Images:** Courtesy of Railroad Museum of Pennsylvania. **310-311 Science & Society Picture Library:** NRM / Pictorial Collection (Artist copyright Gerald Coulson). **313 Topfoto:** ullsteinbild. **315 Corbis:** Underwood & Underwood. **316 AF Eisenbahn Archiv**. **318 Alamy:** Daniel Dempster Photography (br). **318 Alamy:** John Gaffen 2 (bl). **318 DK Images:** Courtesy of Railroad Museum of Pennsylvania (c). **319 Alamy:** Thomas J. Peterson (tl). **319 Alamy:** Frank Paul (b). **319 DK Images:** Courtesy of the Museum of Transportation, St Louis, Missouri (tr). **319 Science & Society Picture Library:** NRM (cr). **321 Corbis:** Bettmann. **323 Australian War Memorial:** Order 6459212. **324 Getty Images:** LatitudeStock / Emma Durnford. **326-327 SuperStock:** Andrew Woodley / age fotostock. **332 Getty Images:** Nadezhda Borovaya Estate / Chip HIRES / Gamma-Rapho. **334 Luped.com**. **335 Alamy:** The Print Collector. **337 Alamy:** RIA Novosti. **337-338 Getty Images:** John Mueller. **343 Alamy:** Keystone Pictures USA. **344 Alamy:** Inge Johnsson. **346-347 Matthew Malkiewicz:** losttracksoftime.com. **348 Getty Images:** DeAgostini. **350-351 Alamy:** qaphotos.com. **353 Getty Images:** Denis Charlet / AFP. **354 Getty Images:** James L. Stanfield / National Geographic (bl). **354-355 Alamy:** qaphotos.com. **357 Corbis:** Hulton-Deutsch Collection (b). **358 Corbis:** Swim Ink 2, LLC (t). **359 Corbis:** Daniel Schoenen / imagebroker. **362-363 Alamy:** age fotostock. **365 Getty Images:** Sankei Archive. **366-367 Dreamstime.com:** Sean Pavone. **371 Alamy:** Jon Arnold Images Ltd. **372 SuperStock:** imagebroker.net. **375 Corbis:** Wu Hong / epa. **376 DK Images:** Courtesy of the National Railway Museum, York. **379 Reuters:** Darley Shen. **380-381 Corbis:** Chen Xie / Xinhua Press. **385 Foster + Partners**. **386 age fotostock:** jovannig. **388 Corbis:** Noboru Hashimoto / Sygma (bc).

地図について

本書に掲載している地図は、地名、路線、地形など、あくまでも一般的な情報を提供するだけであり、包括的な理解を得られるよう意図したものではないことをご了承ください。